本书为 2017 年北方民族大学重点科研项目（项目编号 2017MYB11）研究成果

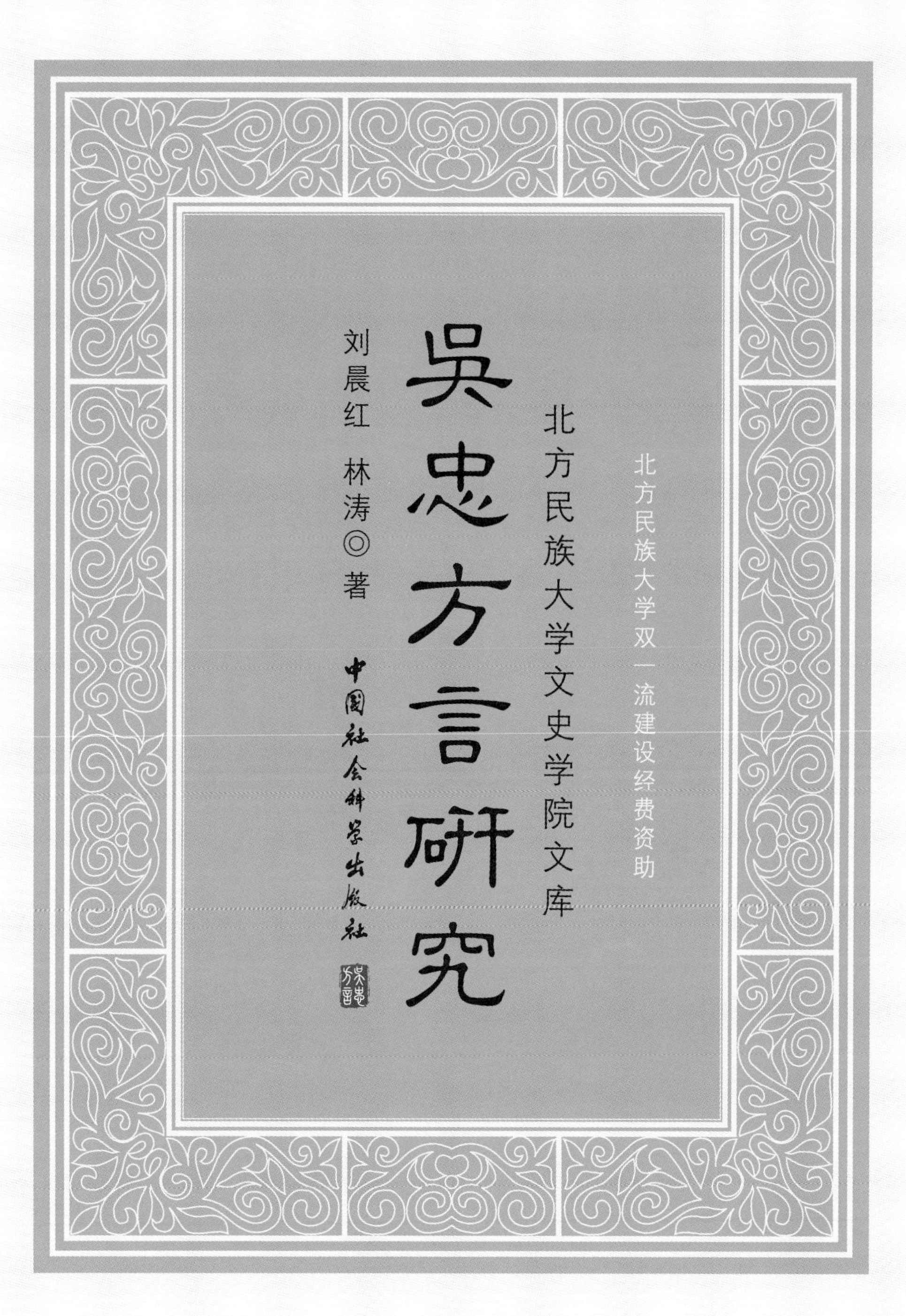
北方民族大学双一流建设经费资助
北方民族大学文史学院文库
吴忠方言研究
刘晨红 林涛◎著
中国社会科学出版社

图书在版编目(CIP)数据

吴忠方言研究/刘晨红，林涛著.—北京：中国社会科学出版社，2018.8

ISBN 978-7-5203-3035-0

Ⅰ.①吴…　Ⅱ.①刘…②林…　Ⅲ.①西北方言-方言研究-吴忠　Ⅳ.①H172.2

中国版本图书馆CIP数据核字(2018)第193608号

出 版 人　赵剑英
责任编辑　任　明
责任校对　韩天炜
责任印制　李寡寡

出　　版　中国社会科学出版社
社　　址　北京鼓楼西大街甲158号
邮　　编　100720
网　　址　http://www.csspw.cn
发 行 部　010-84083685
门 市 部　010-84029450
经　　销　新华书店及其他书店

印刷装订　北京君升印刷有限公司
版　　次　2018年8月第1版
印　　次　2018年8月第1次印刷

开　　本　710×1000　1/16
印　　张　19
插　　页　2
字　　数　276千字
定　　价　98.00元

自　　序

吴忠地处我国西北内陆，位于黄河上游末段、宁夏平原中部。这里首开引黄灌溉的先河，境内渠沟纵横、田连阡陌，世代养育着勤劳而富足的各族儿女，享有“塞上江南”的美称。

自古以来，吴忠就是军事重镇。先秦时期属北地郡，汉置灵州，魏晋隋唐因之。公元 756 年，唐肃宗李亨在灵州即皇帝位，挥兵南下，收复长安，灵州便成为大唐中兴的历史名城。随着朝代的更迭，历史的发展，新中国成立之后，这座古老的历史名城焕发出勃勃生机，成为宁夏经济发展的核心区域。在社会主义建设的新时代，广大吴忠人民群众正在从农村经济向城市经济跨越，实现着由“小康型”到“富裕型”生活水平之过渡，憧憬着美好幸福的未来。

吴忠地区的方言属于北方方言兰银官话银吴片。银吴片语言处在晋语和中原官话向兰银官话过渡的中间地带，与官话区和晋语区方言之间有一定相似之处，但银吴片更有着自己的许多特点。比如语音，银吴片方言声母中古知庄章三组字一般演变为［ʈʂ、ʈʂ‘、ʂ］，少数庄组字读［ʦ、ʈʂ‘、s］；韵母中个别古入声字今天读［a、ia］韵；声调中单字调只有三类，古入声绝大部分归入去声。银吴片的代表话是银川话和吴忠话。这两种话既有共性，又有一些细微的差别：吴忠话受普通话的影响没有银川话大，保留了较多的古音和白话读音，没有儿化音位，构词形式中“子”缀更为丰富。吴忠话的这些特点不仅与银川话相区别，而且与银吴片的其他话，如中宁话、青铜峡话、同心话等相联系，从而在银吴片方言中占据重要地位。

《吴忠方言研究》一书在进行实地田野调查和社会调查的基础上，

参考了宁夏方言研究的有关成果编撰而成。本书运用现代语言学的理论与方法，系统归纳和描写了吴忠话的语音系统和词汇系统，探讨了词汇和语法特点，比较了与普通话的对应关系。本书调查研究的虽然是汉民话，但吴忠为塞上著名回乡，回民话是吴忠话不可分割的一部分，因此在语音、词汇有不少地方都进行了回汉语言的异同比较，揭示了吴忠地区回汉群众在同一种方言运用中的差异和特点。为了加强本书的实用性，在正文后面附录了《吴忠话与普通话读音对照字汇》，将吴忠方言读音和普通话读音做详细对照，为学习普通话和研究普通话提供了可靠的资料。

本书共分八章，第一章为导论，第二章吴忠话的语音系统，第三章吴忠话的语音变化，第四章吴忠话和普通话语音对应关系，第五章吴忠话同音字表，第六章吴忠话常用语汇分类，第七章吴忠话的语法特点，第八章语料标音。本书内容丰富，材料翔实，标音准确，体例新颖，填补了吴忠话专著研究的空白，对汉语方言研究，西北方言共时和历时的比较研究，对语言的形成和发展类型的研究，都有一定的参考价值和实用价值。

语言是人类重要的交际工具，共同性的语言和区域方言都是促进社会进步、经济发展和文化繁荣的必需。让我们科学地了解和认识吴忠方言，促进汉语的规范化，使语言更好地为吴忠的开发和繁荣，为新时代社会主义建设服务。

林　涛

2017 年 10 月

目　　录

第一章

导　　论

一　吴忠人文地理、历史沿革及人口状况

（一）人文地理

吴忠市位于宁夏回族自治区中部。在东经 106°05′—106°22′，北纬 37°00′—38°08′之间。东、北与灵武市接壤，西与青铜峡市毗邻，南与同心、中宁两县交界。南北长 75 公里，东西宽约 20 公里，总面积 112 平方公里，是自治区面积的 1.62%。

吴忠地理状况分南北两区，南部为牛首山及罗山余脉汇合而成的黄土丘陵地带，北部为黄河冲积平原。地势南高北低，平均海拔为 1125.8 米。

黄河冲积平原由河水冲积而成，属银川平原南段。平原地势平坦，自南向北倾斜。沿秦渠、汉渠及主要支渠两侧，由于灌淤、耕作历史悠久，地势明显拔起，形成脊状高地。沟渠纵横，土质肥沃，是本市经济发达地区。此外，还有洪积平原、洪积扇地和风积沙地等。

南部丘陵处于盐池、同心半荒漠的北缘，西接牛首山，东傍苦水河，为一脊状长岭。丘陵坡度为 20°左右。其间沟壑纵横，地表切割严重，以沙壤土为主。土质含盐度高，植被以旱生盐柴类小灌木为主。

黄河自西南秦渠乡入境，向东北流至陈原滩乡出境，流程 28.8 千米。水系除黄河外还有苦水河和众多湖泊。如巴浪湖 、关马湖、杨

马湖、卷莲湖、忠营堡湖、路沟湖、牛毛湖、奈光湖等。后因长期泥土淤塞和围湖造田，使原有湖泊面积逐渐减少，只留有忠营堡湖、杨家湖和奈光湖。

吴忠市属于温带干旱气候区，具有明显的大陆性气候特点：四季分明，气候干燥；蒸发强烈，降水集中；日照充分，温差较大；无霜期较短，风沙较多。市境降水少，市平均降水总量192.8毫米。农田灌溉主要依靠黄河水源。

吴忠市矿产资源很少，目前已开采的矿产主要有石灰岩、砂、砾石、红胶泥等。有开采远景的矿种有砖瓦粉土、矿泉水和沙金等。

（二）历史渊源

吴忠历史源远流长。公元前2.5万年左右，就有羌民在这里活动。在秦代，为戎、狄等少数民族游牧部落所居。秦始皇三十二年（公元前215年），蒙恬北逐匈奴，收复黄河河套以南地区，移民于此。三十三年置富平县，属北地郡。西汉惠帝四年（公元前191年）置灵洲县，属北地郡。东汉末年至三国两晋时期为羌、匈奴、鲜卑等游牧民族之地。十六国时期，先后属前赵、后赵、前秦、后秦、赫连夏五国属地。北魏孝昌帝二年（526年）称灵州。隋大业三年（607年）改灵州为灵武郡。

唐武德元年（618年），改灵武郡为灵州。天宝元年（742年）改为灵武郡，乾元元年（758年）复为灵州，五代各朝因之。北宋咸平五年（1002年）党项部李继迁攻占灵州，改置西平府，都之。天禧四年，西夏迁都兴州（今银川市），西平府又称西京。元代，仍置灵州，隶属西夏中兴等路行省，后属甘肃行省宁夏府路。

明洪武三年（1370年）徙灵州官民于关内，一度空其城。十六年，州城为河水坍塌，于故城北十余里处又筑新城。募集原遗土民及地郡工役民夫忘归者，为瓦渠、枣园、苜蓿、板桥四里，属宁夏卫。弘治十三年（1500年）九月升置灵州，直隶陕西布政使司。十七年八月革州，为灵州千户所，属宁夏卫管辖。正德元年（1506年）九月，改为灵州守御千户所，还属陕西都司。万历以后，又归宁夏卫管辖，为灵州千户所。吴忠堡属之。

清初因之。雍正二年（1724 年），改灵州千户所为灵州直隶州，属于宁夏府。同治十一年（1872 年），以灵州金积堡等属地析置宁灵厅，驻金积堡，属宁夏府。

民国二年（1913 年），改灵宁厅为金积县，改灵州为灵武县，属甘肃省朔方道。十八年元月，复归宁夏省。吴忠地区分为金积、灵武二县。三十四年，宁夏省政府于吴忠镇虚设吴忠市。

1949 年 9 月 21 日，中国人民解放军第十九兵团解放吴忠全境。9 月 26 日，成立吴忠堡市。后几经更替，于 1950 年 10 月，正式成立吴忠市。

1954 年 4 月，宁夏省河东回族自治区成立，与吴忠市人民政府合署办公。9 月，宁夏省建置撤销，设河东回族自治区隶属甘肃省。1955 年 4 月，河东回族自治区更名为吴忠回族自治州。1958 年 10 月 25 日，宁夏回族自治区成立，自治州撤销，吴忠市直属宁夏回族自治区。1960 年 9 月，金积县撤销，原辖区划归吴忠市。1963 年 6 月撤销吴忠市，设立吴忠县。1972 年 4 月，宁夏设立银南地区，辖吴忠、青铜峡、中卫、中宁、灵武、同心、盐池七县。

1984 年 1 月，撤销吴忠县，恢复吴忠市。1998 年 5 月经国务院批准，撤销银南地区，设立地级吴忠市。原县级吴忠市更名为利通区。本书所调查研究的吴忠方言，实则今天的利通区话。

（三）人口及民族概况

吴忠地区远古时期就有人类活动，有文献记载始于西汉。《汉书·地理志》所载，富平、灵州两县约有 1.8 万人。东汉后期战乱频繁，人口剧降。唐天宝元年，灵武郡所属回乐县约有 1.3 万人。西夏前期灵州是重要的产粮区和布防重地，人口增长较快。《金史·地理志》，当时灵州有 3.48 万户。宋代西夏后期人口锐减。明代采用屯田制，人口逐渐增多。据宁夏地方志载，明代灵州千户所弘治年间有 1331 户，约 1.55 万人。清初，政局稳定，生产发展，加之“孳生人丁，永不加赋”和“摊丁入亩”政策的推行，人口剧增。清末宣统元年

（1906 年），吴忠地区的宁灵厅有 5279 户 4.09 万人口，灵州有 6939 户 2.92 万人口，共约 6 万余人。民国前期，因兵祸匪患及自然灾害影响，人口下降。民国十七年金积县仅存 29213 口人。后期人口回升，三十八年增至 8466 户 4.94 万人。

1949 年新中国成立后，1950—1959 年，吴忠地区总人口由 7.54 万人增加到 12.5 万人；1960—1962 年，总人口由 11.52 万人减少至 10.62 万人；1963—1980 年，总人口由 10.64 万人增加到 21.58 万人；1981—1998 年，总人口由 21.26 万人增加到 29.79 万人。2003 年，吴忠市总人口发展到 36 万人（见《宁夏回族自治区地图册》，2003 年，第 1 版）。据第 6 次全国人口普查数据表显示，截至 2010 年 11 月 1 日，吴忠市总人口为 1273792 人，利通区（原吴忠）总人口为 379346 人。

吴忠地区民族构成，先秦以前，市境内有荤粥、西戎、昫衍等古代民族。秦汉之际有匈奴、羌族游猎市境，汉族人开始迁入。西汉，随着汉族人口的不断迁入，逐渐成为主体民族。魏晋南北朝至隋唐时期，汉族与匈奴、鲜卑、羌、氐、羯、敕勒、柔然、突厥、回纥、吐鲁、吐古浑等民族先后杂居。西夏时，党项族入主。元末明初，回族不断增多。清代、民国到现代吴忠地区主要有汉族、回族、蒙古族、满族等。1989 年统计，吴忠共有 19 个民族，其中回族最多，汉族次之。第 6 次全国人口普查，吴忠市利通区 379346 人中，回族 224546 人，汉族 153447 人，满族 947 人，蒙古族 138 人。此外还有东乡族、土家族、土族、哈萨克族、柯尔克孜族、裕固族 、撒拉族、佤族、哈尼族等。

二　吴忠话的归属分布与内部差异

（一）归属和形成

根据《中国方言地图集》的区划吴忠话属于北方方言兰银官话银

吴片。其形成和历代屯垦实边的政策相关。明代以前，这里多为少数民族游牧区，汉族人口极不稳定。明朝初年，统治者还无力控制边陲，将宁夏府、灵州等地居民迁往关中使其空城。洪武九年（1377年）将五方之民迁往宁夏平原屯垦戍边，在今银川设立宁夏卫，实行卫所堡寨的军事政治统治政策。现在吴忠的中心地带，明时称为“吴忠堡”。洪武十七年（1384年）官府“编集原遗土民及地郡土役民夫之忘归者为瓦渠、枣园、苜蓿、板桥四里”，另有大批回族以“归附土达”的身份被安置吴忠。洪武三十一年（1399年），国力恢复，为了发展生产，又“实以齐鲁燕晋周楚之民”，从而奠定了吴忠地区回汉杂居的人口格局。这些人所操的口音互相影响，共同融合，便逐渐形成了银川平原、河东地区的吴忠方言。

（二）吴忠方言的分布

黄河流经银川平原，出青铜峡口向北而去。将平原分为两块：西部的银川、贺兰、永宁等地的人讲兰银官话银川片话；东部的吴忠、中宁、青铜峡、同心等地讲兰银官话银吴片话。吴忠话是银吴片话中的代表话。在其地市县方言中具有统领的地位和作用。

吴忠话主要分布于今吴忠市利通区的12个乡镇中。这些乡镇是：东塔寺乡 、板桥乡、马莲渠乡 、郭家桥乡、古城镇、金积镇、金银滩镇、高闸镇、扁担沟镇、胜利镇、金星镇、上桥镇。这12个乡镇的回汉群众都使用吴忠话。

（三）吴忠话的内部差异

吴忠话内部在语音词汇语法上一致性比较强，没有方域性差异，有的只是回汉民族在使用同一种汉语方言中所表现出来的民族性差异。这种差异主要表现在语音和词汇的异同上。

1. 语音方面：

（1）回民有卷舌元音［ər］，有儿化韵。

古日母止摄开口三等字，如“儿而尔耳饵洱铒二”等，汉民读［a］音，回民读［ər］音。由于回民有卷舌元音，因而也有儿化韵。

如：“好事儿”读［xɔ$^{53}_{35}$ ʂ̩ər^{13}］，“杏花儿”读［xəŋ^{13}xuar^{44}］，“将将儿”读［ʨiaŋ^{44}ʨiar^{44}］，“活活儿”读［xuɤ^{53} ·xuər］等。

（2）前后鼻音韵母不同

吴忠汉民话里没有前鼻音韵母，前鼻音韵母全部归入到后鼻音韵母［əŋ iŋ uŋ yŋ］中去了；回民则相反，语音中没有后鼻尾韵母，后鼻尾韵母全部归入到前鼻尾韵母［ən in uən yn］中去了。如“庚根”二字，汉民读作“庚”音，而回民读作“根”音；“京津”二字，汉民读作“京”，而回民读作“津”；“红魂”二字，汉民读作“红”，而回民读作“魂”；“穷群”二字，汉民读作“穷”，而回民读作“群”音。这是回汉民在使用同一种汉语方言语音中的差别现象。这种现象不仅区分了回汉民族，也形成了吴忠地区的“回回腔”。

（3）回民话里有舌尖中、浊、颤音

回民在使用经堂语的阿拉伯和波斯语词汇时，有［r］音位和［l］音位两个对立的音位，汉民话中则没有这种情况。如：哈俩里（合法的，许可的）和哈拉木（非法的、违禁的）这两个阿拉伯词语，汉民读“俩”和“拉”时声母都是［l］；回民读“俩”时，声母是［l］，读“拉”时声母为［r］。“哈俩里”回民读作［xa$^{13}_{11}$lia^{44} ·li］，而“哈拉木”回民读作［xa$^{13}_{11}$ra^{44} ·m］。

2. 词汇方面

（1）吴忠话方言是北方方言的一部分，常用的地域性词也与兰银官话银吴片方言比较一致，回汉群众经常使用。但回民话有自己的特色。

（2）回民话中保留了部分先民所传承下来的波斯和阿拉伯词语。这些词有的已为当地回汉民群众所通用，成为吴忠话词汇的有机组成部分。如：无巴力、乜贴、鼠迷；有的只在回民日常生活中使用，如：色俩目、多斯提、拜俩、尔买里、哈儿瓦尼；有的只在宗教和经堂教育中使用，一般回民群众并不太懂。如：麦萨里、卧里、哈儿笛斯等。

（3）回民在使用汉语方言词汇时，将元明清以来的近代汉语中的同义词进行了适当选择，使其成为回民的习惯用语。这些用语甚至成了回民的专用词语。如：道堂、汤瓶、吊罐、号帽、无常等。日常语言生活中回民常说“宰”而不说“杀”，常说“壮”而不说“肥”，常说“点香”而不说“烧香”等，区别于汉民，形成了一种特殊的“别同”现象。

（4）回民话中有大量汉语词语和波斯语、阿拉伯语词语共同组合而成的混合词组。如：做乃玛孜（汉·波斯词组）、接都哇（汉·阿词组）、扎米尔清真寺（阿·汉词组）、胡达特阿俩（波·阿词组）等。这些混合词组能构成偏正式、动宾式、补充式、联合式等各种结构类型，充分表明了回民话的融合性特点。

本书调查、描写、研究的是吴忠市利通区的汉民话。回民话将来会做专门的调查，另行研究。但在“第六章吴忠话常用语汇分类”中，适当收入了部分回民常用词，和汉民话进行比较。

三　本书所使用的音标符号

本书标音符号使用国际音标，声调调值采用五度标记法，用阿拉伯数码表示。下面附列国际音标辅音表、国际音标元音舌位图、国际音标与汉语拼音字母对照表，供阅读本书时对照参考。

国际音标辅音表

发音方法＼发音部位			双唇	唇齿	舌尖前	舌尖中	舌尖后	舌面前	舌面后
塞音	清	不送气	p			t			k
		送气	p‘			t‘			k‘
塞擦音	清	不送气			ts		tʂ	tɕ	
		送气			ts‘		tʂ‘	tɕ‘	
鼻音	浊		m			n			ŋ
边音	浊					l			
边音	浊								
擦音	清			f	s		ʂ	ɕ	x
	浊			v			ʐ		

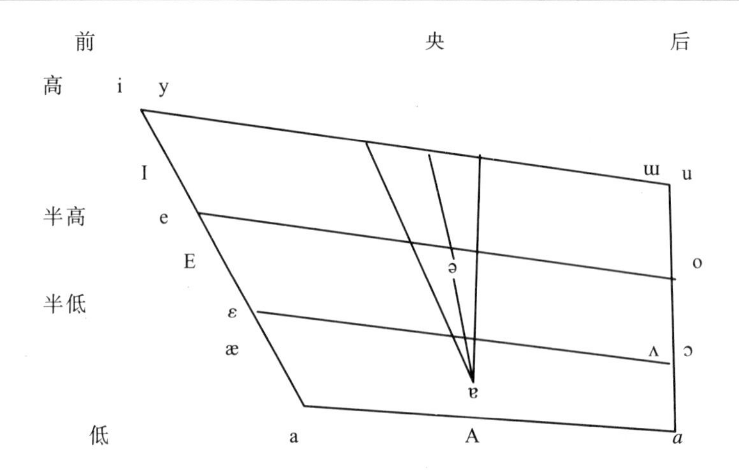

国际音标元音舌位图

国际音标与汉语拼音字母对照表

声母				韵母					
国际音标	汉语拼音	国际音标	汉语拼音	国际音标	汉语拼音	国际音标	汉语拼音	国际音标	汉语拼音
p	b	tɕ	j	a ɐ	a	i	i	ua va	ua
p‘	p	tɕ‘	q	ə	o	ɿ	-i	v u	uo
m	m	ɕ	x	e ə ɤ	e	ʅ	-i	vɛ	uai
f	f	tʂ	zh	ɛ	ai	a	er	uei vei	uei
v	(v)	tʂ‘	ch	ei	ei	ia	ia	uæ̃ væ̃	uan
t	d	ʂ	sh	ɔ	ao	ie	ie	uen ven	uen
t‘	t	ʐ	r	əu	ou	iɔ	iao	vaŋ uaŋ	uang
n	n	ts	z	ɛ	ê	iəu	iou	uŋ vuŋ	ueng
l	l	ts‘	c	æ̃	an	iæ̃	ian	y	ü
k	g	s	s	əŋ	en	iŋ	in	ye	üe
k‘	k			aŋ	ang	iaŋ	iang	yæ̃	üan

（续表）

声母				韵母					
ŋ	(ng)			əŋ	eng	iŋ	ing	yŋ	ün
x	h			uŋ	ong	u	u	yŋ	iong

四　发音合作人

吴忠方言田野调查中，我们和吴忠市地方志办公室胡建东主任商定，邀请熟知吴忠方言、发音口音纯正的温旭先生作为发音合作人。

温旭，男性，汉族，1941 年 10 月 25 日出生于吴忠市利通区金积镇丁家湾子村的温家湾子。数代居于此地。他高中毕业后，先在农村下乡，父亲温积成落实政策，他以下乡知识青年对待，1963 年被安排到秦渠乡小学当教师。1980 年经考试转为公办教师。1991 年调入吴忠市地方志办公室任编辑，直至 2002 年退休。在地方志办公室工作期间，长于吴忠社团、公交司法、综合政务、社会新闻、历史文化方面的研究。特别是对吴忠地方历史文化、乡土习俗、语言状况有较多了解。

温旭先生操一口纯正的吴忠汉民话口音，收集了不少方言俗语，同时也熟习多地回民话，配合方言调查，给了我们非常大的帮助。我们对他表示衷心的感谢。

第二章

吴忠话的语音系统

一　声母

吴忠话有 23 个声母，包括零声母在内，列表如下：

p 布步别	p‘ 帕盘破	m 么麻牧	f 飞冯符	v 闻午挖
t 到道夺	t‘ 太同托	n 难怒年		l 兰路良
k 贵跪街	k‘ 开葵去		x 化话鞋	
ʨ 精经健	ʨ‘ 秋丘旗		ɕ 修休玄	
ʈʂ 知庄章	ʈʂ‘ 彻抄昌		ʂ 诗师声	ʐ 然认软
ʦ 糟祖争	ʦ‘ 曹从初		s 苏丝生	
ø 而硬缘				

说明：

1. 吴忠话声母和普通话相比多一个齿唇浊擦音［v］。凡普通话合口呼零声母音节在吴忠话里都读作［v］声母。

2. 吴忠话还有少数音节的声母与普通话有差异。主要表现为：

（1）古知庄章三组声母，一般情况下，吴忠话与普通话一样，演变为翘舌音［ʈʂ、ʈʂ‘、ʂ］，但有少数古庄组字普通话读［ʈʂ、ʈʂ‘、ʂ］，吴忠话读［ʦ、ʦ‘、s］。常见字有：助初锄雏楚础疏蔬数（遇摄合口三等)，皱绉骤愁搜（流摄开口三等），窄争筝豺铛生牲笙甥省（梗摄开口二等）。

（2）古见母蟹摄开口二等，匣母蟹摄、梗摄开口二等字，普通话一般都读舌面音［tɕ、tɕ‘、ɕ］，而吴忠话有少数仍保留为舌根音［k、k‘、x］，常见字有：街稭解芥戒鞋杏。

（3）古喻母梗摄，通摄合口三等字中，有些字吴忠话读为撮口呼零声母，而普通话读为［ʐ］声母。常见字有：荣容蓉镕溶榕融。

（4）个别字吴忠话与普通话声母的差异还表现在擦音与塞擦音、双唇鼻音与舌尖鼻音、送气与不送气等方面。

二　韵母

吴忠话有32个韵母，列表如下：

ɿ 咨次思	i 必皮梯	u 古苦书	y 取居欲
ʅ 知吃是			
a 八拉耳	ia 家瞎北	ua 花瓜夸	
ɤ 哥舍喝		uɤ 锅骡活	
	ie 也截铁		ye 月缺药
ɯ 给去黑			
ɛ 该太摆		uɛ 怪帅怀	
ɔ 毛考老	iɔ 条巧鸟		
ei 妹背飞		uei 桂会内	
əu 斗抽收	iəu 留九尤		
æ̃班番乱	iæ̃边天仙	uæ̃官川酸	yæ̃泉宣远
aŋ 当桑张	iaŋ 姜羌香	uaŋ 光荒霜	
əŋ 亨生根	iŋ 兵宁贫	uŋ 东通敦	yŋ 凶群军

说明：

1. 吴忠话里无［o］韵。普通话的［p、p‘、m］声母和［o］韵相拼，但在吴忠话里和［ɤ］韵相拼。

2. 吴忠话无卷舌韵母［ər］音。普通话的［ər］韵字在吴忠话里读［a］韵母。

3. 吴忠话无前鼻韵母。其中普通话的［an、ian、uan、yan］四韵，后面的前鼻尾韵音［n］丢失，主要元音开口度变小，加上鼻化色彩，成为［æ̃、iæ̃、uæ̃、yæ̃］韵母；而［ən、in、uən、yn］四韵分别并入后鼻韵尾［əŋ、iŋ、uŋ、yŋ］韵母中。

4. 普通话的前响二合元音复韵母［ai］和［au］在吴忠话里主要元音开口度变小，韵尾脱落，由复韵母分别变成单韵母［ɛ］和［ɔ］，与此相应的三合元音复韵母［uai］和［iau］在吴忠话里也分别变成［uɛ］和［iɔ］韵母。

三　声调

吴忠话单字调有三类：

阴平 44　　高开抽专初粗低天

阳平上 53　穷陈寒古尾口好王

去声 13　　盖抗正菜汉缺服月

说明：

1. 吴忠话的阴平和普通话的阴平相对应，是从古平声的清声母字演变来的，只不过普通话阴平是高平调，吴忠话阴平是半高平调。

2. 吴忠话的阳平上是将普通话的阳平和上声合并为一个调类，是从古平声的浊声母字和古上声的清声母、次浊声母字演变而来的。普通话的阳平是高升调，上声是中升调，而吴忠话的阳平上是高降调。

3. 吴忠话的去声和普通话的去声相对应，是从古上声全浊声母字及古去声字演变来的。普通话的去声是全降调，而吴忠话的去声是低升调。

4. 古入声消失后，在普通话里清声母分别派入阴阳上去四个调类，次浊归去声，全浊归阳平，而在吴忠话里基本上都归入去声，所以吴忠话的去声字比普通话多。当然也有少数古入声字在吴忠话里读阴平或阳平上，但无规律可循。

四　声韵配合规律

吴忠话声母和韵母的情况如下表：（见下页）

从下表可以看出，吴忠话声母和韵母的配合规律主要有以下几点：

1. 双唇音［p、p‘、m］、舌尖中音［t、t‘］能和开口呼、齐齿呼、合口呼（只限于［u］声母）韵母相拼合，不能和撮口呼韵母相拼合。

2. 唇齿音［v、f］、舌根音［k、k‘、x］、舌尖前音［ʦ、ʦ‘、s］、舌尖后音［ʈʂ、ʈʂ‘、ʂ、ʐ］四组声母能和开口呼、合口呼韵母相拼合，不能和齐齿呼、撮口呼韵母相拼合。

3. 舌面音［ʨ、ʨ‘、ɕ］与上面相反，只能和齐齿呼、撮口呼韵母相拼合，不能和开口呼、合口呼韵母相拼合。

4. 舌尖中音［n、l］能和开口呼、齐齿呼、合口呼、撮口呼韵母相拼合。

5. 零声母有开口呼、齐齿呼、撮口呼三类，没有合口呼。

五　声韵调配合表

吴忠话声母、韵母和声调的配合情况如下表：（见下页）

声韵配合表

	开口呼												齐齿呼								合口呼								撮口呼			
	ɿ	ʅ	ɯ	a	ɤ	ɛ	ɔ	ei	əu	æ̃	aŋ	əŋ	i	ia	ie	iɔ	iəu	iæ̃	iaŋ	iŋ	u	ua	uɤ	uɛ	uei	uæ̃	uaŋ	uŋ	y	yə	yæ̃	yŋ
p				巴	波	败	包	杯		班	帮	奔	笔	白	别	标		编		兵	布											
p'				怕	坡	派	炮	培		潘	旁	喷	批	拍	撇	漂		偏		拼	铺											
m				妈	磨	埋	冒	妹		满	忙	门	眯	麦		妙		面		明	母											
f				发	佛			飞		番	方	分									夫											
v				娃	窝	歪		畏		弯	汪	文									乌											
t				达	德	呆	刀	得	斗	单	当	登	低	得	爹	刁	丢	颠		丁	杜		多		堆	端		东				
t'				塔	他	胎	掏		偷	滩	汤	腾	梯		贴	挑		天		停	土		拖		推	团		通				
n				拿	那	耐	脑		呶	南	囊	能	你		捏	鸟	牛	年	娘	宁	努		挪		内			嫩	女	疟		
l				拉	了	来	捞		楼	兰	浪	冷	李	勒	列	撩	流	连	良	林	鲁		罗		泪	栾		龙	吕	掠		
k			给	隔	哥	街	高		沟	干	缸	根									姑	瓜	锅	乖	规	关	光	工				
k'			去	客	渴	开	敲		抠	看	康	坑									枯	夸	科	块	亏	宽	筐	空				
x			黑	哈	喝	海	薅	嘿	吼	酣	夯	很									呼	花	豁	怀	灰	欢	荒	轰				
tɕ													鸡	加	阶	焦	揪	尖	江	精									居	绝	捐	军
tɕ'													欺	掐	切	锹	丘	牵	枪	清									区	缺	圈	群
ɕ													希	虾	些	消	修	先	乡	心									虚	雪	宣	雄
tʂ		知		渣	遮	斋	招		周	毡	章	真									朱	抓	桌	拽	追	专	庄	中				
tʂ'		吃		差	车	柴	抄		抽	搀	昌	城									处	欻	戳	揣	吹	穿	窗	冲				
ʂ		师		沙	奢	筛	烧		收	山	商	升									书	耍	说	摔	水	栓	双	顺				
ʐ		日			热		绕		柔	然	让	人									如	挼	弱		锐	软		绒				
ts	资			杂	泽	灾	糟	贼	邹	赞	脏	增									租		左		罪	钻		总				
ts'	次			擦	册	猜	操		愁	残	仓	层									粗		搓		崔	窜		村				
s	思			萨	色	腮	臊		搜	散	桑	生									苏		梭		虽	酸		笋				
θ				啊	鹅	哀	敖		欧	安	昂	恩	衣	鸦	爷	腰	优	烟	央	英									鱼	月	圆	荣

声韵调配合总表（一）

	开口呼																																			
	ɿ			ʅ			ɯ			a			ɤ			ɛ			ɔ			ei			əu			æ̃			aŋ			əŋ		
	阴平	阳平上	去声	阴平	阳平上	去声	阴平	阳平上	去声	阴平	阳平上	去声	阴平	阳平上	去声	阴平	阳平上	去声	阴平	阳平上	去声	阴平	阳平上	去声	阴平	阳平上	去声	阴平	阳平上	去声	阴平	阳平上	去声	阴平	阳平上	去声
p										巴	尼	八	波	薄	剥	掰	摆	拜	包	饱	抱	杯		被				搬	板	办	帮	绑	棒	奔	本	笨
p'										吧	爬	怕	坡	婆	泼	拍	排	派	脬	跑	炮	呸	培	配				潘	盘	盼	胖	旁	胖	喷	盆	碰
m										妈	马	骂	摩	馍	摸		买	卖	觋	毛	帽		美	妹				⑤	满	慢	⑥	忙		懵	门	梦
f											乏	发	佛									飞	肥	费				翻	反	饭	方	房	放	风	冯	缝
v										挖	娃	洼	窝	我	饿	歪		外				煨	围	喂				弯	碗	万	汪	王	望	温	闻	问
t										奄	打	答			得	呆	逮	待	刀	倒	到				兜	抖	豆	单	胆	蛋	当	党	挡	灯	等	瞪
t'										他	拓	塔	他		特	胎	台	太	掏	逃	套				偷	头	透	贪	痰	碳	汤	糖	烫	熥	疼	停
n											拿	纳			那	③	奶	耐	孬	脑	闹	那			呶				男	难	儴	馕	齉	脓	能	弄
l										拉	剌	辣			勒	④	来	赖	捞	老	涝		末		喽	搂	漏		兰	烂	⑦	狼	浪	掕	冷	愣
k							①	给	纥	嘎	尕	隔	哥		各	该	改	盖	高	搞	告	剋			沟	狗	够	杆	赶	干	刚	港	杠	根	耿	更
k'									去	咖	卡	客	苛	可	渴	开	凯		敲	考	靠				抠	口	扣	看	砍	看	康	扛	炕	坑	肯	⑩
x									黑	呵	哈	瞎	呵	河	喝	嗨	鞋	害	薅	好	号	嘿			齁	猴	后	憨	喊	汗	夯	杭	巷	哼	很	恨
tɕ																																				
tɕ'																																				
ɕ																																				
tʂ				知	纸	直				渣	砟	扎	遮	②	折	斋	暂	债	招	找	照	这			周	⿰扌州	咒	毡	展	站	张	涨	胀	真	整	正
tʂ'				痴	迟	吃				叉	茶	插	车	扯	彻	差	柴		抄	吵	耖				抽	丑	臭	搀	产	缠	昌	长	唱	抻	成	乘
ʂ				诗	时	事				沙	傻	杀	赊	蛇	射	筛		晒	烧	绍	潲				收	手	受	山	闪	善	伤	赏	上	升	绳	剩
ʐ														惹	热					饶	绕					揉	肉		然		穰	嚷	让	扔	人	认
ts	资	紫	字							匝	咋	杂		窄	则	栽	宰	在	糟	早	造		贼		邹	走	揍	簪	攒	赞	脏	⑧	葬	争		赠
ts'	呲	瓷	次							嚓	礤	擦			拆	猜	才	菜	操	曹	糙				搊	愁	凑	参	蚕		苍	藏	⑨	撑	层	蹭
s	私	死	寺							仨	洒	靸			色	塞		赛	骚	扫	臊				搜	擞	瘦		伞	散	丧	搡	丧	生	省	
ø										啊	儿	二	阿	鹅	恶	哀	挨	爱	熬	袄	傲				欧	藕		安	俺	按	昂		盎	恩		

声韵调配合总表（二）

	齐齿呼																							
	i			ia			ie			iɔ			iəu			i æ̃			iaŋ			iŋ		
	阴平	阳平上	去声	阴平	阳平上	去声	阴平	阳平上	去声	阴平	阳平上	去声	阴平	阳平上	去声	阴平	阳平上	去声	阴平	阳平上	去声	阴平	阳平上	去声
p	屄	比	笔	⑪	啪	白	憋	别	瞥	膘	表	鳔				鞭	扁	变	⑮	⑰		兵	丙	病
p‘	批	皮	劈		啪	拍	撇	苤	撇	飘	瓢	票				偏	片	骗	⑯	⑱		拼	平	聘
m	眯	米	蜜	咩	⑫	麦		⑭	灭	喵	苗	妙				绵	棉	面					明	命
f																								
v																								
t	低	底	地			得	爹	谄	跌	叼	屌	掉	丢			掂	点	电				丁	顶	定
t‘	梯	提	踢					腆	铁	挑	条	跳				天	田	掭				听	挺	停
n	妮	你	逆		⑬			乜	捏		鸟	尿	妞	牛	拗	蔫	年	念	娘	酿			拧	凝
l	沥	李	立		俩	勒	趔	咧	猎	撩	镣	料	溜	刘	遛	连	联	练		粮	亮	淋	林	另
k																								
K‘																								
x																								
tɕ	鸡	几	集	家	假	夹	嗟	姐	借	浇	绞	叫	赳	久	旧	尖	拣	见	江	蒋	犟	金	井	进
tɕ‘	欺	骑	气	卡	咔	掐		且	切	悄	巧	撬	秋	求		千	钱	欠	枪	抢	呛	清	请	庆
ɕ	西	喜	席	虾	霞	夏		写	血	消	小	笑	修	朽	秀	先	咸	线	香	响	象	心	醒	姓
tʂ																								
tʂ‘																								
ʂ																								
ʐ																								
ts																								
ts‘																								
s																								
ø	衣	姨	益	丫	牙	鸭	耶	爷	咽	腰	咬	要	优	油	又	烟	盐	雁	央	羊	样	鹰	赢	硬

声韵配合总表（三）

	合口呼																							
	u			ua			uɤ			uɛ			uei			uæ̃			uaŋ			uŋ		
	阴平	阳平上	去声	阴平	阳平上	去声	阴平	阳平上	去声	阴平	阳平上	去声	阴平	阳平上	去声	阴平	阳平上	去声	阴平	阳平上	去声	阴平	阳平上	去声
p	⑲	补	布																					
p‘	潽	普	铺																					
m	哞	母	木																					
f	麸	扶	富																					
v	乌	五	雾																					
t	嘟	堵	杜				多	躲	剁				堆		对	端	短	断				东	董	冻
t‘	突	土	吐				拖	坨	脱				推	腿	退	湍	团					通	同	痛
n		奴	怒					挪	糯					馁	内							脓	农	弄
l	漉	炉	路				啰	罗	烙					雷	累		栾	乱				抡	聋	论
k	姑	古	顾	瓜	寡	挂	锅	果	过	乖	拐	怪	归	鬼	贵	官	管	惯	光	广	逛	工	滚	供
k‘	枯	苦	哭	夸	胯	挎	科	瘰	阔		块	快	亏	葵	愧	宽	款		筐	狂	况	空	捆	控
x	呼	糊	护	花	滑	画	豁	火	货		怀	坏	灰	回	会	欢	缓	换	慌	黄	晃	轰	红	横
tɕ																								
tɕ‘																								
ɕ																								
tʂ	朱	煮	住	抓	爪			着	桌		踀	拽	锥		坠	砖	转	赚	庄	奘	壮	钟	肿	中
tʂ‘	倏	除	出	欻	刿				戳	搋	揣	膪	吹	垂		穿	船	串	窗	床	创	春	虫	铳
ʂ	书	暑	熟	唰	耍	刷			说	摔	甩	率		水	睡	栓	㉑	涮	双	爽			㉒	顺
ʐ	擩	如	入		挼				弱					蕊	芮		软						绒	瑞
ts	租	祖	足		⑳			昨	做					嘴	醉	鑽		钻				宗	总	粽
ts‘	粗	锄	醋				搓	矬	错				催	脆	脆	氽	蜷	窜				葱	从	寸
s	苏	数	素				梭	锁	缩				虽	随	岁	酸	算	蒜				松	损	送
ø																								

声韵调配合总表（四）

	撮口呼											
	y			ye			yæ̃			yŋ		
	阴平	阳平上	去声	阴平	阳平上	去声	阴平	阳平上	去声	阴平	阳平上	去声
p												
p‘												
m												
f												
v												
t												
t‘												
n		女				虐						
l		驴	律		略	掠				论		
k												
k‘												
x												
tɕ	驹	举	句		嚼	脚	捐	卷	券	军	炯	俊
tɕ‘	屈	娶	曲		瘸	缺	圈	全	劝		穷	
ɕ	虚	许	叙	靴	踅	学	宣	悬	旋	兄	熊	训
tʂ												
tʂ‘												
ʂ												
ʐ												
ts												
ts‘												
s												
ø	迂	雨	玉	约		月	冤	元	怨	晕	永	用

附注：

①［kɯ⁴⁴］～叽，也说“～啜”。小声说悄悄话。如：“你们两个不大声说，～叽啥着呢。”

②［tʂɤ⁵³］碍于情面。如：“别～着呢，不好意思亲自来。”

③［nɛ⁴⁴］将息、养病。如：“这个病住到医院一下好不了，回

家～着去。”

④［lɛ^{44}］～怠：邋遢。如：“小王～怠的，衣服也穿不干净。”

⑤［mæ̃^{44}］～子：小孩用的饭碗，多为木头～子，也有搪瓷的。

⑥［maŋ^{44}］小孩或人长得胖、丰满。如：“老刘的孙子长得～头～脑的，心疼得很。”

⑦［laŋ^{44}］从远处往篮球网框里投球。

⑧［tsaŋ^{53}］背后说别人的坏话。如：“你罢在背后地呢～人。”

⑨［ts‘aŋ^{13}］游转。如：“我～亲戚去呢。”

⑩［k‘əŋ^{13}］停住。如：“娃娃学得不好，背书背着背着就～住了。”

⑪［pia^{44}］拟声词，物体撞击声，也说［p‘ia^{44}］。如：“～的一声。”

⑫［mia^{53}］对物品或用具赞美的形容词。如：“这个拖拉机～得很。”

⑬［nia^{53}］也说“～俩”：母女二人。如：“家呢就剩～俩了。”

⑭［mie^{53}］“明儿”的合音词。如：“～我有事呢，来不了。”

⑮［piaŋ^{44}］拟声词，如：“～的一声，把碟子掉到砖地上打碎了。”

⑯［p‘iaŋ^{44}］拟声词，物坠地声。

⑰［piaŋ^{53}］拟声词，物坠地声。吴忠人把揪面片也叫“～～面”或“～～子。”

⑱［p‘iaŋ^{53}］拟声词，物坠地声。

⑲［pu^{44}］～拉：拨动。如：“这个娃娃不好吃饭，把饭～拉来，～拉去，半天了还端着呢。”

⑳［tsua^{53}］“做啥”的合音。如：“这两天你～去了。”

㉑［ʂuæ̃^{53}］游转。如：“我这两天心烦的，想出去～去呢。”

㉒［ʂuŋ^{53}］损人。如：“你罢～我了，哪天请你撮一顿。”

从声韵调配合总表中可以看出，吴忠话声母、韵母和声调的配合规律主要有以下几点：

1. 吴忠话里的大部分古入声字都归入去声、少数读阴平和阳平上，因此阴平、阳平上、去声字分布比较均匀。其中，阴平字略少，占 31.6%；阳平上和去声字相当，都占 34%左右。不过和普通话中去声字相比，吴忠话里的去声字较多。

2. 吴忠话的零声母里，开口呼、齐齿呼、撮口呼中都有去声字，而合口呼中没有。

3. 吴忠话里［m］［n］［l］［ʐ］四个浊辅音声母所拼合的字中，阴平字比较少。声韵能够相拼合的阴平字多为拟声字、合音字和口语常用字。这些字大都有音有义而无适当字形可写。如：

［pia⁴⁴］拟声词，表示物体撞击声。

［p‘iaŋ⁴⁴］拟声词，物坠地声。

［mie⁵³］“明儿”的合音。

［tsua⁵³］“做啥”的合音。

［laŋ⁴⁴］从远处往篮球网框里投球。

［pu⁴⁴］～拉：拨动。

［ʂuŋ⁵³］挖苦人。如：“你罢～我了，改天请你喝酒。”

4. 吴忠话里，声母、韵母和声调能够拼合而成的音节一共约有951个，比普通话少 380 个，只占普通话音节总数的 71.4%。

第三章

吴忠话的语音变化

一　声调的变化

吴忠方言的单字声调有三类，分别为阴平（44）、阳平上（53）和去声（13），但是在实际运用中，因为语流中两字或三字连读，前后音节有时会互相影响，从而使其中一些字的声调产生变化，出现变调的情况。因此在调查过程中对吴忠方言的变调现象做了一些调查，具体情况如下：

吴忠方言中的双音节词语，前一音节有阴平（44）、阳平上（53）和去声（13）三类声调，后一音节有阴平（44）、阳平上（53）、去声（13）以及变调轻声四类声调。前后音节配合拼读有十二种组合，具体如下表：

后音节 / 前音节		阴平	阳平上		去声	轻声
			古平声浊声母字	古上声清声声母和次浊声母字		
阴平		开^{44}张^{44}	开^{44}头^{53}	开^{44}始^{53}	开^{44}动^{13}	开^{44}·水
阳平上	古平声浊声母字	平^{53}分^{44}	平^{53}常^{53}	平^{53}等^{53}	平^{53}地^{13}	平^{53}·整
	古上声清声母和次浊声母字	老^{53}师^{44}	老^{53}牛^{53}	老^{53}本^{53}	老$^{53}_{35}$汉^{13}	老$^{53}_{35}$·布
去声		大$^{13}_{11}$车^{44}	大$^{13}_{11}$门^{53}	大$^{13}_{11}$腿^{53}	大^{13}肉^{13}	大$^{13}_{11}$·头

1. 从上表可以看出，吴忠方言在双音节词的发音中，前一音节为

阳平上调中的古上声清声母和次浊声母字（与普通话中的上声字相当）时，在去声字和轻声读音前发生了变调，声调由降调 53 变为了中升调 35。具体示例如下：

早［tsɔ^{53}］烧［ʂɔ^{13}］——— 早烧［tsɔ$^{53}_{35}$ ʂɔ^{13}］

翡［fei^{53}］翠［ʦ‘uei^{13}］——— 翡翠［fei$^{53}_{35}$ʦ‘uei^{13}］

马［ma^{53}］路［lu^{13}］——— 马路［ma$^{53}_{35}$lu^{13}］

小［ɕiɔ^{53}］雪［ɕye^{13}］——— 小雪［ɕiɔ$^{53}_{35}$ɕye^{13}］

本［pəŋ^{53}］月［ye^{13}］——— 本月［pəŋ$^{53}_{35}$ye^{13}］

冷［ləŋ^{53}］子［·tsɿ］——— 冷子［ləŋ$^{53}_{35}$ ·tsɿ］

岗［kaŋ^{53}］子［·tsɿ］——— 岗子［kaŋ$^{53}_{35}$ ·tsɿ］

水［ʂuei^{53}］银［·iŋ］——— 水银［ʂuei$^{53}_{35}$ ·iŋ］

改［kɛ^{53}］日［·ʐʅ］——— 改日［kɛ$^{53}_{35}$ ·ʐʅ］

早［tsɔ^{53}］上［·ʂaŋ］——— 早上［tsɔ$^{53}_{35}$ ·ʂaŋ］

2. 去声字，在阴平、阳平上和轻声前都由低升调变为低平调，调值由 13 变为 11。如：

地［ti^{13}］基［tɕi^{44}］——— 地基［ti$^{13}_{11}$tɕi^{44}］

刮［kua^{13}］风［fəŋ^{44}］——— 刮风［kua$^{13}_{11}$fəŋ^{44}］

下［ɕia^{13}］棋［tɕ‘i^{53}］——— 下棋［ɕia$^{13}_{11}$tɕ‘i^{53}］

喝［xɤ^{13}］水［ʂuei^{53}］——— 喝水［xɤ$^{13}_{11}$ ʂuei^{53}］

石［ʂʅ^{13}］头［·təu］——— 石头［ʂʅ$^{13}_{11}$ ·təu］

笊［tʂɔ^{13}］篱［·li］——— 笊篱［tʂɔ$^{13}_{11}$ ·li］

此外，吴忠话里当前后音节都为去声时，后一个音节往往由低升调变为高平调，即调值会由 13 变为 44。如：

大［ta^{13}］麦［mɛ^{13}］——— 大麦［ta^{13}mɛ^{44}］

糯［nuɤ^{13}］稻［tɔ^{13}］——— 糯稻［nuɤ^{13}tɔ^{44}］

挂［kua^{13}］面［miæ̃^{13}］——— 挂面［kua^{13}miæ̃^{44}］

大［ta^{13}］肉［ʐəu^{13}］——— 大肉［ta^{13}ʐəu^{44}］

肚［tu^{13}带［tɛ^{13}］——— 肚带［tu^{13}tɛ^{44}］

不过这种变调情况并不是所有的词都变，有些去声字连读，它们的调值都保持 13 的数值，而不发生变化。如：

布［pu^{13}］店［tiæ̃^{13}］——— 布店［pu^{13}tiæ̃^{13}］

药［ye^{13}］铺［pʻu^{13}］——— 药铺［ye^{13}pʻu^{13}］

壳［kʻɯ^{13}］宸［laŋ^{13}］——— 壳宸［kʻɯ^{13}laŋ^{13}］

白［pia^{13}］菜［ʦɛʻ^{13}］——— 白菜［pia^{13}ʦʻɛ^{13}］

蕨［ʨye^{13}］麻［mu^{13}］——— 蕨麻［ʨye^{13}mu^{13}］

二　轻声

（一）轻声的类别

轻声是在字组中只有前字调类控制整个调式而后字失去了原调，其调类在连调中被中和，变成一种轻而短的调子。吴忠方言中轻声现象比较普遍，在我们所调查的词汇当中，主要发现了以下几类：

1. 表示具体动植物类别的名词，其后一音节常常读轻声，具体示例如下：

儿马［a^{53} ·ma］　乳牛［ʐu$^{53}_{35}$ ·niəu］

黄羊［xuaŋ^{53} ·iaŋ］　草驴［ʦʻɔ$^{53}_{35}$ ·ly］

母猪［mu$^{53}_{35}$ ·ʈʂu］　伢猪［ia^{53} ·ʈʂu］

牙狗［ia^{51} ·kəu］　郎猫［laŋ^{53} ·mɔ］

母鸡［mu$^{53}_{35}$ ·ʨi］　斑鸠［p æ̃^{44} ·ʨiəu］

鲇鱼［mi æ̃^{53} ·y］　韭菜［ʨiəu$^{53}_{35}$ ·ʦʻɛ］

黄瓜［xuaŋ^{53} ·kua］　芹菜［ʨʻiŋ^{53} ·ʦʻɛ］

柳树［liəu$^{53}_{35}$ · ʂu］　西瓜［ɕi^{44} ·kua］

芍药［ʂuɤ^{13} ·ye］　玫瑰［mei^{53} ·kuei］

花豆［xua^{44} ·təu］　葡萄［pʻu^{53} ·tʻɔ］

2. 名词、代词后面表名物的虚词语素“子、头、们、么”等常常读轻声，具体示例如下：

招子［ʈʂɔ^{44} ·ʦɿ］　盘子［pʻ æ̃^{53} ·ʦɿ］

票子 [p‘iɔ^{13} ·ʦɿ]　　戳子 [təŋ$^{53}_{35}$ ·ʦɿ]

鞭子 [pi æ̃^{44} ·ʦɿ]　　筏子 [fa^{13} ·ʦɿ]

篦子 [p‘ɛ^{53} ·ʦɿ]　　钉子 [tiŋ^{44} ·ʦɿ]

锄头 [ʦ‘u^{53} ·təu]　　龙头 [luŋ^{53} ·t‘əu]

枕头 [tʂəŋ$^{53}_{35}$ ·t‘əu]　　舌头 [ʂɤ^{53} ·t‘əu]

姐们 [ʨie$^{53}_{35}$ ·məŋ]　　哥们 [kə^{44} ·məŋ]

我们 [vɤ$^{53}_{35}$ ·məŋ]　　阿们 [aŋ^{53} ·mu]

这么 [tʂʅ^{13} ·mə]　　那么 [na^{13} ·mə]

什么 [ʂʅ^{13} ·mə]　　怎么 [tsəŋ^{13} ·mə]

3. 用在名词性词语后面表方位的“上、下、里、边、面、头”等方位词常常读轻声，具体示例如下：

顶上 [tiŋ$^{53}_{35}$ · ʂaŋ]　　地上 [ti^{13} · ʂaŋ]

桌上 [ts‘ɛ^{13} · ʂaŋ]　　火上 [xuɤ$^{53}_{35}$ · ʂaŋ]

底下 [ti$^{53}_{35}$ ·ɕia]　　乡下 [ɕiaŋ^{44} ·ɕia]

地下 [ti^{13} ·ɕia]　　树下 [ʂu^{13} ·ɕia]

乡里 [ɕiaŋ^{44} ·ni]　　城里 [tʂ‘əŋ^{53} ·ni]

上边 [ʂaŋ^{13} ·piæ]　　下边 [ɕia^{13} ·pi æ̃^{44}]

里面 [li$^{53}_{35}$ ·miæ]　　外面 [vɛ$^{53}_{35}$ ·mi æ̃]

前头 [tɕ‘i æ̃^{53} ·təu]　　后头 [xəu^{13} ·t‘əu]

4. 一些时间名词中的后一语素如“年、月、天”等常常读轻声，具体示例如下：

今年 [tɕiŋ^{44} ·niæ̃]　　当年 [taŋ$^{44}_{35}$ ·niæ̃]

明年 [miŋ^{53} ·niæ̃]　　来年 [lɛ^{53} ·niæ̃]

正月 [tʂəŋ^{44} ·ye]　　元月 [yæ̃^{53} ·ye]

六月 [liəu^{13} ·ye]　　腊月 [la^{13} ·ye]

今天 [ʨiŋ^{44} ·t‘iæ̃]　　明天 [miŋ^{53} ·t‘iæ̃]

前天 [ʨ‘iæ̃^{53} ·t‘iæ̃]　　大前天 [ta^{13}ʨ‘iæ̃^{53} ·t‘iæ̃]

5. 量词“个、天”等构成数量词的时候常常读轻声，具体示例如下：

两旁个 [liaŋ$^{53}_{35}$paŋ^{13} ·kə]　　一个 [i^{13} ·kə]

两个［liaŋ^{53} ·kə］　　两天［liaŋ$^{53}_{35}$ ·t‘iæ̃］

6. 助词“的、得、着、了、过”以及语气词“呀、呢、嘛、吗”等常读轻声，具体示例如下：

谁的［ʂuei^{53} · ti］　　亏得［k‘uei^{44} ·tə］

站着［tʂæ̃^{13} ·tʂə］　　坐着［ tsuə^{13} ·tʂə ］

煳了［xu^{53} ·lə］　　病了［piŋ^{13} ·lə］

吐了［tu^{13} ·lə ］　　来过［lɛ^{53} ·kuə ］

啊呀［a^{13} ·ia］　　好嘛［xɔ$^{53}_{35}$ ·ma］

好着呢吗［xɔ$^{53}_{35}$ ·tʂə ·ni ·ma］　　好着呢［xɔ$^{53}_{35}$ ·tʂə ·ni］

7. 叠音词以及联绵词中的后一音节常读轻声，具体示例如下：

牙牙［ia^{53} ·ia］　　星星［ɕiŋ^{44} ·ɕiŋ］

唧唧［tɕi^{53} ·tɕi］　　呱呱［kua^{13} ·kua ］

虫虫［tʂ‘uŋ^{53} ·tʂ‘uŋ］　　黍黍［tʂ‘u$^{53}_{35}$ ·tʂ‘u］

窝窝［vɤ^{44} ·və］　　兜兜［təu^{44} ·təu］

蜻蜓［tɕ‘iŋ^{44} ·t‘iŋ］　　蝴蝶［xu^{53} ·t‘ie］

蚂蚁［ma^{53} ·i］　　芍药［ ʂuɤ^{13} ·ye］

8. 一些口语中常用的双音节词，后一音节习惯性地读轻声，具体示例如下：

端午［tæ̃^{44} ·vu］　　重阳［tʂ‘uŋ^{53} ·iaŋ］

买卖［mɛ$^{53}_{35}$ ·mɛ］　　门面［məŋ^{53} ·miæ̃］

账房［tʂaŋ^{13} ·faŋ］　　水磨［ ʂuei$^{53}_{35}$ ·mə］

本钱［pəŋ$^{53}_{35}$ ·tɕ‘iæ̃］　　毫系［xɔ^{53} ·ɕi］

篼嘴［təu^{44} ·tsuei］　　缰绳［ tɕiaŋ^{44} · ʂəŋ］

舀饭［iɔ$^{53}_{35}$ ·fæ̃］　　裹腿［kuɤ^{53} ·t‘uei］

首饰［ ʂəu$^{53}_{35}$ · ʂʅ］　　礼帽［li$^{53}_{35}$ ·mɔ］

柴火［tʂ‘ɛ^{53} ·xuə］　　摆设［pɛ$^{53}_{35}$ · ʂʅ］

（二）轻声的位置

1. 双音节词语中轻声一般在后一音节，具体示例如下：

荞麦［tɕ‘iɔ^{53} ·mɛ］　　鞦绳［tɕ‘iəu^{44} ·səŋ］

鞭杆［piæ̃^{44} ·kæ̃］　　浑蜕［xuŋ^{53} ·t‘u］

牲口［səŋ^{44} ·k‘əu］　　张鸡［ʈʂaŋ^{44} ·ʨi］

花鸨［xua^{44} ·pɔ］　　老鼠［lɔ^{53} ·ʈʂ‘u］

苍蝇［ʦ‘aŋ^{44} ·iŋ］　　牛牤［niəu^{53} ·mɔ］

泥鳅［mi^{53} ·ʨ‘iəu］　　庄稼［ʈʂuaŋ^{44} ·ʨia］

五谷［vu$^{53}_{35}$ ·ku］　　苜蓿［mu^{13} ·ɕy］

烟囱［iæ̃^{44} ·ʦ‘uŋ］　　衣裳［i^{44} · ʂaŋ］

2. 在三音节的词语中，轻声可以在中间，可以在末尾，也可以中间和末尾都有轻声，具体示例如下：

（1）轻声在中间：

扫帚星［sɔ^{13} ·ʈʂ‘u ɕiŋ^{44}］　　牛郎星［niəu^{53} ·laŋ ɕiŋ^{44}］

旋风风［ɕyæ̃^{13} ·fəŋ fəŋ^{44}］　　米粒砂［mi$^{53}_{35}$ ·li ʂa^{44}］

金积堡［tɕiŋ^{44} ·tɕi p‘u^{53}］　　礼拜一［li$^{53}_{35}$ ·pɛ i^{13}］

打磨田［ta$^{53}_{35}$ ·mə t‘iæ̃^{53}］　　裁缝铺［ʦ‘ɛ^{53} ·fəŋ p‘u^{13}］

哈巴狗［xa$^{53}_{35}$ ·pa kəu^{53}］

（2）轻声在末尾

糕点店［kɔ^{44}tiæ̃$^{53}_{35}$ ·tiæ̃］　　估衣铺［ku^{13}i^{44} ·p‘u］

夜蝙蝠［ie^{13}p‘iæ̃^{13} ·fu］　　糖萝卜［t‘aŋ^{53}luɤ^{53} ·pə］

啥时候［ʂa^{13} ʂʅ^{53} ·xəu］　　开裆裤［k‘ɛ^{44}taŋ^{44} ·k‘u］

杀裆裤［ʂa^{13}taŋ^{44} ·k‘u］　　连脚裤［liæ̃^{53}ʨy^{13} ·k‘u］

房廊檐［faŋ^{53}laŋ^{53} ·iæ̃］

（3）中间、末尾都是轻声

牛卜郎［niəu^{53} ·pu ·laŋ］　　莲花菜［liæ̃^{53} ·xua ·ʦ‘ɛ］

瓢葫芦［p‘iɔ^{53} ·xu ·lu］　　灯心绒［təŋ^{44} ·ɕiŋ ·ʐuŋ］

钮纥褡［niəu$^{53}_{35}$ ·kɯ ·ta］　　驴驹子［ly^{53} ·ʨy ·ʦɿ］

3. 四音节词语轻声大多出现在第二或第四个音节上，具体示例如下：

母羊羔子［mu$^{53}_{35}$ ·iaŋ kɔ^{44} ·ʦɿ］

对门襟子［tuei^{13} ·məŋ ʨiŋ^{44} ·ʦɿ］

枕头芯子［ʈʂəŋ$^{53}_{35}$ ·t‘əu ɕiŋ^{44} ·ʦɿ］

枕头套子［ʈʂəŋ$^{53}_{35}$ ·t‘əu t‘ɔ^{13} ·ʦɿ］

憨头憨脑［x^{4}æ̃^{4} ·t‘əu xæ̃^{44} ·nɔ］

猪食槽子［ʈʂu^{44} · ʂʅ ʦ‘ɔ^{53} ·ʦɿ］

麻绳口袋［ma^{53} · ʂəŋ k‘əu$^{53}_{35}$ ·tɛ ］

水馅包子［ ʂuei$^{53}_{35}$ ·ɕiæ̃ pɔ^{44} ·ʦɿ ］

但有时轻声也会出现在四音节词语的第三音节上，例如：

鹰嘴豆子［iŋ^{44}ʦuei^{53} ·təu ·tsɿ］

十来个月［ ʂʅ^{13}lɛ$^{53}_{35}$ ·kə ye^{13}］

胖娃娃菜［p‘aŋ^{13}va^{53} ·va ʦ‘ɛ^{13}］

花轱辘车［kua^{44} ·ku ·lu ʈʂ‘ɤ^{44}］

猪耳朵菜［ʈʂu^{44} ·a ·tuə t‘ɛ^{13}］

不好意思［pu^{13}xɔ^{53} ·i ·sɿ］

（三）轻声的作用

吴忠方言中的轻声除了会引起声调变化之外，还有区分词义和区别词性的作用，例如：

水面［ ʂuei$^{53}_{35}$ ·miæ̃］：“面”字读轻声时是指面条的一种，水面［ ʂuei^{53}miæ̃^{13}］前后两个音节都重读时是水的表面的意思。

对头［tuei^{13} ·t‘əu］：“头”字读轻声时意思为对手，对头［tuei^{13} t‘əu^{13}］前后两个音节都重读时是指正确、合乎心意。

摆设［pɛ$^{53}_{35}$ · ʂʅ］：“设”字读轻声时是指室内的陈设，是名词，摆设［pɛ^{53} ʂɤ^{13}］前后两个音节都重读时是指摆放、设置这个动作，变成了动词。

大爷［ta^{13} ·ie］：“爷”字读轻声时是指年纪大的长辈，大爷［ta^{13}ie^{53}］前后两个音节都重读时是指好逸恶劳的男子，属贬义词。

三　儿化

儿化是韵母［er］同其他韵母合成一个音节，使这个韵母变为卷舌韵母的语言现象。在吴忠方言中，儿化韵使用范围不广，而且只在词尾出现，例如而根儿［a^{53} ·kər］、后儿［$xəur^{13}$］、女儿［$nyər^{53}$］等等。而在词头或词中出现的“儿”音不发卷舌往往发为［a］音，例如儿马［a^{53} ·ma］、鸭儿子［$ia^{13}a^{53}_{35}$ ·tsɿ］、儿媳妇［$a^{53}ɕi^{13}$ ·fu］等等。

此外，与普通话相比，吴忠方言中词尾的儿化韵不但发音与普通话不尽相同，其数量和范围也大大减少。许多普通话中的“儿化”词语在吴忠方言中往往没有儿化韵，这主要有两种情况：一是在普通话中有“儿”尾的词语在吴忠方言里“儿”字脱落，只余主体词，例如普通话中的“门槛儿”在吴忠方言中读“门槛”，普通话中的“串门儿”吴忠方言说“串门”；二是普通话中的“儿尾”在吴忠方言中说成了子尾，如普通话中的“门闩儿”在吴忠方言中叫“门闩子”，普通话中的“脑门儿”在吴忠方言中叫“脑门子”等等。总体来说，吴忠方言中的儿化使用范围不广，使用情况也比较简单。

四 文白异读

吴忠话里有一部分字有文言读音和白话读音的分别。一般地说，文言读音接近普通话，白话读音距离普通话读音较远。如“客”文言读音为［$k‘ɤ^{13}$］，白话读音为［$k‘a^{13}$］；“麦”文言读音为［$mɛ^{13}$］，白话读音为［mia^{13}］；“街”文言读音为［$tɕie^{44}$］，白话读音为［$kɛ^{44}$］；“解$_{～开}$”文言读音为［$tɕie^{53}$］，白话读音为［$kɛ^{53}$］等。现在受普通话的影响，一般年轻人爱用文言读音，老年人口语中爱用白话读音。下面分类列举一些文白异读的字，其中重复使用的举例字用“～”号代表。

（一）同声同调异韵

例字	文读	白读	例字	文读	白读
白$_{～菜}$	$pɛ^{13}$	pia^{13}	麦$_{～子}$	$mɛ^{13}$	mia^{13}

得~到	tɤ^{13}	tia^{13}	勒~住	lɤ^{13}	lia^{13}
客~人	kʻɤ^{13}	kʻa^{13}	脚~腿	tɕiɔ^{13}	tɕye^{13}
格~子	kɤ^{13}	ka^{13}	绿~色	ly^{13}	lu^{13}
模~样	mɤ^{53}	mu^{53}	血~液	ɕye^{13}	ɕie^{13}
柏松~	pɛ^{13}	pia^{13}	雀麻~	tɕʻye^{53}	tɕʻiɔ^{53}

（二）异声异韵同调

例字	文读	白读	例字	文读	白读
解~开	tɕie^{53}	kɛ^{53}	鞋皮~	ɕie^{53}	xɛ^{53}
戒~指	tɕie^{13}	kɛ^{13}	芥~末	tɕie^{13}	kɛ^{13}
角牛~	tɕye^{13}	kɤ^{13}	巷街~	ɕiaŋ^{13}	xaŋ^{13}
敲~鼓	tɕʻiɔ^{44}	kʻɔ^{44}	宿~舍	su^{13}	ɕy^{13}
去来~	tɕʻy^{13}	kʻɯ^{13}	杏~子	ɕiŋ^{13}	xəŋ^{13}
畜~牲	tʂʻu^{13}	ɕy^{13}	钥~匙	iɔ^{13}	ye^{13}

（三）异声同韵同调

例字	文读	白读	例字	文读	白读
饿饥~	ɤ^{13}	vɤ^{13}	喜~鹊	ɕi^{53}	tɕʻi^{53}
鼠老~	ʂu^{53}	tʂʻu^{53}	顺孝~	ʂuŋ^{13}	tʂʻuŋ^{13}
啥干~	ʂa^{53}	sa^{53}	业事~	ie^{13}	nie^{13}
溃~烂	kʻuei^{13}	xuei^{13}	伸~展	ʂəŋ^{44}	tʂʻəŋ^{44}
愁忧~	tʂʻəu^{53}	tsʻəu^{53}	翅~膀	tʂʻʅ^{13}	tsʻɿ^{13}
诓~人	kuaŋ^{13}	xuaŋ^{13}	弄~坏	luŋ^{13}	nuŋ^{13}

（四）异声异韵异调

例字	文读	白读	例字	文读	白读
虹彩~	xuŋ^{53}	kaŋ^{13}	给~养	tɕi^{13}	kɯ^{53}
摘文~	tʂɛ^{44}	tsɤ^{13}	颈脖~	tɕiŋ^{44}	kəŋ^{53}
楷麦~	tɕie^{13}	kɛ^{44}	涎~水	ɕiæ̃^{53}	xæ̃^{44}

剑~子手 kuei13 k'uɛ53

五 特殊音变

（一）同化

吴忠话里的同化主要有辅音的同化、元音的同化和声调的同化。一些音节单读的时候，声、韵、调本不相同，但在连读时，受前后音节中某个部分的影响，辅音、元音或声调变的相同了。这是一种同化音变现象。辅音的同化如“喜鹊”一词，两个音节分开来读，“喜”读［ɕi53］，“鹊”读［tɕ'iɔ53］，两个音节连读时，“喜鹊”读作［tɕ'i13tɕ'iɔ53］，两个不同的声母变得相同了。

元音的同化，如“跟前”一词，两个音节分开来读，“跟”读［kəŋ44］，“前”读［tɕ'iæ̃53］，两个音节的鼻元音韵母都不同，但在连读时，“跟前”读作［kəŋ44·tɕ'iŋ］，两个音节的鼻韵母韵尾变的相同了。

声调的同化如“放生”一词，两个音节分开来读，“放”读［faŋ13］，“生”读［səŋ44］，两个音节的声调是不相同的，但在连读时，“放生”读作［faŋ13səŋ13］，声调变得相同了。

（二）异化

吴忠话里的异化主要有元音的异化和声调的异化。元音的异化如“蘑菇”一词，前后两个音节单读时，“蘑”读［mɤ53］，两个音节连读时，“蘑菇”读作［mɔ53·ku］。又如“风箱”一词，前后两个音节单读时，“风”读［fəŋ44］，“箱”读［ɕiaŋ44］，但两个音节连读时，“风箱”读作［fəŋ44·ɕiæ̃］。两个后鼻音韵母变得不一样，成了一个是后鼻韵母，一个是前鼻韵母了。

声调的异化如“烙铁”一词，两个音节分开单读时，“烙”读［luɤ13］，“铁”读［t'ie13］，声调都是去声，调值为13，当两个音节连读时，读作［luɤ^{13} t‘ie^{44}］，前后两个音节的声调变得不相同了。

（三）合音

吴忠话里的双音节或多音节常用词，往往前后两个音节结合在一起形成合音词。合音词在吴忠话里，主要有以下几类：

1. 常用时间词往往出现合音，如：

“今儿个”一词，有三个音节，但在吴忠汉民话里说作［ʨie^{44}］，回民话里说作［ʨia^{44}］。“明儿个”吴忠汉民话说［mie^{53}］，回民话说［mia^{53}］。“前儿个”吴忠回汉民都说［ʨ‘ia^{53}］。这类合音还有“大前天”说作［ta^{13} ʨ‘ia^{44}］、“大后天”说作［ta^{13}xuə^{44}］等。

2. 有些口语常用词也以合音的形式出现，这主要有表亲属称谓的、表小家畜名称的，使用频率较高的词等。如“女儿”说作［nyə^{53}］、“大女儿”说作［ta^{13}nyə^{44}］、“侄女儿”［ʈʂʅ^{13}nyə^{44}］、“外甥女儿”［vɛ^{13}səŋ^{13}nyə^{53}］；“兔儿”［t‘uə^{13}］、“狗娃子”［kɔ^{13}·tsɿ］、“猪娃子”［ʈʂuə^{44}·tsɿ］；“做啥”［ʦua^{53}］、“木耳”［mə^{13}］等。

第四章

吴忠话与普通话语音的对应关系

一 声母的对应关系

（一）吴忠话和普通话相同的声母

吴忠话和普通话相同的声母有（p、p‘、m、f、t、t‘、n、l、k、k‘、x、tɕ、tɕ‘、ɕ、tʂ、tʂ‘、ʂ、ʐ）等18个，具体如下表：

吴忠话声母	普通话声母	例字
p	p	波 薄 拨 巴 爸 掰 笔 表 板 笨 边 崩
P‘	P‘	坡 泼 怕 盘 配 旁 碰 袍 票 偏 平 匹
m	m	妈 馍 毛 谋 麦 买 梅 忙 梦 命 苗 米
f	f	妇 肤 符 飞 翻 风 肥 房 冯 凫 芳 浮
t	t	大 德 刀 杜 斗 旦 得 党 扽 丁 呆 等
t‘	t‘	他 特 讨 坦 腾 头 图 梯 筲 妥 通 妥
n	n	纳 那 你 耐 嫩 闹 鸟 钮 囊 娘 宁 难
l	l	李 辣 鲁 楼 乱 老 兰 狼 令 林 轮 龙
k	k	个 尕 鼓 高 沟 钢 公 干 给 根 光 棍
k‘	k‘	可 哭 口 苦
x	x	河 哈 海 黑 汗 夯 好 胡 欢 红 灰 黄
tɕ	tɕ	基 居 见 加 金 井 军 炯 救 交 匠 景
tɕ‘	tɕ‘	期 区 钱 亲 泉 穷 锹 求 群 笪 枪 清
ɕ	ɕ	西 虾 先 悬 新 雄 笑 羞 兄 斜 相 星
tʂ	tʂ	治 炸 浙 斋 寨 针 蒸 召 周 浊 忠 庄
tʂ‘	tʂ‘	吃 查 成 仇 产 厂 衬 吵 吹 虫 船 窗
ʂ	ʂ	诗 沙 蛇 神 绳 陕 收 树 商 绳 水 烧
ʐ	ʐ	日 人 热 肉 染 仍 软 闰 饶 绒 嚷 褥

（二）吴忠话和普通话读音有差异的声母

1. 吴忠话里读［v］声母的字，在普通话读音都读零声母，具体如下表：

吴忠话声母	普通话声母（∅）	例字
vu	u	乌 五 午 务 误 无 勿 巫 武 侮 污 焐
va	ua	袜 瓦 洼 蛙 挖 娃 哇 娲 佤
və	uo	窝 莴 蜗 倭 踒 我 卧 沃 握 龌 涡 挝
vɛ	uai	歪 外 喎 崴
vǣ	uan	丸 弯 豌 完 玩 顽 脘 晚 绾 万 腕 碗
vaŋ	uɑŋ	王 亡 网 往 忘 妄 望 汪 旺 枉 罔 惘
vei	uei	危 委 威 畏 煨 微 为 苇 唯 伪 伟 卫
vəŋ	uən	温 瘟 文 蚊 纹 闻 雯 稳 吻 问 汶 紊
	uəŋ	翁 瓮 嗡 滃 蓊

2. 吴忠话里读［ʦ、ʦʻ、s］声母的字，在普通话里分读为两组，一组读［ʦ、ʦʻ、s］声母，另一组读［ʈʂ、ʈʂʻ、ʂ］声母。具体如下表：

吴忠话声母	普通话声母	例字
ʦ	ʦ	自 字 祖 族 再 栽 邹 奏 坐 作 曾 宗
	ʈʂ	助 摘 骤 宅 窄 翟 皱 争 挣 筝 睁 挣
ʦʻ	ʦʻ	粗 策 操 菜 侧 萃 苍 丛 寸 擦 凑 窜
	ʈʂʻ	初 雏 锄 础 翅 愁 撑 瞅 拆 楚
s	s	四 死 司 私 撕 涩 臊 碎 孙 僧
	ʂ	生 蔬 数 甥 省 朔 瘦 梳 笙 疏

3. 吴忠话里的部分［k、kʻ、x］声母字，在普通话里读［ʨ、ʨʻ、ɕ］声母。具体如下表：

吴忠话声母	普通话声母	例字
k	ʨ	街 解$_{\sim\text{开}}$芥$_{\sim\text{末}}$戒$_{\sim\sim\text{指}}$角$_{\text{牛}\sim}$
kʻ	ʨʻ	去$_{\text{来}\sim}$　敲$_{\sim\text{门}}$
x	ɕ	巷$_{\sim\text{子}}$鞋$_{\text{皮}\sim}$杏$_{\sim\text{子}}$项$_{\sim\text{脖}}$

4. 吴忠话里有些零声母字，在普通话里读［ʐ］声母，具体如下表：

吴忠话声母	普通话声母	例字
ø	ʐ	容 荣 榕 熔 蓉 融

5. 吴忠话里少数字声母有例外读音，具体如下表：

例字	吴忠话声母	普通话声母	例字	吴忠话声母	普通话声母
泥	m	n	巩	k‘	k
堤	t‘	t	触	ʦ	ʦ‘
缔	t‘	t	族	ts‘	ʦ
蝶	t‘	t	溅	ʦ	ʨ
弄	l	n	歼	ʨ‘	ʨ
囚	ɕ	ʨ‘	详	ʨ‘	ɕ
鼠	ʦ‘	ʂ	宿	ɕ	s‘

二 韵母的对应关系

（一）吴忠话与普通话相同的韵母

吴忠话与普通话相同的韵母有［ɿ、ʅ、i、u、y、a、ia、ua、ei、uei］等10个。具体如下表：

吴忠话韵母	普通话韵母	例字
ɿ	ɿ	资 自 次 司 紫 此 私 斯 字 雌
ʅ	ʅ	芝 纸 植 迟 吃 诗 时 市 势 日
i	i	衣 彼 匹 米 里 低 梯 鸡 期 西
u	u	乌 补 蒲 母 杜 土 努 普 古 苦
y	y	玉 吕 驴 据 渠 徐 居 区 虚 逾

（续表）

吴忠话韵母	普通话韵母	例字
a	a	阿 八 爬 妈 大 踏 拿 擦 尕 沙
ia	ia	牙 价 恰 夏 俩 亚 衙 匣 掐 鸭
ua	ua	瓜 夸 花 抓 要 华 卦 剐 画 寡
ei	ei	背 佩 飞 美 胃 玫 杯 贼 伟 培
uei	uei	堆 推 鬼 亏 灰 吹 魁 回 追 嘴

（二）吴忠话和普通话读音有差异的韵母

1. 吴忠话和普通话读音虽有差异，但具有对应关系的韵母有16个。

吴忠话韵母	普通话韵母	例字
ɛ	ai	拜 派 买 歹 奶 该 楷 海 债 晒
ɔ	au	包 跑 矛 到 套 劳 搞 好 操 草
æ̃	an	班 判 满 饭 旦 毯 难 篮 干 毡
aŋ	ɑŋ	棒 胖 芒 党 汤 商 张 常 让 康
əu	ou	欧 斗 偷 漏 狗 口 侯 肉 收 仇
ie	iɛ	别 撇 贴 姐 写 茄 涅 裂 铁
iəu	iou	油 丢 牛 刘 揪 求 朽 秋 优 羞
iɔ	iao	膘 表 票 苗 掉 电 挑 鸟 交 巧 笑
i æ̃	iɛn	烟 变 偏 检 电 田 念 连 先 千
iaŋ	iɑŋ	洋 娘 亮 将 强 香 匠 枪 响 央
uɤ	uo	窝 躲 驼 诺 落 果 阔 伙 桌 说
uɛ	uai	乖 块 怀 槐 揣 帅 淮 快 衰 蟀
u æ̃	uan	官 宽 桓 缎 乱 专 栓 软 绍 蒜
uaŋ	uɑŋ	光 筐 荒 状 窗 霜 黄 僮 匡 双
ye	yɛ	月 略 决 确 雪 学 靴 爵 掠 缺
y æ̃	yɛn	渊 捐 卷 权 劝 泉 选 圆 悬

2. 吴忠话里的［əŋ、iŋ、uŋ、yŋ］四韵在普通话中读为［ən、in、uən、yn］和［əŋ、iŋ、uŋ、yŋ］两组韵母。具体如下表：

吴忠话韵母	普通话韵母	例字
əŋ	ən	本 盆 根 门 分 肯 很 沉 任 斟
	əŋ	崩 碰 蒙 丰 耕 坑 成 剩 正 更
vəŋ	uən	文 问 温 蚊 纹 闻 吻 辒 雯 稳
	uəŋ	翁 嗡 蓊 瓮 滃
iŋ	in	宾 品 民 赁 今 亲 辛 音 筋 因
	iŋ	兵 平 命 另 精 醒 清 庆 影 惊
uŋ	uən	敦 吞 论 滚 村 尊 准 春 魂 轮
	uŋ	东 同 龙 功 空 宗 从 冲 红 绒
yŋ	yn	均 群 勋 晕 云 韵 寻 旬 君 裙
	yŋ	炯 穷 兄 雄 拥 踊 熊 用 凶

3. 吴忠话里［ɤ］韵［p、p‘、m］声母字在普通话中读［o］韵，具体如下表：

吴忠话韵母	普通话韵母	例字
ɤ	o	波 玻 拨 薄 脖 博 驳
		坡 婆 破 颇 迫 魄 珀 粕
		模 磨 馍 莫 漠 寞 沫 摹 膜 魔

4. 吴忠话里［ɯ］韵［k、k‘、x］声母字在普通话中读［ɤ、ei、y］韵。具体如下表：

吴忠话韵母	普通话韵母	例字
ɯ	ɤ	圪 纥 疙 胳 咳 坷
	ei	给 黑
	y	去

5. 吴忠话里［uei］韵［l］声母字在普通话中读［ei］韵。具体如下表：

吴忠话韵母	普通话韵母	例字
uei	ei	雷 馁 儡 内 蕾 磊 类 泪

6. 吴忠话里［uɤ］韵［k‘］声母字在普通话中读［ɤ］韵。具体如下表：

吴忠话韵母	普通话韵母	例字
uɤ	ɤ	科 蝌 窠 棵 稞 颗 课

7. 吴忠话里［æ̃］韵［n、l］声母字在普通话中读［uan］韵，具体如下表：

吴忠话韵母	普通话韵母	例字
æ̃	uan	栾 峦 滦 鸾 卵 乱 暖

8. 吴忠话里［u］韵［m、f］声母字在普通话中读［ou］韵，具体如下表：

吴忠话韵母	普通话韵母	例字
u	ou	否 某 谋 牟 侔 眸

9. 吴忠话里［i］韵［p、p‘、m］声母字在普通话中大部分也读［i］韵，有少数字读［ei］。具体如下表：

吴忠话韵母	普通话韵母	例字
i	ei	备 惫 被 臂 胚 坯 眉

10. 吴忠话里［ia］韵［p、p‘、m、t、t‘、n、l］声母字在普通话中读［ai、ɤ、iɛ、iɑŋ］韵。具体如下表：

吴忠话韵母	普通话韵母	例字
ia	ai	白 柏 百 拍 麦 脉 佰
	ɤ	勒 德 得
	iɛ	咩 裂~子 咧吃~
	iɑŋ	娘~俩

11. 吴忠话里［ye］韵［tɕ］声母字在普通话中读［iau］韵。具体如下表：

吴忠话韵母	普通话韵母	例字
ye	iau	嚼 角 药 钥 脚

12. 吴忠话里少数韵母字有例外读音。具体如下表：

例字	吴忠话韵母	普通话韵母	例字	吴忠话韵母	普通话韵母
鹊喜~	iɔ	yɛ	堡~垒	u	au
轴车~	u	ou	获~得	u	uo
熟~悉	u	ou	横纵~	uŋ	əŋ
绿~色	u	y	宿~舍	y	u
宿一~	u	iou	佛~祖	u	o
乐快~	uɤ	uə	烙~饼	uɤ	au
剥~皮	ə	au	怯胆~	ye	iɛ
劣恶~	ye	ie	客~人	a	ɤ
咳~嗽	a	ɤ	巷小~	aŋ	iɑŋ
项一~	aŋ	iɑŋ	杏~子	əŋ	iŋ
更打~	əŋ	iŋ	溅~水	æ̃	iɛn
宅住~	ɤ	ai	拆~分	ɤ	ai
骰~子	ɤ	ai	去出~	ɯ	y

三　声调的对应关系

吴忠话语音有三类声调，即阴平、阳平上、去声。普通话语音有四类声调，即阴平、阳平、上声、去声。吴忠话虽然和普通话声调调类的数量不同，但相互之间存在着一定的对应关系。

吴忠话里的阴平由古平声中的清声母字演化而来，与普通话语音中的阴平相对应。从声调的调值上看，吴忠话语音的阴平是个半高平调（˦^{44}），比普通话语音中阴平的高平调（˥^{55}）略低一点。

吴忠话里的阳平上由古平声中的浊声母字和古上声的大部分字演化而来，与普通话语音中的阳平和上声相对应。从声调的调值上看，吴忠话语音里的阳平上是个高降调（˥˧^{53}），这类字在普通话语音中读为中升调（˧˥^{35}）和降升调（˨˩˦^{214}）。

吴忠话里的去声由古去声字、古全浊声母的上声字和绝大部分古代入声字演化而来，除入声外，其他字的读音与普通话语音里的去声字相对应。从声调的调值上看，吴忠话语音里的去声是个低升调（˩˧^{13}），而普通话语音里的去声是个高降调（˥˩^{51}）。

吴忠话与普通话语音声调对应关系，具体如下表：

吴忠话声调		普通话声调		例字
调类	调值	调类	调值	
阴平	44	阴平	55	高开抽专初低天刚丁妈
阳平上	53	阳平	35	陈穷防刘文牙徐层言皮
		上声	214	老古纺柳好厂党组虎理
去声	13	去声	51	盖抗正尿汉缺服月布桂

吴忠话古入声字都归入去声，但有少部分归入阴平和阳平上，举例如下：

1. 归入阴平的有：

“憋雹匹督托嘀拉垃窟醋豁唧掬粥萨索只挖握疫”等。

2. 归入阳平上的有：

“薄辟别膜抹撇嫡令粒历略掠滑猾鞠嚼狭匣辖给察窄斥赤叱舌折贼昨撮撒飒乙记役译翼”。

第五章

吴忠话同音字表

1. 本字表参照中国科学院语言研究所编的《方言调查字表》和黄伯荣、廖旭东主编的《现代汉语》中的“同韵字表”，对吴忠话进行实地调查材料编写而成。

2. 本表按照韵母顺序排列，同韵字表再按声母顺序排列，声韵相同的按照声调顺序排列，韵母的次序是：

ɿ ʅ ɯ a ɤ ɛ ɔ ei əu æ̃ aŋ əŋ i ia ie iɔ iəu iæ̃ iaŋ iŋ u ua uɤ uɛ uei uæ̃ uaŋ uŋ y ye yæ̃ yŋ

声母的次序是：

p p‘ m f v t t‘ n l k k‘ x tɕ tɕ‘ ɕ tʂ tʂ‘ ʂ ʐ ts ts‘ s ɵ

声调的次序是：

阴平　　44

阳平上　53

去声　　13

3. 字表中，字后组词，用“~”号代表本字，需要再做解释的用（）括号做注。

4. 字后括号中（文读）表示文言或书面语读音，括号中（白读）表示白话或方言读音。

5. 一字多音多义的，分别重复字形排列。

6. 凡是有音有义而无适当字形可写的，用方框“□”表示，所表示的意义在括号中加以解释。

吴忠方言同音字表

音标		声调		
韵母	声韵配合	阴平	阳平上	去声
ɿ	ʦɿ	姿~态 咨~询 资物~ 兹~由 滋~味 锱~重 吱~~响 孜~然(一种调料)	子~孙 仔~密 籽花~ 姊~妹 滓渣~ 紫~色	字~帖 自~己 恣~意 怎~么(白读)
	ʦʻɿ	差参~ 疵吹毛求~	词~汇 祠~堂 辞告~ 慈~母 瓷~器 雌~雄 此彼~	次~序 赐恩~ 伺~候 刺扎了个~ 翅~膀(白读)
	sɿ	私~人 思~想 司~令 斯~文 撕~扯 丝~绸		
ʅ	tʂʅ	之 芝~麻 支(量词) 枝柳~ 知~道 蜘~蛛 脂~肪 只~身	指(动词) 只~有 止停~ 址地~ 趾脚~ 纸~张 旨主~	直正~ 值~班 植种~ 殖生~ 执~行 职~工 侄~子 指~头 志~向 痣黑~ 智~慧 至~交 致~敬 智~力 痔~疮 制~度 置设~ 滞停~ 稚幼~ 挚真~ 帜旗~ 秩~序 掷投~ 质~量 窒~息 炙~手可热 蛭水~(蚂蟥)
	tʂʻʅ	痴~呆 蚩~尤(古代传说中的人物) 笞鞭~	池~水 迟~到 匙汤~(文读) 持保~ 驰奔~ 弛松~ 耻可~ 侈奢~ 齿牙~ 赤~子 叱~骂	吃~喝 尺~子 豉豆~(文读) 翅~膀(文读) 炽~热 斥~责
	ʂʅ	尸~体 诗~歌 师老~ 狮~子 施措~	时~间 史历~ 使天~ 驶驾~ 始开~ 屎屁~ 似~的(文读)	虱~子(文读) 十(数词) 什~么 拾~掇 石~头 识知~ 食~物 蚀腐~ 实忠~ 矢有的放~ 是~非 士学~ 示表~ 视电~ 世~界 市~场 柿~子 恃有~无恐 试考~ 誓~言 逝~世 事~情 势~力 氏姓~ 室教~ 释解~ 适舒~ 式形~ 拭擦~ 弑(杀) 豉豆~(白读)
	ʐʅ			日~头
ɯ	kɯ	咯~吱(象声词)	给~人(送给 女子出嫁)	胳~膊(白读) 疙~瘩(白读) 圪~埮(白读) 纥~紞(白读)
	kʻɯ			去来~(白读)
	xɯ	□~喽(象声词)		黑天~了 郝~家桥(姓 白读)
a	pa	叭喇~ 扒~灰 巴~结 笆房~ 疤伤~ 芭奇~	屉~屎(动词) 把一~韭菜(量词)	八(数词) 捌 拔~萝卜 跋后~ 把~子 爸~~ 霸恶~ 坝水~ 罢~工

（续表）

音标		声调		
a	p'a	□(布料粗疏,不结实) 帕~子	趴~下 爬向前~ 耙~子 杷枇~ 琶琵~ 扒~手(又音)	怕害~
	ma	妈~~	麻~绳 马~队 码砝~ 蚂~蝗 蟆蛤~	抹~布 骂~人 蚂~蚱(文读)
	fa		乏跑~了	发~财 伐军~ 阀~门 筏皮~子 罚~款 法方~ 珐~琅
	ta	答滴滴~ 耷~拉	打~架(动词) 打一~袜子(量词)	答回~ 搭~头(回民常说) 瘩疙~(文读) 垯圪~(文读) 达~到 大~小
	t'a	他(代词,文读) 她(代词,文读) 它(代词,文读)		塌倒~ 踏用脚~ 塔东~ 獭水~ 沓一~钱 榻下~ 拓~碑
	na		拿(动词) 哪~里	那(指示代词) 呐喷~ 纳~家户(姓) 纳~鞋底(动词) 钠~盐 捺撇~
	la	拉~手 啦哗~~	喇~嘛	辣~子 剌(姓) 癞~痢 腊~月 蜡~烛 镴(焊锡)
	ka	嘎~吱(象声词) 旮~旯 咖~喱	尕~娃 尬尴~ 尜(一种玩具)	噶(象声词)
	k'a	喀~嚓(象声词)	卡~车	客~人(又音)
	xa	哈~~(笑声)	哈(姓) 蛤~蟆	瞎好~(又音)
	tʂa	楂山~(又音) 渣药~	砟~子(褐煤) 诈~降	扎~针 炸轰~ 铡~草 札书~ 轧~钢 眨~眼 乍初来~到 蚱蚂~ 榨~油 栅~栏
	tʂ'a	叉~子 差~错 喳唧唧~~(象声词) 差~别 诧~异	查检~ 茶喝~ 搽~脸 茬倒~ 察警~ 碴玻璃~ 镲(乐器,又称"钹") 刹古~	插~花 衩裤~ 岔三~口
	ʂa	沙~窝 纱~布 砂~石厂 鲨~鱼 杉~木(又音)	傻~子 厦高楼大~ 霎~时	杀暗~ 刹~车 啥(疑问代词) 煞凶神恶~
	tsa	匝碎~~ 扎(量词,又音) 咂(象声词,又音)	咱~们	杂复~ 砸~石头(动词)
	ts'a	嚓(象声词)		擦~桌子
	sa	萨(姓) 卅(数词)	洒~水 撒~种	撒~手(又音) 趿~鞋(动词)
	ɵa	啊(叹词) 阿~姨	儿~子 而~且 耳~朵 饵诱~ 尔~后	二(数词) 贰(二的大写)

(续表)

音标		声调		
ɤ	pɤ	玻~璃 波~浪 菠~菜 播广~ 膊胳~	博~物馆 搏拼~ 薄~弱 跛~子 簸~米(动词) 簸~箕(名词)	拨~号 剥~削 钵~盂 泊湖~ 伯~父 箔~金 舶~船 勃朝气蓬~ 渤~海 脖~子 驳反~ 卜~卦 钹(乐器,又名"镲") 帛布~ 薄~荷
	p‘ɤ	坡山~ 颇~烦	婆老~	泼~水 朴~刀 叵居心~测 破~坏 珀琥~ 粕糟~ 魄气~
	mɤ	摸~不着门道	馍~~ 模~范 膜薄~ 摹临~ 蘑~菇 魔~鬼 抹~脸	摸~手(又音) 磨~石(名词) 磨~面(动词) 末~了 沫泡~ 茉~莉花 陌~生 莫(姓) 寞寂~ 漠沙~ 默沉~ 墨笔~ 没~有 殁(去世,回民多用)
	fɤ		佛信~	
	tɤ		得~到 德道~	
	t‘ɤ			特~别 忑忐~
	nɤ		哪~吒(又音)	呐~喊
	lɤ	肋~骨(又音)		乐伯~ 勒~令
	kɤ	戈干~ 哥~们 歌~曲		搁~下 胳~膊 疙~瘩(文读) 圪~跶(文读) 割~麦子 鸽~子 格品~ 阁~楼 蛤~蚧草 革皮~ 膈横~膜 隔阻~ 葛(姓) 骼骨~ 个(量词) 各~位 铬(金属元素)
	k‘ɤ	苛~刻 柯(姓)	可~能	咳~嗽 壳外~ 瞌~睡 磕~头 渴饥~ 克~服 刻立~ 客~人(文读) 恪~守
	xɤ	喝~彩 喝~场	禾~苗(文读) 和(连词) 河黄~ 荷~花	合结~ 核考~ 貉一丘之~ 涸干~ 盒墨~ 劾弹~ 阂隔~ 贺(姓)恭~ 赫~然(发怒的样子)
	tʂɤ	遮~盖 者记~ 赭~石(颜料)	□儿子~着呢,不好意思来	折打~ 蛰惊~ 辙车~ 辄动~ 褶~迭 蔗甘~ 浙~江 这~个(文读)
	tʂ‘ɤ	车汽~	扯~皮	彻~底 撤~退 澈清~ 掣~肘

（续表）

音标		声调		
ɤ	ʂɤ	奢~华赊~账	舌~头蛇白~传舍~弃赦大~	折~耗(又音)射~击 麝~香 社~会 舍宿~ 设建~ 涉~水摄~影慑威~
	ʐɤ		惹招~	热冷~
	tsɤ		窄宽~(白读)	则原~择选~泽沼~ 责~任仄平~ 摘~要(白读) 宅~子(白读)
	ts'ɤ			侧~面厕~所测~验恻~隐之心 策政~册书~
	sɤ			塞堵~ 涩苦~ 色颜~ 瑟琴~ 啬吝~穑稼~
	θ	阿~谀婀~娜俄~罗斯 蛾飞~额前~	讹~诈鹅~蛋	恶~心饿饥~(文读) 噩~耗遏~制扼~守 轭(牛拉车时套在脖子上的曲木) 鄂~伦春腭软~鳄~鱼
ε	pε	掰~开(文读)	摆~手	百千~万(文读)柏松~(文读) 败失~拜~年稗~子
	p'ε	拍~手	排~长徘~徊牌~匾 簰~子(名词,一种水上交通工具) 迫~击炮(又音)	派党~湃澎~
	mε		埋~葬买~米	卖小~部迈豪~ 麦~子(文读)脉血~(文读)
	tε	呆~滞	歹~毒逮~住	代~表袋口~黛青~ 大~夫(又音)待等~怠~工 带~东西戴~帽子玳~瑁
	t'ε	苔舌~胎~盘汰淘~态~度	苔青~台~阶抬~水	太~阳泰~山
	nε	□(将息 忍耐)	乃~是奶~牛	奈~何耐忍~
	lε		来~往	赖依~癞~蛤蟆
	kε	该应~街大~(白读)	改~变解~开(白读)	盖~房子溉灌~概大~ 丐乞~钙补~ 戒~指(白读)芥~末(白读)
	k'ε	开~关揩~鼻涕	楷~模凯~旋慨慷~忾同仇敌~	
	xε	嗨(象声词)	孩~子还~要(文读)海~洋	害~怕骇~人听闻
	tʂε	斋~戒摘文~(文读)	窄狭~(文读)	宅院~(文读)翟(姓)债欠~ 寨~子

（续表）

音标		声调		
ɛ	tʂʻɛ	差出~ 拆~迁(文读) 钗金~	柴~火 豺~狼	
	ʂɛ	筛~子		色掉~(文读) 晒~太阳
	tsɛ	灾火~ 栽~树 哉(文言助词)	宰~羊 载记~ 载装~	在现~ 再~来 溅水~了一身
	tsʻɛ	猜~疑	才~人 材木~ 财~富 裁~缝 裁剪~ 彩色~ 睬不理~ 踩~踏	菜~蔬 蔡(姓)
	sɛ	腮~腺炎 鳃鱼~ 塞瓶~(又音,文读)		赛比~ 塞要~(又音)
	ɛ	哀悲~ 挨~近 埃尘~ 唉~呀 哎(呼唤词)	挨~打(又音) 癌~症 皑白雪~~ 矮个子~ 隘关~ 碍阻~	爱喜~ 艾~蒿 暧~昧
ɔ	pɔ	包~子 苞花~ 胞同~ 褒~奖 雹冰~	宝~贝 保~护 堡~垒 褓襁~ 饱吃~ 葆永~青春	抱搂~ 鲍~鱼 暴~露
	pʻɔ	抛~弃(文读)	咆~哮 袍~子 刨~坑 跑赛~	泡水~ 炮~弹
	mɔ	牤~病	毛羊~ 矛~盾 茅~房 猫~逮老鼠 锚抛~ 铆~钉 卯子丑寅~ 蘑~菇(白读)	冒~失 帽~子 瑁玳~ 茂~盛 貌礼~ 贸~易
	tɔ	刀切~ 叨唠~	倒打~ 岛~屿 捣~乱 导领~ 蹈舞~	倒颠~(又音)
	tʻɔ	滔大浪~天 掏~钱 涛波~ 叨~扰 韬~略	逃~跑 桃~子 陶(姓) 陶~器 萄葡~ 淘~汰	套圈~
	nɔ	孬~种 挠~痒痒	蛲~虫 恼烦~ 脑头~	闹热~
	lɔ	捞~鱼 唠~叨	老~少 劳~动 痨~病(肺结核) 牢~房 姥~~	涝~灾 唠~嗑 烙~饼(文读) 酪奶~
	kɔ	羔羊~ 高~低 糕~点 膏~药 篙竹~ 皋~兰	搞~对象 稿书~ 镐洋~	告~状
	kʻɔ	敲~门(白读)	考~试 拷~打 烤~火	靠依~ 铐手~ 犒~赏
	xɔ	蒿~子 薅~草	豪~杰 壕战~ 嚎~叫 毫分~ 号~哭(又音) 好~坏 郝(姓)	号吹~ 好爱~ 耗折~ 浩~大
	tʂɔ	招~手 昭~著 朝~霞 着~凉(又音) 沼~气 召号~	爪~牙 找寻~	照~亮 赵(姓) 兆预~ 罩灯~ 肇~事
	tʂʻɔ	抄~书 超~市 钞~票 巢鸟~	朝~鲜 潮~湿 晁~盖(姓) 嘲~笑 吵~架 炒~菜	耖~田(犁田)

（续表）

音标		声调		
ɔ	ʂɔ	捎~带 梢树~ 稍~许 烧发~	韶~子(精神病患者) 绍介~ 少多~	勺~子(文读) 芍~药(文读) 少~年(又音) 哨吹~子 邵(姓)
	ʐɔ		饶告~ 娆妖~ 扰打~	绕~毛线
	tsɔ	遭~难 糟酒~	澡洗~ 早~晚 枣红~	凿~通了(文读) 藻海~ 蚤跳~ 造创~ 皂肥~ 噪~音 燥干~ 躁暴~
	ts‘ɔ	操体~ 糙粗~(文读) 嘈~杂	曹~操(姓) 漕渡~ 槽马~ 草花~	糙~米(白读)
	sɔ	搔~痒 骚离~ 臊~气	扫~地 嫂哥~	臊害~ 扫~帚(又音)
	ɔ	熬煎~ 凹~凸	熬~夜 袄棉~ 翱~翔 遨~游 鳌独占~头 鏖~战	奥~运会 澳~洲 懊~悔 傲娇~ 拗~口 坳山~
ei	pei	卑~劣 碑~石 杯~子(名词) 杯一~水(量词) 悲~哀 背~包袱(动词)		北~风(文读) 贝~壳 倍~数 蓓~蕾 被~褥 辈长~ 背脊~ 备准~(文读)
	p‘ei	呸(象声词,唾弃声) 胚~胎	培~养 陪~伴 赔~钱 裴(姓)	配分~ 佩~戴 沛~然 沛充~
	mei		枚一~硬币(量词) 玫~瑰 眉~毛(文读) 媒~人 煤~炭 莓草~ 梅~花 霉发~ 没~有(文读) 酶~制剂 美~丽 镁(一种金属元素) 每~天	妹兄~ 昧愚~ 寐梦~以求 媚明~
	fei	非~常 啡咖~ 扉柴~ 蜚流言~语 飞~机 妃贵~	肥~胖 腓~骨 翡~翠 沸~腾(文读)	
	tei			得你~来(文读)
	nei			馁气~ 内~外(文读)
	lei	勒~紧(文读)	雷~雨(文读) 擂~鼓(文读) 累~赘(文读) 傀儡~ 垒~墙 蕾花~(文读)	类人~ 泪流~ 累劳~(文读,又音)
	kei		给~你(文读)	
	xei	嘿~~笑		黑~板(文读)
	tsei		贼盗~	
əu	məu	哞(牛叫声,象声词)	某~人 谋阴~(皆为文读)	牟(姓) 眸凝~
	fəu		否~定(文读)	
	təu	都~是 兜衣~	斗升~(量词) 抖发~ 蚪蝌~ 陡~峭	豆黄~ 逗~笑 痘种牛~ 斗~争 窦(姓)

（续表）

音标		声调		
əu	t‘əu	偷~东西	头~颅 投~靠	透~明
	ləu	搂~柴火 喽~啰	楼~房 耧(农具) 髅骷~ 搂~抱 篓竹~	陋简~ 漏~水 露~脸
	kəu	勾~结 钩铁~ 沟水~ 镐洋~（铁制工具）	狗死~ 苟~且	构结~ 购~买 够~了 垢污~
	k‘əu	抠~门	口~歌	扣~留 寇~贼 蔻豆~年华
	xəu	吼~叫 齁气~了	侯万户~ 喉~咙 猴~子	候时~ 后~天 厚~道
	ʈʂəu	州杭~ 洲欧~ 周(姓) 舟轻~ 诌胡~ 粥稀~	肘胳膊~ 帚笤~ 挒~旗子	昼~夜 宙宇~ 咒念~ 胄甲~
	ʈʂ‘əu	抽~签	酬壮志未~ 绸~缎 稠稀~ 仇~恨 畴~划 筹~备 踌~躇不前 丑~陋	臭香~
	ʂəu	收~款	守看~ 手~脚 首~领	受接~ 授~衔 兽野~ 寿祝~ 售销~ 狩~猎
	ʐəu		柔~软 揉~面 糅~~(锅巴)	肉羊~
	ʦəu	邹(姓)	走~路	奏~乐 揍挨~ 皱~褶 骤暴风~雨
	ʦ‘əu	搊~起来	愁忧~ 瞅~了一眼	凑~钱
	səu	搜~刮 馊~饭 艘一~军舰(量词,文读)	艘(量词,白读)	瘦肥~ 嗽咳~
	əu	区(姓) 讴~歌 欧~洲 鸥海~	殴~打 偶~然 藕莲~ 呕~吐	沤~粪 怄~气
æ̃	pæ̃	般一~ 搬~运 班~长 斑黑~ 颁~布 扳~手	板木~ 版出~ 坂(山坡) 瓣花~	半~年 伴伙~ 绊~脚 办~公室 扮打~ 畔湖~
	p‘æ̃	潘(姓) 攀~登	盘一~菜 磐~石 蟠~桃会 蹒~跚	判审~ 叛~徒 盼顾~
	mæ̃	颟~顸(糊涂,头脑不清)	瞒隐~ 馒~头 蛮胡搅~缠 满~意	慢快~ 漫水~金山 漫烂~
	fæ̃	番一~ 藩~镇 翻~船 帆风~ 幡魂~	烦~恼 繁~茂 樊(姓) 凡~人 矾白~ 反~对 返~回	饭米~ 贩~卖 犯~罪 范模~ 泛黄河~舟
	tæ̃	丹仁~ 单~双 担(挑,动词) 耽~误 眈虎视~~	胆肝~ 掸~子(名词) 掸~灰(动词) 疸黄~	旦元~ 但~是 石一~米(十斗一石,量词) 弹炮~ 蛋鸡~ 诞~生 淡~水 氮一氧化~ 担~子(名词)
	t‘æ̃	摊~子 滩河~ 瘫~痪 坍~塌 贪~污	弹~琴 坛天~ 昙~花 檀紫~ 谈~话 痰吐~ 谭(姓) 潭水~ 坦~然 毯毛~ 忐~忑 袒~胸露背	叹~气 炭~火 碳~酸 探~讨

（续表）

音标		声调		
æ̃	næ̃	□病了~着吧	难国~男~女南~方 楠~木赧愧~	难灾~(又音)暖~和
	læ̃		兰~花 拦阻~ 蓝~色 篮花~ 阑~干 澜狂~ 婪贪~ 岚晓~ 览展~揽兜~榄橄~懒~散	烂腐~滥泛~
	kæ̃	干~净 杆高~ 竿竹~ 肝心~ 甘~甜柑~子	杆~菌 秆麦~ 赶~早 敢勇~ 橄~榄感~动	干~活赣(江西简称)
	k‘æ̃	看~守刊~物堪不~回首 勘~探戡~乱	坎碰到~上了砍~柴 侃~~而谈槛门~	看~见瞰鸟~
	xæ̃	顸~娃娃酣酒~鼾~声如雷 涎~水(即“口水”)	寒~冷 韩(姓) 含~泪 函信~ 涵~养邯~郸喊~叫	汗~水 罕~见 旱~灾 悍凶~ 捍~卫焊电~汉~子撼震~ 翰~林瀚浩~
	tʂæ̃	占~卜粘~贴沾~~自喜 毡毛~瞻~仰	展~览斩~杀辗~转 暂~时	盏一~茶(量词) 盏灯~ 战~斗 站~立绽~放栈~道蘸~墨水
	tʂ‘æ̃	搀~扶	婵~娟 禅~让 缠~绕 谗~言 馋嘴~蟾~蜍潺流水~~产生~ 铲~土阐~于谄~媚	颤~抖忏~悔
	ʂæ̃	山~头舢~板 删~除珊~瑚 姗~~来迟煽~火膻~气 杉~树(又音)衫衬~	闪~烁陕~北	善~恶 缮修~ 膳药~ 扇~子 擅~长赡~养阐~述苫护~ 单(姓)
	ʐæ̃		然自~燃~烧粘饭~了(又音) 染~布冉~~升起苒荏~	
	tsæ̃	簪~子	攒积~	赞~赏溅~了一身水(白读)
	sæ̃	三(数词)叁(三的大写)	伞雨~散~漫	散~会(又音)
	θæ̃	安~全桉~树鞍马~庵尼姑~	俺~们(文读)	按~照案~卷岸河~暗黑~
aŋ	paŋ	邦友~帮~助梆~子	榜光荣~膀翅~绑捆~	蚌河~棒~子磅~秤谤诽~
	p‘aŋ	乒乓~	旁~边 膀~胱 磅~礴 螃~蟹 庞~大榜~地	胖~子
	maŋ	胧~头~脑(胖大圆润)	忙~碌 氓流~ 芒~果 茫白~~ 盲文~莽鲁~蟒~蛇	
	faŋ	方~圆坊作~芳菲~	防~止 妨~碍 房~子 肪脂~ 访~问仿~效纺~线舫石~	放~风筝
	taŋ	当~兵裆裤~	党~派挡~住	当~铺(又音)档~案 荡芦苇~宕浪~片(药名)

（续表）

音标		声调		
aŋ	t'aŋ	汤菜~	唐~朝 塘池~ 搪~塞 糖~果 堂礼~ 螳~螂 棠海~ 倘~若 躺~椅	烫~伤 趟一~子跑来了
	naŋ	囔嘟~	囊~括 曩~者(从前) 馕吃麸子~糠(动词)	齉~鼻子
	laŋ	□(从远处投篮)	郎新~ 廊~檐 榔~头 螂螳~ 狼~狗 琅~琊	朗明~ 浪波~
	kaŋ	缸水~ 肛~门 刚~才 纲~要 钢~铁 扛(抬)	岗山~ 港~口	杠~子 虹单~、双~(彩虹,白读)
	k'aŋ	康~德 慷~慨 糠米~	扛~东西	亢高~ 抗抵~ 炕热~
	xaŋ	夯打~(用夯打实地基) 吭~哧(感叹词)	杭~州 航~行 行银~	巷大街小~
	tʂaŋ	章文~ 彰~显 樟~木 璋~圭(古玉) 张开~	长生~ 涨~水 掌~握	丈~人 仗依~ 杖拐~ 帐蚊~ 胀肚子~ 障~碍 涨豆子泡~了(又音) 瘴~气
	tʂ'aŋ	昌~盛 猖~狂 娼~妇 菖~蒲 伥为虎作~ 倡~议	长~短 场麦~ 肠~胃 常经~ 嫦~娥 尝~试 偿赔~ 厂工~ 敞~开 氅大~(大衣)	唱~歌 畅~读 怅愁~
	ʂaŋ	伤~口 商~业 墒保~(保持农田中的水分)	赏~赐 晌~午 垧二~(量词)	尚~书 上~下 绱~鞋(将鞋底和鞋帮缝合在一起)
	ʐaŋ	穰(植物 布料或人柔软)	瓤瓜~ 嚷~仗 攘~夺 壤土~	让礼~
	tsaŋ	脏肮~ 赃贪~枉法		葬安~ 藏宝~ 脏内~(又音) 奘唐玄~(又音)
	ts'aŋ	仓~库 苍~茫 苍~天 舱船~	藏躲~	□~亲戚(宁夏《朔方道志》方言中写作"藏")
	saŋ	丧~事 桑~树	嗓~子 搡~倒(推倒)	丧~失
	θaŋ	肮~脏 昂高~ 盎~司		
əŋ	pəŋ	崩天~地裂 绷~带|~着脸 蹦跳~子		蹦~~跳跳 泵水~ 迸~火花
	p'əŋ	烹~调 抨~击	朋~友 棚大~ 硼~砂 彭(姓) 澎~湃 膨~胀 蓬~蒿 蓬~荜生辉 捧一~花生(量词)	碰~头

（续表）

音标		声调		
əŋ	məŋ	蒙~人 懵~子(懵懂,不聪明)	蒙~面人 | ~古 朦~胧 檬柠~ 濛~~细雨 萌~芽 盟同~ 虻牛~(文读) 猛凶~ 蜢蚱~	孟(姓) 梦做~
	fəŋ	峰山~ 锋冲~ 蜂~蜜 风~雨 枫~树 疯~子 丰~收 封~面 讽~刺	逢相~ 缝~衣服 冯(姓)	凤~凰 奉供~ 缝裂~(又音) 俸~禄
	təŋ	灯电~ 登~高 蹬~自行车	等~人 戥~子(称类重物品或药品的小秤)	凳~子 澄~清 邓(姓) 磴(石头台阶) 瞪~大眼睛 镫马~
	tʻəŋ	熥~馍馍 鼟(象声词,敲鼓声)	疼头~ 藤~椅 腾给我~个地方 誊~写 滕~子(不聪明)	停~会子
	nəŋ	□娃娃打~~	能~力强	
	ləŋ	掕~了(抛掉) 棱红不~登(又音)	棱高~子,三~镜 冷~冻寒天	愣~㞞(不聪明)
	kəŋ	更变~ 耕~田 庚~子赔款 羹~汤 羹调~	耿(姓) 梗菠菜~ 梗~阻 鲠~直 哽~咽	更~加
	kʻəŋ	坑深~ 吭~声 铿~锵		□~住了(话突然停了)
	xəŋ	亨大~ 哼(象声词)	恒~心 衡平~	横~祸
	tʂʻəŋ	称~斤重 撑支~(文读) 瞠~目结舌(文读) 铛饼~(文读)	·成~功 诚~实 城~市 盛~饭(文读) 呈~现 程里~ 承~担 惩~罚 澄~清(又音) 橙~子 丞~相(古时官职) 逞~头 骋驰~	秤(称重量的器具)
	tʂəŋ	正~月 征~兵 症~结(又音) 蒸~馒头 争斗~(文读)	整~齐 拯~救	正~确 证房产~ 政~府 症病~ 郑~和(姓)
	ʂəŋ	升~旗 生~产(文误) 牲~口(文读) 声~音	绳跳~ 省陕西~	胜~利 剩~饭 盛~大(又音) 圣神~
	ʐəŋ	扔~掉	仍~然 （文读）	
	tsəŋ	曾(姓) 增~加 憎爱~分明 争斗~(白读) 挣~扎(白读) 睁~眼睛(白读) 筝风~ (白读) 狰~狞(白读) 峥~嵘岁月(白读)		赠~送
	tsʻəŋ	撑~杆跳高(白读) 瞠~目结舌(白读) 铛饼~子(白读)	曾~经 层两~楼	蹭~破了点儿皮
	səŋ	生~产(白读) 牲~口(白读) 僧~人 参人~	省~会(白读)	瘆~人(使人害怕)

（续表）

音标		声调		
əŋ	əŋ	欸(象声词,表应答)		
i	pi	屄(女阴)	比~赛 彼~此 鄙~视 庇~护(文读) 秕~子(有壳无实的籽粒)	匕~首 笔毛~ 蓖~麻 蔽隐~ 币货~ 闭~口 壁墙~ 必~定 毕~业 碧~玉 毙枪~ 璧和氏~ 滗茶~干了 箅蒸笼~子
	p‘i	坯土~ 批~评 披衣服~上 霹~雳 砒~霜	皮羊~ 疲~劳 啤~酒 枇~杷 琵~琶 痞兵~ 痹麻~ 癖~好 脾~脏 辟复~ 避躲~ 庇~护(白读)	劈~柴 愎刚~自用 屁放~
	mi	眯眼睛~住了丨我~一会儿(小睡)	米大~ 迷~信 弥~勒佛 靡披~ 汨~罗江 谜~语 泥和~ 霓~虹灯 眉~毛	泌~尿 秘密~ 密保~ 蜜~蜂 觅寻~
	ti	低高~	抵~抗 诋~毁 的目~ 嫡~亲 底~下	狄(姓) 涤~纶 迪启~ 笛~子 敌~人 弟兄~ 递邮~ 帝~王 地大~ 第~一名 滴~血
	t‘i	梯~子	提~问 题~目 啼~哭 蹄驴~子 体身~ 涕~哭 蒂瓜熟~落 缔~结良缘	剃~头 替代~ 惕警~ 屉抽~ 嚏喷~
	ni	妮~子	尼~姑 呢~子 昵~称	匿藏~ 逆倒行~施 腻油~ 溺~水
	li	哩~~啦啦	离~开 漓~江 璃玻~ 梨鸭~ 犁~田 黎~明 藜蒺~ 厘毫~ 狸狐~ 罹~难 李(姓) 里公~ 鲤~鱼 礼~仪 粒一~米(量词) 笠斗~ 栗毛~子 砾~石 丽美~ 历~史	吏官~ 利~益 俐伶~ 莉茉~ 痢~疾 荔~枝 厉~害 励鼓~ 隶~书 例~外 立站~ 力~量 雳霹~ 沥淋~尽致
	tɕi	基~础 几茶~ 讥~笑 饥~饿 叽~~喳喳 机~器 肌~肉 鸡~公 稽~查 已自~ 唧(象声词)	几~个人 挤拥~ 技~术	击射~ 积~累 缉通~ 圾垃~ 及~格 级二年~ 极太~ 吉~日 急着~ 棘荆~ 即~是 集~市 籍书~ 辑编~ 疾~病 嫉~妒 殛雷~了 给供~(又音) 脊~背 季~节 忌~讳 记~账 纪~律 计~算 寄~宿 既~然 冀(河北省简称) 祭~祀 际国~ 剂药~ 济救~ 鲫~鱼 寂~静 继~续 绩成~ 迹古~

（续表）

<table>
<tr><th colspan="2">音标</th><th colspan="3">声调</th></tr>
<tr><td rowspan="3">i</td><td>ʨʻi</td><td>欺~骗 妻~子 凄~凉 栖~息
期~限 弃放~</td><td>其~他 旗~帜 棋象~
奇~怪 | ~数 骑~兵 崎~岖
齐整~ 脐~带 祈~祷 歧分~
岐~山 畦菜~子 起~立 启~示
岂~有此理</td><td>七(数词) 柒(七的大写) 漆油~
缉~鞋口子 戚亲~ 企~业 乞~讨
气空~ 汽~车 器~具 砌~墙
契~约 泣哭~ 讫收~</td></tr>
<tr><td>ɕi</td><td>希~望 稀~少 溪~流 嘻笑~~
西~方 牺~牲 熙~~攘攘 犀~牛
悉熟~ 嬉~笑 蟋~蟀
淅~沥</td><td>洗~脸 铣~床 喜恭~
禧慈~</td><td>息休~ 吸呼~ 熄~灯 析分~
晰明~ 昔~日 夕~阳 汐潮~
惜可~ 锡焊~ 习学~ 席酒~
袭~击 檄~文 徙迁~ 媳~妇</td></tr>
<tr><td>ɵi</td><td>衣~服 伊~始 医~生</td><td>夷化险为~ 姨~妈 胰~腺 移~动
遗~失 宜便~ 怡心旷神~ 疑~心
仪~式 彝~族 以~后 已~经
依~靠 倚~重 椅~子 蚁蚂~
尾~巴(白读) 乙甲~丙丁 异差~
肄~业 役兵~ 疫防~ 翼机~
译翻~ 亿~万 屹~立</td><td>一(数词) 壹(一的大写)
揖作~ 怡心旷神~
饴~糖 意~义 议~论 艺文~
谊友~ 诣造~ 毅坚~ 易容~
蜴蜥~ 亦不~乐乎 邑城~
驿~站 忆回~ 抑~郁症 裔后~
轶~事 益利~</td></tr>
<tr><td rowspan="8">ia</td><td>pia</td><td>啪(象声词)</td><td>啪(象声词)</td><td>白~米
百一~(人上一百,五股杂乱)
北~面子(白读) 佰(百的大写)</td></tr>
<tr><td>pʻia</td><td>□郭~子</td><td>□~~的(形体不丰满)</td><td>拍~手(动词) | 苍蝇~子(名词)</td></tr>
<tr><td>mia</td><td>咩(羊叫声)羊~~(小羊羔)</td><td>□~气得很("美"的音变)</td><td>麦~子 脉号~ 墨~水(白读)
陌~生 默~写</td></tr>
<tr><td>lia</td><td></td><td>俩姊妹~(两个)</td><td>勒~住 | ~他一绳子</td></tr>
<tr><td>tɕia</td><td>加增~ 枷~锁 袈~裟 嘉~奖
家~庭 佳~人 稼~穑 痂伤口结~
笳胡~</td><td>假真~ 贾(姓)</td><td>夹~衣 | ~子 荚豆~ 浃汗流~背
颊面~ 甲~等 胛肩~ 嫁出~
驾~驶 架~子 价物~ 假~日</td></tr>
<tr><td>ʨʻia</td><td>卡发~ 吃~亏</td><td>卡~子 洽接~
髂~子(髂骨,腰下两侧的骨)</td><td>掐~花 恰~巧
跨~门槛(白读)</td></tr>
<tr><td>ɕia</td><td>虾龙~</td><td>霞红~ 暇闲~ 瑕~疵 狭~窄
侠~客 匣~子 峡~谷 辖车~</td><td>瞎~子</td></tr>
<tr><td>ɵia</td><td>丫脚~ 呀唉~ 鸦乌~</td><td>牙~齿 芽豆~ 蚜~虫 崖山~
衙~门 哑~巴 雅文~</td><td>压~迫 | ~根儿 轧~花机
揠~苗助长 亚~军</td></tr>
<tr><td rowspan="4">ie</td><td>pie</td><td>憋~气 别~扭(又读)</td><td>别~人(白读)</td><td>鳖(甲鱼) 别~针 蹩~脚 瘪~三</td></tr>
<tr><td>pʻie</td><td></td><td>苤~蓝 撇~开</td><td>瞥~了一眼 撇~捺 | ~米汤</td></tr>
<tr><td>mie</td><td></td><td>□("明天""明儿"的合音)</td><td>灭消~ 蔑污~</td></tr>
<tr><td>tie</td><td>爹~妈</td><td>询~婆也</td><td>跌~倒 迭~绊 叠重~ 谍间~
碟碗~ 牒通~ 蝶蝴~</td></tr>
</table>

（续表）

音标		声调		
ie	t'ie			贴~子(纸币) 帖请~｜妥~ 铁钢~
	nie			捏~住 聂(姓) 镊~子 蹑~手~脚 孽~障 蘖分~ 涅~槃 灭消~（白读） 廿(二十的合称)
	lie		咧~嘴 捩手~不动了	
	tɕie	□(“今天”“今儿”的合音)	姐~妹 解~开(文读) 截半~	阶~级 街大~（文读） 秸麦~ 揭~露 接迎~ 疖~子 洁清~ 诘~问 结~合 劫乘火打~ 杰豪~ 孑~孓(蚊子的幼虫) 节~日 竭~力 睫迫在眉~ 捷~报 介~绍 芥~末(文读) 界世~ 疥~疮 戒斋~｜~指(文读) 诫告~ 届首~ 借~债
	tɕ'ie		茄~子 且而~ 掮(以肩扛物) 挈狗~了一块骨头(叼起)	切~刀｜密~ 窃~取 妾妻~ 趄(倾斜)
	ɕie	些好~人	邪~教 斜倾~ 写~字 鞋皮~（文读）	血出~了(又读) 歇~缓 蝎~子 楔木~ 协~会 胁两~ 挟~持 偕~老 懈松~ 蟹大闸~ 卸~任 泻~肚子 谢道~ 泄~露 屑琐~ 亵~渎
	θie	耶~稣 咽呜~	爷老~ 椰~汁 野~生 也他~来	噎~住了 冶~金 夜~晚 液输~ 腋~下 叶树~ 页~码 业作~ 谒拜~
iɔ	piɔ	标~语 膘牲口长~ 彪~形大汉	表~格 裱糊~	鳔鱼~
	p'iɔ	漂北~族 飘~渺 飘红旗~~	漂~白(又音) 剽~窃 瓢—~水 嫖~娼 朴(姓)	票发~ 漂~亮
	miɔ	喵(象声词,猫叫声)	苗禾~ 描扫~ 瞄~准 秒分~ 渺~小 藐~视	庙寺~ 妙巧~
	tiɔ	刁(姓) 叼~走 凋~谢 碉~堡 貂~皮		吊~瓜 钓~鱼 掉~换 调~查
	t'iɔ	挑~水	条~件 调~料 笤~帚 挑~拨(又音) 迢千里~~	跳~舞 眺~望 粜~粮食
	niɔ		鸟小~ 袅~娜	尿~~
	liɔ	撩~衣巾 瞭你~（看）	僚官~ 潦~草 缭~衣服 燎~原 辽~宁 疗治~ 寥~~无几 聊~天 了~然(又音) 蓼~花	料原~ 撂~了(扔弃) 钌~铞(旧时的门扣)

（续表）

音标		声调		
iɔ	tɕiɔ	交~往 郊~区 茭~白 胶阿~ 蛟~龙 姣~好 娇~嫩 骄~傲 浇~花 教~书 焦饼烤~了 蕉香~ 礁暗~ 椒辣~	狡~猾 绞~边 铰~花样子 侥~幸 搅~拌 矫~情 剿围~ 嚼~烂（文读）	校~对（又音）较比~ 叫喊~ 教~室 窖水~ 轿小~车 酵~母 觉睡~ 脚（文读）角牛~（文读）
	tɕ'iɔ	跷~腿 锹铁~ 橇雪~ 悄静~~	乔~木 侨华~ 荞~麦 桥~梁 瞧~人（请人）巧~妙	俏俊~ 窍七~ 撬~起来（又音）
	ɕiɔ	肖（姓） 宵~夜 消~灭 硝芒~ 销~售 霄云~ 嚣~张 萧（姓） 箫吹~ 淆混~	小大~ 晓~得	笑哈哈~ 效~果 校学~ 孝~顺 啸仰天大~ 哮咆~
	ɵiɔ	幺~妹 吆~喝 夭~折 妖~怪 要~求（又音）腰~鼓 邀~请	姚（姓） 尧~舜 窑~洞 谣~言 摇~篮 遥~远 肴菜~ 舀~饭 咬~文嚼字 杳~无音讯	要重~ 耀~眼 鹞~子 跃飞~（白读）
iəu	tiəu	丢~掉		
	niəu	妞胖~	牛黄~ 扭~伤 纽~带 忸~怩（不大方）纽~扣	谬~论 拗执~
	liəu	溜~走	流~动 琉~璃 硫~磺 榴~莲 镏~金 瘤肿~ 刘（姓） 柳（姓）~树 绺一~头发	溜~冰 镏金~子 六（文读）
	tɕiəu	纠~缠 赳雄~~ 鸠斑~ 究~竟 揪~果子 阄抓~	久长~ 九（数词）玖（九的大写） 韭~菜 灸针~ 酒喝~	舅~~ 旧新~ 就~是 救~人 疚愧~ 柩灵~
	tɕ'iəu	丘山~ 秋~天 蚯~蚓 鳅泥~ 邱（姓）	求要~ 球篮~ 囚~禁 泅~水 酋~长（文读）仇（姓）	
	ɕiəu	休~息 羞害~ 修~理	朽~木	秀优~ 绣~花 锈铁~ 臭乳~ 袖领~
	ɵiəu	优~良 忧~愁 悠~久 幽~灵	由理~ 邮~局 尤~其 犹~豫 游旅~ 有~钱 酉子午卯~	又~~一次 右左~ 佑保~ 幼~儿 柚~子 釉（陶瓷表面的玻璃质薄层） 诱~导
iæ̃	piæ̃	边旁~ 蝙~蝠 编~辑 鞭皮~	扁~平 匾牌~ 砭针~ 贬褒~	遍~地开花 便方~ 辨~别 辩~论 变~化 汴~京
	P'iæ̃	偏~斜 篇一~文章 翩~~起舞	便~宜（又音）骈~文 片面~	骗~子
	miæ̃	□（细软滑柔的样子）	棉~花 绵~软 眠睡~ 免~职 勉~励 娩分~ 冕冠~ 沔~水	面米~ 缅~想丨~怀

（续表）

音标		声调		
iæ̃	tiæ̃	巅~峰癫~痫滇~池 掂~分量	点~火典~礼碘~盐 踮~脚尖	电~视 佃~农 甸沉~~ 殿宫~ 靛~蓝 淀白洋~ 奠祭~ 店商~ 惦~记玷~污垫鞋~
	tʻiæ̃	天~空添~加丨~油	田~地填~坑甜香~恬~适 舔~嘴唇腆~肚子	掭~墨(用毛笔蘸墨汁)
	niæ̃	蔫花~了拈~花惹草	碾~米捻~线撵~上他(追赶)	念~书
	liæ̃	连~接(又音,动词)	连你~我走(介词) 莲~花 鲢~鱼 怜可~ 联~合 廉~洁 镰~刀 帘窗~脸~面敛收~	练~习炼~钢恋~爱链项~ 殓入~(将亡人放入棺材)
	tɕiæ̃	肩~膀 奸~商 间中~ 坚~决 艰~苦 兼~职 监~牢 煎~药 尖拔~菅草~人命缄~默 鉴~定	柬请~ 简~单 拣~菜 茧蚕~ 减~少碱~面子剑刀~俭勤~ 捡~了个钱包检~查剪裁~ 间一~房子涧山~	件八~衣(量词)建~设 健~康 毽踢~子 见看~ 箭弓~ 饯~行 践实~ 贱贵~ 渐逐~荐推~
	tɕʻiæ̃	千~万 扦~插 迁搬~ 钎钢~ 签~订铅~笔牵~牛花谦~虚	前~后 钳~工 钱~财 潜~水员 乾~坤虔~诚掮~客黔~驴技穷 钤~章(盖印章)遣派~谴~责 浅深~荨~麻疹	纤拉~欠~账嵌镶~歉道~ 堑天~
	ɕiæ̃	先~生 仙神~ 纤~维 掀~起来 锨铁~鲜新~	闲~人 弦~子 贤圣~ 嫌~弃 咸~淡衔~接显明~险危~ 冼(姓)	苋~菜 现~在 宪~法 限~制 县市~ 献贡~ 陷~阱 馅肉~ 线棉~腺腮~羡~慕
	øiæ̃	烟纸~ 咽~喉 胭~脂 淹水~了 阉~割腌~菜	延~安 蜒蜿~ 沿河~ 檐房~ 盐食~ 阎~王 言语~ 研钻~ 颜~色 严~格 岩~石 衍敷~ 演~戏掩~盖眼~镜	咽吞~ 宴~会 燕~子 堰~塞湖 焰~火艳~丽雁大~谚~语 砚~台验~证
iaŋ	niaŋ		娘~亲酿~酒	
	liaŋ		良~好 粮~食 凉冰~ 量~衣服 梁桥~粱高~两~斤辆车~	亮天~了晾~床单 谅~解量力~(又音)
	tɕiaŋ	江长~ 姜生~ 豇~豆 将~来 僵~尸缰~绳疆~域	讲~话奖获~桨木~蒋(姓)	降升~ 强倔~ 将~帅 酱~油 匠工~绛~色
	tɕʻiaŋ	腔胸~枪~炮羌~族锵铿~	强~制丨勉~襁~褓抢~劫 墙~壁蔷~薇花祥~兆	戗(用木头~住)炝~锅呛够~
	ɕiaŋ	乡~村香~瓜相互~厢~房 湘(湖南省简称)箱~柜 襄~理镶~嵌画	降投~(又音)祥吉~(又音) 翔飞~享~受响~声饷粮~ 想思~	向~前巷~子(文读) 项~目(文读)象大~像画~ 橡~木相首~
	øiaŋ	央中~殃遭~秧~苗 泱~~大国	羊牛~ 洋~人 阳太~ 扬飞~ 杨(姓)养培~氧~气痒搔~ 仰~望	样~子恙安然无~ 漾水~了怏~怆(病态)

（续表）

音标		声调		
iŋ	piŋ	冰~冷 兵士~ 槟~榔	丙甲乙~丁 饼茴香~ 秉~公办事 摒~弃 禀~性	并~且 病生~ 摒~之门外(排除)
	p'iŋ	乒~乓 拼~命 姘~头	平~安 苹~果 评~论 萍浮~ 屏~风 瓶油~ 凭~借 贫~困 频~率 品人~ 坪草~	聘~请
	miŋ		名~字 茗品~ 铭~记 冥~想 暝~目 螟~蛉 明光~ 鸣~叫 酩~酊大醉 民人~ 皿器~ 闵(姓) 悯怜~ 闽(福建省简称) 抿~嘴 敏~捷 泯~灭	命~运
	tiŋ	丁(姓) 叮~咬 钉~子 盯~梢 仃伶~	顶~头 鼎~盛 酊酩~	定安~ 锭银~ 订约~ 钉~扣子(又音) 腚(屁股)
	t'iŋ	听~闻 厅大~ 汀(水中小洲) 廷宫~ 庭家~ 亭~子	蜓蜻~ 停~止 艇游~ 挺~好 婷~~玉立	停~会子(又音)
	niŋ		宁~夏 拧~手 咛叮~ 狞~笑	宁~可(又音) 泞泥~ 凝~结 佞好~|~臣
	liŋ	拎~东西	伶~俐 铃电~ 蛉白~子 玲~珑 龄年~ 零~钱 凌~空 陵~墓 菱~形 灵~魂 领~导 岭山~ 绫~罗绸缎 羚~羊 凛~冽 鳞鱼~ 麟麒~ 临~时 霖甘~ 琳~琅满目 淋~雨 林树~ 邻~居 廪仓~ 檩~条(屋架上托椽子的横木)	令命~ 另~外 吝~啬 赁租~ 淋~醋(过滤醋) 蔺(姓)|马~(多年生草本植物，花蓝紫色，为银川市花) 躏蹂~
	tɕiŋ	京北~ 惊吃~ 鲸~鱼 经~过 泾~源 茎(植物的一部分) 荆~棘 菁~华 睛眼~ 精~品 晶水~ 兢~~业业 径田~ 旌~旗 巾手~ 今~天 矜~持 衿(衣襟) 斤~~计较 痉~挛 金~银 津~~有味 筋钢~ 禁~不动 襟衣~ 颈脖~	井~水 景风~ 警~察 阱陷~ 竟~然 境环~ 仅~有 尽~管 紧~张 谨严~ 馑饥~ 锦~绣 仅不~	镜玻璃~ 敬~礼 劲有~ 竞~赛 净干~ 静安~ 尽~量 近最~ 进~步 晋~升 觐朝~
	tɕ'iŋ	轻~重 氢~气 青~年 清~洁 蜻~蜓 卿公~ 倾~斜 亲~人 钦~差 侵~略 衾~枕(被子和枕头)	晴~天 情亲~ 擎~天柱 请~人 顷万~良田 芹~菜 琴胡~ 秦~岭 勤~快 禽飞~ 擒~拿 寝废~忘食	庆~祝 亲~家(又音) 沁~人心脾
	ɕiŋ	兴复~ 星~空 猩~~ 腥荤~ 惺~忪 心~脏 芯灯~ 辛~苦 欣~赏 新~旧 薪~金	行~走(又音) 邢(姓) 形~状 刑~法 型典~ 饧~面 省反~(又音) 醒~悟 擤~鼻涕	兴高~(又音) 杏~子(文读) 幸~福 悻~~而去 性~质 姓~名 囟~门 芯~子(装在器物中心的捻子) 信书~ 衅挑~

（续表）

音标		声调		
iŋ	ɵiŋ	英~雄 应~该 鹰老~ 婴~儿 樱~花 鹦~鹉 缨长~ 莺黄~ 膺义愤填~ 因~为 洇纸~了(又读) 茵~陈蒿 姻婚~ 阴~阳 荫树~ 音声~ 殷~切 吟~诗	蝇苍~ 迎~接 盈~亏 楹~联 萤~火虫 莹晶~ 营~养 萦~绕 茔~地(坟地) 赢输~ 影~响 颖~悟(聪明) 垠一望无~ 银金~ 龈牙~ 淫奸~ 寅~时 引~导 蚓蚯~ 饮~水思源 隐~瞒 瘾烟~ 绺~棉袄	映~衬 应~付(又音) 硬坚~ 印~章 饮~牲口(又音) 窨地~子(地窖)
u	pu		补~衣服 捕抓~	布织~ 不~来 怖恐~ 部~队 簿户口~
	p‘u	铺~盖 潽锅~了 噗~嗤(象声词)	葡~萄 蒲菖~ 仆~人 普~通 埔柬~寨 朴~素 璞~玉 堡金积~ 瀑~布 脯胸~ 菩~萨 埔黄~ 谱乐~ 蹼脚~	铺~子(商店)
	mu		模~子|~样 亩二~田 母父~ 拇~指 牡~丹 某~人 谋阴~	暮~年 墓坟~ 募招~ 慕羡~ 幕开~ 木~头 沐~浴 没~有(白读) 睦和~ 目眼~ 苜~蓿 穆肃~|~斯林 牧放~ 牟(姓)
	fu	夫丈~ 肤皮~ 麸~子(麦子的外皮) 芙~蓉	扶~养 符~号 俘~虏 浮~浅 佛仿~ 敷~药 拂春风~面 伏倒~ 茯~苓 袱包~ 服衣~ 幅~度 府政~ 俯~仰 腑肺~ 腐~烂 辅~导员 抚~养 斧~头 付交~ 附~属 埠商~	父~母 赴~汤蹈火 讣~告 驸~马 妇~女 负~责 复恢~ 腹心~ 副~官 富首~ 傅师~ 赋~予 馥~郁 覆~灭
	tu	都首~(又音) 督~察 嘟~囔	堵~住 赌耍~ 睹目~ 肚羊~子 笃~学	独~吞 毒~气 读~书 渎~职 犊牛~ 杜(姓) 肚~子(腹部) 度~量 渡~江 镀电~ 妒忌~ 蠹~虫
	t‘u		途前~ 涂~料 屠~杀 徒~弟 图~画 土~地 吐~痰	秃~头 突~然 凸凹~ 吐呕~ 兔~子
	nu		奴~隶 驽~马 努~力 弩弓~	怒发~
	lu	噜咕~	芦~苇 庐山~ 炉~火 卢(姓) 泸~定桥 轳轱~ 颅头~ 鲈~鱼 卤~水 虏俘~ 鲁~迅 橹樯~	六(白读) 录记~ 绿~色(白读) 禄寿~ 路大~ 赂贿~ 碌忙~ 露白~(又读) 鹿梅花~ 漉湿~~ 辘~~(象声词) 麓山~ 陆~地 戮杀~

(续表)

音标		声调		
u	ku	姑~~ 沽~酒 菇蘑~ 辜~负 孤~独 箍~缸 骨~朵(又音)	古~代 鼓锣~ 股~骨 估~价 故~宫 固~定 贾行商坐~(又音)	骨~头 谷~子 雇~主 顾照~
	kʻu	枯~木 窟石~ 酷惨~	苦痛~	哭~鼻子 库车~ 裤~子
	xu	乎(文言助词) 呼~叫 忽~然 惚恍~ 糊~窗子	胡~琴 和~了(又音,赌博用语) 狐~狸 湖沙~ 煳烤~了 瑚珊~ 蝴~蝶 核杏~子(又音) 壶茶~ 虎老~ 鹄鸿~之志 唬你~人呢 浒水~	户~口 沪(上海的简称) 护保~ 互~助 葫~芦 糊芝麻~(又音) 获收~(白读)
	tʂu	朱(姓) 珠珍~ 株(量词) 猪~肉 蛛蜘~ 诛口~笔伐	主~人 拄~拐棍 煮~饭	诸~位 术白~(中药名,又音) 竹~子 烛蜡~ 逐~渐 触接~ 瞩~目 嘱~咐 住~店 注~目 驻~扎 炷一~香 柱~子 妯~娌 轴车~ 蛀~虫 祝~贺 著~作 筑建~ 铸~造
	tʂʻu	出一~戏(又音) 倏他~的不见了	雏鸽~~(乳鸽) 除~夕 蜍蟾~ 厨~房 橱~柜 鼠老~ 躇踌~不前 处~长 储~蓄 杵~子 褚(姓) 触接~ 秫~~(高粱)	畜~牲(又音) 搐抽~ 绌相形见~ 黜~免 怵发~
	ʂu	书~籍 殊特~ 抒~情 舒~服 输~赢 枢中~神经	暑~假 署公~ 薯红~ 曙~光 黍~子(碾成的米叫黏黄米) 墅别~ 蜀~国	术~语 叔~~ 赎~身 孰~不可忍 塾私~ 熟煮~ 树~木 树~立 恕饶~ 述叙~ 束结~
	ʐu	擩~给了一锤	如~果 茹~毛饮血 儒~家 孺~子牛 濡~染 蠕~动 乳~房 汝(文言代词,即"你")	辱~骂 入出~ 褥~子 缛繁文~节
	tsu	租出~	阻~挡 组~织 祖~国	足手~之情 族民~ 卒~子过河 镞箭~ 助帮~
	tsʻu	初~中 粗~细	觑你~(近看) 锄~头	醋油盐酱~
	su	苏(姓) 酥~脆	数(动词)	俗通~ 素吃~ 诉告~ 塑~像 肃~静 速~度 粟沧海一~ 数~学
	ɵu	乌~云 呜~咽 诬~陷 污~垢 吾(文言代词,即"我") 侮~辱	吴(姓) 蜈~蚣 梧~桐 五(数词) 伍(五的大写) 武文~ 午中~	物~件 勿~忘我 务服~ 恶可~ 悟觉~ 误错~ 晤会~ 雾拉~了 屋房~ 舞跳~
ua	kua	瓜西~	剐零刀碎~ 寡守~	刮~脸 挂~面 卦算~ 褂~子(单衬衫)

（续表）

音标		声调		
ua	k‘ua	夸~奖	垮打~胯~骨(也称“胯子”)	挎胳膊上~了个篮子 跨~栏丨~门槛(反读)
	xua	花~朵哗~啦(象声词)	华~山哗喧~铧犁~ 划~船(又音) 滑~冰猾狡~ 桦~树	化变~话说~画~家
	tʂua	抓~小偷	爪~子	
	tʂ‘ua	欻~~(象声词)	刴~皮(扯)	
	ʂua		耍玩~	刷~墙刷~子
	ɵua	蛙青~哇~~叫挖~土	娃~~瓦砖~	洼~田袜~子
uɤ	tuɤ	多~少哆~嗦掇拾~	朵—~花躲~藏舵~手	咄~~逼人夺~取度猜~(又音) 踱~步 剁~肉 垛草~ 跺~脚 惰~性堕~落驮~子
	t‘uɤ	拖拉~托~人驼骆~ 拓开~	坨—~牛粪 驮~东西(动词) 妥稳~椭~圆拓开~	脱~衣服唾~弃 柝(旧时打更用的梆子)
	nuɤ		挪~桌子娜袅~(又音)	懦~弱糯~米诺~言
	luɤ	啰~嗦	捋~胡子(文读) 骡~子 螺~蛳 罗(姓) 逻~辑 萝~卜 锣~鼓罗~筛子	乐快~烙~饼子酪奶~
	kuɤ	锅铁~蝈~~	果苹~裹包~	郭(姓)聒~耳国~家 帼巾~英雄过~去
	k‘uɤ	搕~沙枣(从上击下,动词) 科~长棵—~树稞青~ 颗~粒蝌~蚪		阔宽~括~号扩~大廓轮~ 课上~骒~马(母马) 锞~子(旧时的金锭或银锭)
	xuɤ	豁~口	和~面火柴~伙大~	活生~ 祸灾~ 货~物 或~者 惑疑~获收~(文读)霍(姓) 豁~达丨~亮(又音)
	tʂuɤ		着~火了	桌~椅 捉~拿 拙笨~ 茁~壮 酌对~ 镯手~ 着~落(又音) 啄~木鸟 琢~玉丨雕~卓~越 灼~见浞~雨了(让雨淋了) 擢~升
	tʂ‘uɤ			戳~了个洞(捣)绰阔~ 啜~泣辍~学龊龌~
	ʂuɤ			说~话硕~士烁闪~ 妁媒~之言(旧时指媒人) 芍~药花勺铁~

(续表)

音标		声调		
uɤ	ʐuɤ			若~要 弱软~
	tsuɤ		昨~天 左~右 撮—~毛	作工~ǀ~坊 佐~料 坐请~ 座~位 柞~木 做~工 凿确~ǀ~子ǀ~通了
	ts'uɤ	搓~绳子ǀ~面	撮—小~(又音) 矬~子(矮个儿)	措~施 错~误 锉~刀 挫~伤 痤~疮 蹉~跎
	suɤ	唆~使 梭~子ǀ日月如~ 莎~草 娑婆~ 挲摩~ 蓑~衣 唆~使 嗦啰~	锁门~(名词) ~门(动词) 所住~ 索~取	缩~小 琐~碎 朔宁~ 搠~头
	θuɤ	涡旋~ 莴~笋 窝鸡~ 蜗~牛 倭~寇 挝老~ 喔(象声词) 握~手 龌~龊 踒脚~了	我~们	卧~床 沃肥~ 斡~旋
uɛ	kuɛ	乖~巧	拐~骗	怪奇~
	k'uɛ		蒯(姓) 块—~砖 脍~炙人口 刽~子手	快~慢 会~计 筷~子
	xuɛ		怀关~ 槐~树 淮~河 徊徘~	坏好~
	tʂ'uɛ	揣~手 搋~面	揣~测(又音)	踹~—脚 膪软~
	ʂuɛ	衰~弱 摔~了一下	甩~手	帅元~ 率~领 蟀蟋~
	vɛ	歪~斜	崴~脚了	外里~
uei	tuei	堆土~		队~伍 对~错 兑~换 敦~子(旧时乘粮食的器具)
	t'uei	推~拉	腿~脚	颓~废 蜕~变 退后~ 褪~色
	nuei			内~外 嫩~豆腐
	kuei	归回~ 规~矩 龟乌~ 硅~化石 轨铁~	鬼~神 诡~计 癸~丑	闺~女 瑰玫~ 桂~花 贵富~ 柜书~ 跪~拜 鲑~鱼
	k'uei	亏吃~ 盔~甲 岿~然不动 傀~儡	葵~花 睽众目~~ 魁~梧 奎~星(二十八星宿之一) 逵(四通八达的大路)	愧惭~ 溃~烂 匮~乏 馈~赠 襀活~ǀ死~(绳子打的结)
	xuei	灰~尘 徽~墨 恢~复 挥指~ 辉光~	回~家 茴~香 蛔~虫 毁~灭 悔后~ 讳忌~ 诲~过 晦阴~	会~议 绘~画 烩~菜 慧智~ 惠恩~ 贿~赂 秽污~ 卉花~
	tʂuei	追~赶 锥~子 椎脊~		缀连~ 赘入~(男方到女方家成婚) 坠玉~

（续表）

音标		声调		
uei	tʂʻuei	吹~风炊~事员	垂下~捶~打锤铁~陲边~ 槌棒~	
	ʂuei		水开~谁(疑问代词)	税国~局睡~觉说游~(又音)
	ʐuei			瑞祥~蕊花~锐尖~
	tsuei		嘴~唇	罪~恶最~大醉~酒
	tsʻuei	崔(姓)催~人泪下摧~残	脆玻璃~得很	萃~取淬~火粹纯~ 悴憔~瘁心力交~ 翠翡~脆~枣
	suei	虽~然尿~脬(名词)	随~便绥~靖 荽芫~(香菜)遂半身不~ 髓骨~隋(姓)隧~道祟作~	岁~月碎琐~穗麦~
	vei	危~险微~弱巍~峨偎依~	围包~ 违~犯 维~护 唯~有 为作~ 桅~杆 伟~大 苇芦~ 纬经~韪冒天下之大不~委常~ 萎枯~尾~巴(文读)诿~托 猥~亵煨~红薯	为~什么 畏~惧 喂~饭 胃肠~ 谓称~ 猬刺~ 尉~官 蔚~蓝 慰~问 卫保~ 魏(姓) 未~有 味美~渭泾~分明
uæ̃	tuæ̃	端~午节	短长~	段(姓)缎绸~煅~烧断割~
	tʻuæ̃	湍~急	团~结	
	luæ̃		栾(姓) 滦~河 孪~生 峦山~ 挛痉~卵~石	乱混~
	kuæ̃	官~吏棺~材观景~关~系 冠张~李戴纶~巾鳏~夫	管~理馆饭~	灌~溉罐~头贯一~ 冠~军(又音)盥~洗
	kʻuæ̃	宽~窄	款大~丨短~	
	xuæ̃	欢~喜獾猪~	还~钱环铁~寰人~缓歇~	换交~唤呼~涣~散焕~发 痪瘫~患~难与共幻梦~ 宦官~豢~养
	tʂuæ̃	专~家砖~头	转~运(又音)	传~记转~圈子赚~钱 篆~字撰~稿
	tʂʻuæ̃	川平~穿~戴	船~泊传~说(又音) 椽~子喘哮~	串~联钏金~
	ʂuæ̃	拴绳~栓血~闩门~	□游转	涮~羊肉
	ʐuæ̃		软柔~阮(姓)	
	tsuæ̃	钻~洞	纂~儿丨~子(妇女头后面的发髻)	钻电~攥手~住
	tsʻuæ̃	汆生~面丨~丸子 蹿~出来一条狗镩冰~	攒~土 跧~腿(又音)	窜流~篡~位 爨同居共~

（续表）

音标		声调		
uæ̃	su æ̃	酸~菜		算~账蒜大~
	v æ̃	弯~曲湾河~剜~肉豌~豆 蜿~蜒	丸~药纨~绔子弟完~全玩~耍 顽~皮挽~联晚早~ 皖~南事变碗饭~	腕手~蔓瓜~万~水千山
uaŋ	kuaŋ	光~明胱膀~	广~大犷粗~	逛~街
	k‘uaŋ	筐箩~诓~人匡~正 框~~（又音）	狂~妄诳~语	旷心~神怡矿铁~ 况~且框门~眶热泪盈~
	xuaŋ	荒洪~慌~忙肓病入膏~	皇~上凰凤~蝗~虫磺硫~ 谎~言恍~惚	晃~动幌~子
	tʂuaŋ	庄村~桩木~装~修 妆化~	奘~米（颗粒粗大饱满）	状~元壮强~撞~车 幢一~楼房
	tʂ‘uaŋ	窗~户疮~颗丨~伤	床双人~闯~祸	创~造
	ʂuaŋ	双单~ 霜下~孀遗~	爽~快	
	ɵuaŋ	汪~洋大海	王（姓） 亡灭~ 往来~ 枉冤~ 网上~	妄~想忘~记望希~旺兴~
	tuŋ	冬~天东~方敦~厚蹲~下 吨（量词）	董（姓）懂~得盹打~趸~货	洞防空~侗~族恫虚声~吓 冻~冰栋~梁动活~炖~肉 钝~器顿一天三~饭囤~粮食 盾矛~遁~逃
	t‘uŋ	通~道吞狼~虎咽	同共~ 桐梧~ 铜~元 童儿~ 潼~关瞳~孔臀~部 囤~积居奇（又音）筒垃圾~ 桶木~捅~娄子统~一	痛~苦褪裤子~下来
	nuŋ	脓面泡~了（又音）	农~民浓~茶丨~郁脓~血	嫩~豆腐
	luŋ	抡~棒丨~拳头	隆兴~ 窿窟~ 龙~蛇 咙喉~ 胧朦~聋耳~笼蒸~伦~理道德 沦~陷纶尼~	弄又读
uŋ	kuŋ	功~劳 工~人 攻~打 蚣蜈~ 弓~箭躬鞠~供~给恭~敬 宫~殿	汞（水银）巩~固拱圆~形 滚~开	棍木~共~同贡~献 供~认（又音）
	k‘uŋ	空~气坤乾~昆~曲	捆一~麦子孔~孟恐~怕	空~白（又音）控~制困~难
	xuŋ	烘~烤轰~炸 哄~堂大笑昏~暗 婚~姻荤~素讧内~	红~色虹彩~宏~大洪~水 鸿~鹄之志弘~扬泓一~清水 魂~魄浑~水	混鱼龙~杂

（续表）

音标		声调		
uŋ	tʂuŋ	中~华 忠~心 盅酒~ 钟~表 衷~情 终~了 谆~~教诲	肿手~了 种麦~ 准~许(又音)	中命~(又音) 仲~秋 种~田 重轻~ 众大~
	tʂuŋ	冲~刷 充~足 春~天 椿~树	唇嘴~ 纯~洁 淳~厚 醇~酿 蠢愚~ 虫昆~ 重~复 崇~高 宠受~若惊	冲~劲儿(又音)
	ʂuŋ		吮~吸	顺~利 舜尧~ 瞬~间
	ʐuŋ		戎~装 绒羊~ 茸毛~~ 冗~长	闰~月 润湿~
	tsuŋ	宗祖~ 综~合 棕~树 踪脚~ 鬃马~ 尊~敬 遵~守	总~结	纵~横 粽~子
	tsʻuŋ	囱烟~ 匆~忙 葱大~ 村农~ 皴皮肤~了	从~前 丛~书 淙(象声词) 存~款	寸尺~ 忖思~
	suŋ	松~树 孙~子 狲猢~ 嵩~山	损~坏 笋莴~ 隼(鹰类猛禽) 榫卯~	宋(姓) 送~人情 讼诉~ 颂歌~ 诵朗~ 悚毛骨~然 竦~敬 耸高~入云
	θuŋ	翁主人~ 嗡~~叫(象声词) 蓊~郁		瓮~中捉鳖
y	ny		女~儿	
	ly		驴毛~ 闾~里 捋~胡子 吕(姓) 侣伴~ 旅~长 缕~次 履~历	虑顾~ 滤~色镜 律法~ 率效~(又音)
	tɕy	居~民 拘~留 驹马~ 鞠~躬 车~马炮(又音)	举选~ 沮~丧	局公安~ 菊~花 桔~子 矩规~ 巨~大 拒抗~ 炬火~ 距~离 句语~ 具~体 俱~乐部 惧~怕 飓~风 据根~ 锯~子 踞前~后恭 剧戏~ 聚~会
	tɕʻy	区~域 岖崎~ 驱~逐 躯身~ 蛆(苍蝇的幼虫)	渠秦~ 衢通~ 取争~ 娶~媳妇	曲歌~ 趋~势 屈(姓) 龋~齿 去来~ 趣兴~
	ɕy	虚~心 墟废~ 需~要 须必~ 戌戊~变法	许允~ 栩~~如生	序~文 叙~述 婿女~ 絮棉~ 绪~论 酗~酒 宿~舍 续继~ 畜~牧 蓄储~ 恤抚~ 旭~日 煦春风和~ 俗风~

（续表）

音标		声调		
y	ɵy	迂~回淤~泥	余剩~ 予给~ 俞(姓) 榆~树 鱼鲤~ 渔~夫 愚~人 舆~论 雨下~语~言羽~毛 与父~子屿岛~宇~宙	誉名~ 预~备 豫(河南省简称) 谕圣~ 喻比~ 愈痊~ 裕富~ 吁呼~ 芋~头 寓公~ 遇知~ 御~史 育教~ 域疆~ 浴沐~ 欲~望 玉~石狱监~郁忧~ 毓钟灵~ 秀愉~快 娱~乐舆~论 隅负~ 顽抗虞(姓) 予~
ye	nye			虐~待疟~疾
	lye		略侵~	掠打~(将扬好的粮食上的杂质扫去)
	ʨye		嚼~烂爵~位	决~心 诀口~ 抉~择 绝~对 觉~悟倔~强掘挖~崛~起 橛木头~子蹶~沟子丨尥~子 攫~取镢~头脚大~ 角~色丨三~板
	ʨ‘ye		瘸~腿子雀麻~(又音) 鹊喜~	却退~ 确正~ 阙宫~ 搉~蒜(捣蒜) 怯~懦
	ɕye	靴皮~ 噱~头	学~说(又音)	薛(姓) 削剥~ 学~校 穴洞~ 雪下~ 血~压
	ye			约~会丨用秤~一下曰子~ 悦喜~ 阅~览室越~南粤(广东省简称) 月~亮钺斧~ 钥~匙丨锁~ 乐音~(又音) 岳~飞(姓) 药中~ 跃活~(文读)
y æ̃	阿	捐~款涓~~细流 鹃杜~ 绢天香~(一种丝绸)	卷花~	卷~子(试卷) 倦疲~ 圈羊~ 眷~属券证~
	ʨ‘y æ̃	圈圆~(又音)	全~国 痊~愈 拳太极~ 权政~ 泉~水犬狼~ 诠~释	劝~人
	ɕy æ̃	宣~传喧~闹丨~谎 萱~草暄馍馍~得很 轩~然大波渲~染	玄~妙悬担~(危险) 旋凯~ 选~举 癣牛皮~ 炫~耀 眩~晕泫~然泪下绚~丽	旋~涡券拱~(门 窗 桥梁的弧形部分,又音) 旋~风丨~床 楦鞋~头(名词)丨~鞋(动词)
	ɵy æ̃	冤~枉渊深~ 鸢纸~ 鸳~鸯	元~旦 园花~ 员教~ 圆方~ 袁(姓) 猿~猴 辕车~ 援~助 缘~分原~来源~泉 苑西~宾馆远~近	院~子怨~恨愿心~

（续表）

音标		声调		
yŋ	lyŋ		轮车~	论~文丨议~
	tɕyŋ	军~队 君~子 均~匀 菌细~ 皲~裂 钧千~一发	窘~迫 迥~然不同 炯目光~~	俊~美 郡~县 浚疏~ 骏~马 竣~工
	tɕ'yŋ		群~众 裙~子 琼~楼玉宇	
	ɕyŋ	兄~弟 凶~恶 汹气势~~ 胸~脯子(胸腔)	熊北极~ 雄英~	训~练丨~人
	θyŋ	庸~俗 佣雇~丨~人 拥~护 臃~肿 壅~肥(追肥) 晕~车	永~远 泳游~ 咏歌~ 勇~敢 涌~泉 蛹蚕~ 踊~跃 云白~ 芸~~众生 纭众说纷~ 耘耕~ 匀均~ 允~许	用使~ 孕怀~ 运~动 蕴~藏 韵押~ 熨~斗

第六章

吴忠话常用语汇分类

一　天文

（一）日、月、星

太阳［t‘ɛ^{13}iaŋ^{53}］

日头［ʐʅ^{13}t‘əu$^{53}_{35}$］回民常说。

太阳爷爷［t‘ɛ^{13}iaŋ$^{53}_{35}$ie^{53} ·ie］农村人常说。

太阳底下［t‘ɛ^{13}iaŋ$^{53}_{35}$ti$^{53}_{35}$ ·ɕia］太阳能照到的地方。

日头底下［ʐʅ^{13}t‘əu$^{53}_{35}$ti$^{53}_{35}$ ·ɕia］回民常说。

阳面［iaŋ^{53}miæ̃^{13}］向阳，朝着太阳的一面。

阴面［iŋ^{44}miæ̃^{13}］背阴的一面。

阴凉［iŋ^{44}liaŋ^{53}］遮阴的地方。谚语：养儿防备老，栽树歇阴凉。

天狗吃太阳了［t‘iæ̃^{44}kəu^{53}tʂ‘ʅ^{13}t‘ɛ^{13}iaŋ$^{53}_{35}$·lə^{53}］日食。

太阳遭难了［t‘ɛ^{13}iaŋ$^{53}_{35}$tsɔ^{44}næ̃^{13} ·lə］

月亮［ye^{13}liaŋ^{13}］月球的统称，吴忠话里。圆月和月牙儿都说月亮。

月亮牙牙［ye^{13}liaŋ^{13}ia^{53} ·ia］回民常说“月牙儿”。

天狗吃了月亮了［t‘iæ̃^{44}kəu^{53}tʂ‘ʅ^{13} ·lə ye^{13}liaŋ^{13}lɤ^{13}］月食。

月亮遭难了［ye^{13}liaŋ^{13}tsɔ^{44}næ̃^{13} ·lə］

月亮底下［ye^{13}liaŋ^{13}ti$^{53}_{35}$ ·ɕia］月亮照到的地方。

星星［ɕiŋ^{44} ·ɕiŋ］星。

贼星［tsei^{53}ɕiŋ^{44}］流星。

扫帚星［sɔ^{13} ·tʂ‘u ɕiŋ^{44}］彗星。

天河［t‘iæ̃^{44}xɤ^{53}］银河。

牛郎星［niəu^{53} ·laŋ ɕiŋ^{44}］牵牛星。

牛郎［niəu^{53} ·laŋ］

织女星［tʂʅ^{13}ny^{53}ɕiŋ^{44}］

织女［tʂʅ^{13}ny^{53}］

（二）风、云、雷、雨

风［fəŋ^{44}］

大风［ta^{13}fəŋ^{44}］

小风［ɕiɔ^{53}fəŋ^{44}］微风。

催沟子风［ts‘uei^{44}kəu^{44} ·tsɿ fəŋ^{44}］顺风。

戗风［tɕ‘iaŋ^{44}fəŋ^{44}］逆风，也说“迎风”。

顶风［tiŋ^{53}fəŋ^{44}］

顶头风［tiŋ^{53}t‘əu^{53}fəŋ^{44}］

旋风［ɕyæ̃^{13}fəŋ^{44}］从地面旋转而上的风。

旋风风［ɕyæ̃^{13} ·fəŋ fəŋ^{44}］沙尘暴，携带沙尘的风暴。

云［yŋ^{53}］

云彩［yŋ^{53} ·ts‘ɛ］

乌云［vu^{44}yŋ^{53}］黑云。谚语：蚂蚁搬家蛇过道，乌云接日来得妙。

黑云［xɯ^{13}yŋ^{53}］

阴云［iŋ^{44}yŋ^{53}］

彩云［ts‘ɛ^{53}yŋ^{53}］颜色、形状好看的云。

早烧［tsɔ$^{53}_{35}$ ʂɔ^{13}］早霞。

晚烧［væ̃$^{53}_{35}$ ʂɔ^{13}］晚霞。谚语：早烧当日雨，晚烧十日晴。

虹［kaŋ^{13}］彩虹。谚语：东虹日头西虹雨，北虹出来卖儿女。

双虹［ʂuaŋ^{44} ·kaŋ］

单虹［tæ̃^{44} ·kaŋ］

雷［luei^{53}］

响雷了［ɕiaŋ^{53} luei^{53} ·lə］打雷。谚语：雷响一百八，说啥就是啥。

打闪［ta^{53} ʂæ̃^{53}］闪电。

雨［y^{53}］谚语：二月的雨，卖儿女。三月的雨，满缸米。有钱难买五月旱。六月连雨吃饱饭。

大雨［ta^{13}y^{53}］

小雨［ɕiɔ^{53}y^{53}］

雨点［y^{53}tiæ̃^{53}］

雨点子［y^{53}tiæ̃$^{53}_{35}$ ·tsɿ］

白雨［pia^{13}y$^{53}_{35}$］雷阵雨。谚语：云朝东，一场风；云朝西，淋死鸡；云朝南，雨连连；云朝北，白雨拍。

大白雨［ta^{13}pia^{13}y$^{53}_{35}$］

雷阵雨［luei^{53}tʂəŋ^{13}y$^{53}_{35}$］

暴雨［pɔ^{13}y^{53}］

大暴雨［ta^{13}pɔ^{13}y^{53}］

蒙风子雨［məŋ^{44}fəŋ^{44} ·tsɿ y^{53}］细小的雨。

连阴雨［liæ̃^{53}iŋ^{44}y^{53}］连绵不断的雨。

下雨了［ɕia^{13}y$^{53}_{35}$ ·lə］

雨淋了［y^{53}liŋ^{53} ·lə］身体淋上雨了。

雨拍了［y$^{53}_{35}$p‘ia^{13} ·lə］身体让大雨淋透了。

雨住了［y$^{53}_{35}$tʂu^{13} ·lə］

雨停了［y^{53}t‘iŋ^{53} ·lə］

不下了［pu^{13}ɕia^{13} ·lə］

雨小了［y^{53}ɕiɔ$^{53}_{35}$ ·lə］

冷子［ləŋ$^{53}_{35}$ ·tsɿ］冰雹。

（三）冰、雪、霜、露

冰［piŋ^{44}］

冻冰［tuŋ^{13}piŋ^{44}］结冰。

冰流子 [piŋ^{44}liəu^{44} ·tsɿ] 冰须。

冰须须子 [piŋ^{44}ɕy^{44} ·ɕy ·tsɿ] 细小的冰须。

冰凌 [piŋ^{44}liŋ^{53}] 河道里的冰块。

冰化了 [piŋ^{44}xua^{13} ·lə]

雪 [ɕye^{13}]

小雪 [ɕiɔ$^{53}_{35}$ɕye^{13}]

大雪 [ta^{13}ɕye^{13}]

鹅毛大雪 [ɤ^{53}mɔ^{53}ta^{13}ɕye^{13}]

雪花 [ɕye^{13}xua^{44}]

雪珍子 [ɕye^{13}tʂəŋ^{44} ·tsɿ] 形似米粒的雪，即“霰”。

下雪 [ɕia^{13}ɕye^{13}] 也说“落雪”。

雪消了 [ɕye^{13}ɕiɔ^{44} ·lə]

雪化了 [ɕye^{13}xua^{13} ·lə]

霜 [ʂuaŋ^{44}]

下霜了 [ɕia^{13} ʂuaŋ^{44} ·lə]

雾 [vu^{13}]

起雾了 [tɕʻi$^{53}_{35}$vu^{13} ·lə] 下雾了。

露水 [lu^{13} ʂuei$^{53}_{44}$]

露水珠子 [lu^{13} ʂuei$^{53}_{44}$tʂu^{44} ·tsɿ]

下露水 [ɕia^{13}lu^{13} ʂuei$^{53}_{44}$]

（四）气候

天气 [tʻiæ̃^{44} ·tɕʻi] 气候。

天气热了 [tʻiæ̃^{44} ·tɕʻi ʐɤ^{13} ·lə]

天气冷了 [tʻiæ̃^{44} ·tɕʻi ləŋ$^{53}_{35}$ ·lə]

晴天 [tɕʻiŋ^{53}tʻiæ̃^{44}]

阴天 [iŋ^{44}tʻiæ̃^{44}]

连阴天 [liæ̃^{53}iŋ^{44}tʻiæ̃^{44}] 一连阴，看不见太阳的天气。

阴雨天 [iŋ^{44}y^{53}tʻiæ̃^{44}] 不晴的下雨天。

好天气 [xɔ^{53}tʻiæ̃^{44}tɕʻi] 晴朗的天气。

臊天气［sɔ^{13}t‘iæ̃^{44} ·tɕ‘i］不好的气候。

变天［piæ̃^{13}t‘iæ̃^{44}］气温发生变化。

天变了［t‘iæ̃^{44}piæ̃^{13} ·lə］

天旱了［t‘iæ̃^{44}xæ̃^{13} ·lə］一年中不下雨或者雨水很少。

旱魃［xæ̃^{13}pa^{13}］传说中引起干旱的怪物。

天涝了［t‘iæ̃^{44}lɔ^{13}lɤ^{13}］持续下雨，天气不放晴。

二　地理

（一）地

地［ti^{13}］

平地［p‘iŋ^{53}ti^{13}］

高地［kɔ^{44}ti^{13}］

凹地［va^{13}ti^{13}］

荒地［xuaŋ^{44}ti^{13}］

生荒［səŋ^{44}xuaŋ^{44}］新开垦的土地。与“熟荒”相对。

山地［ʂæ̃^{44}ti^{13}］山坡。

坡地［p‘ɤ^{44}ti^{13}］

空地［k‘uŋ^{44}ti^{13}］

盐碱地［iæ̃^{53}tɕiæ̃^{53}ti^{13}］

河滩地［xɤ^{53}t‘æ̃^{44}ti^{13}］

沙窝［ʂa^{44}vɤ^{44}］

（二）山

山［ʂæ̃^{44}］

山头［ʂæ̃^{44}t‘əu^{53}］

山尖子［ʂæ̃^{44}tɕiæ̃^{44} ·tsɿ］

山圪崂［ʂæ̃^{44}kɯ^{13}lɔ^{13}］死山沟。

半山腰［pã^{13} ʂæ̃^{44}iɔ^{44}］也说“半中腰”。

山底下［ʂæ̃^{44}ti$^{53}_{35}$ ·ɕia］

山沟［ʂæ̃^{44}kəu^{44}］山谷。

山水沟［ʂæ̃^{44} ʂuei$^{53}_{35}$kəu^{44}］发洪水的山沟。

土堆［t‘u^{53}tuei^{44}］

岗子［kaŋ$^{53}_{35}$ ·tsɿ］山岗、高地。

（三）河海

河［xɤ^{53}］黄河。

河沿［xɤ^{53} iæ̃$^{53}_{35}$］河流沿岸。

河滩［xɤ^{53}t‘æ̃^{44}］河边水深时淹没，水浅时露出的地方。

河身［xɤ^{53} ʂəŋ^{44}］河床。

河面［xɤ^{53} miæ̃^{13}］河流的水面。

河底［xɤ^{53}ti^{53}］黄河底。

河套［xɤ^{53}t‘ɔ^{13}］①围成大半个圈的河区。②指黄河从宁夏横城到陕西府谷的一段。

河堤［xɤ^{53}ti^{44}］河岸。

河坝［xɤ^{53}pa^{13}］拦河坝。

拦河坝［læ̃^{53}xɤ^{53}pa^{13}］

渡口［tu^{13}k‘əu^{53}］有船或筏子摆渡的地方。

洪水［xuŋ^{53} ʂuei^{53}］因大雨引起暴涨的大股水流。

大水［ta^{13} ʂuei^{53}］

泉［tɕ‘yæ̃^{53}］①水泉。②指水泉中的泉眼。

泉眼［tɕ‘yæ̃^{53}iæ̃^{53}］冒出泉水的窟窿。

（四）沙石、土块及其他

石头［ʂʅ^{13}t‘əu$^{53}_{35}$］

条石［t‘iæ̃^{53} ʂʅ^{13}］长条形石块。

盘石［pæ̃$^{53}_{35}$ ʂʅ^{13}］

鹅卵石［ɤ^{53}luæ̃^{53} ʂʅ^{13}］圆形或椭圆形的石头。

砂石［ʂa^{44} ʂʅ^{13}］粗沙和石块的合称。

石头块子［ʂʅ^{13} ·t‘əu k‘uɛ$^{53}_{35}$ ·tsɿ］不规则的石头。

沙子［ʂa^{44} ·tsɿ］细小的石粒。

米粒砂［mi$^{53}_{35}$ ·li ʂa^{44}］供建筑用的粗沙。

土沙［t‘u^{53} ʂa^{44}］细沙中间混有泥土。

土块［t‘u^{53}kuɛ^{53}］

土坷垃［t‘u^{53}k‘ɯ^{13}la^{44}］

土坷瑯［t‘u^{53}k‘ɯ^{13}laŋ^{44}］土块。

煤油［mei^{53}iəu^{53}］

锡［ɕi^{13}］矿物金属。

水银［ʂuei$^{53}_{35}$ ·iŋ］汞。

吸铁［ɕi^{13}t‘ie^{13}］磁铁。

玉石［y^{13} ʂʅ^{13}］美丽的彩石，也指软玉和硬玉。

玛瑙［ma^{53} ·nɔ］矿物，主要成分为氧化硅，是一种贵重的装饰品。

翡翠［fei$^{53}_{35}$ts‘uei^{13}］硬玉，产于缅甸，是贵重的装饰品。

硫黄［liəu^{53}xuaŋ^{53}］硫的统称，硫为非金属元素，黄色。

卡子［tɕ‘ia$^{53}_{35}$ ·tsɿ］为收税或警戒而设置的检查站或岗哨。

关口［kuæ̃^{44}k‘əu^{53}］

路［lu^{13}］

大路［ta^{53}lu^{13}］

小路［ɕiɔ^{53}lu^{13}］

公路［kuŋ^{44}lu^{13}］

马路［ma$^{53}_{35}$lu^{13}］

山路［ʂæ̃^{44}lu^{13}］

乡村［ɕiaŋ^{44}ts‘uŋ^{44}］农村。

庄子［tʂuŋ^{44} ·tsɿ］农村的居民点。

乡下［ɕiaŋ^{44}ɕia^{13}］城市以外的地方。

乡里［ɕiaŋ^{44} ·ni］乡下。

城里［tʂ‘əŋ^{53} ·ni］城市内。

弯子［vã^{44} ·tsɿ］河道弯曲的地方。

寨子［ʈʂɛ^{13}tsɿ^{13}］旧时指大户人家所建的有寨墙的住地。

(五) 本区地名举例

温家弯子［vəŋ^{44} ·tɕia vã^{44} ·tsɿ］

马家寨子［ma$^{53}_{35}$ ·tɕia ʈʂɛ^{13} ·tsɿ］

朱家巷道［ʈʂu^{44} ·tɕia xaŋ^{13}tɔ^{13}］

魏家车门［vei^{13} ·tɕia ʈʂ‘ɤ^{44} ·məŋ］

金积堡［tɕiŋ^{44} ·tɕi p‘u^{53}］

俞家庄子［y^{53} ·tɕia ʈʂuaŋ^{44} ·tsɿ］

白土岗子［pɛ^{13} ·t‘u kaŋ$^{53}_{35}$ ·tsɿ］，回民说［pia^{13} ·t‘u kaŋ$^{53}_{35}$ ·tsɿ］

板桥［pã$^{53}_{35}$ ·tɕ‘iɔ］马腾霭的回民道堂。

疃庄［t‘uã^{53} ·ʈʂuaŋ］

扁担沟［piã$^{53}_{35}$ ·tã kəu^{44}］

露田洼子［lu^{13}t‘iã$^{53}_{35}$va^{13} ·tsɿ］

黄沙窝［xuaŋ^{53} ʂa^{44}vɤ^{44}］

秦渠乡［tɕiŋ^{53}tɕ‘y^{53}ɕiaŋ^{44}］

三　时令

(一) 季节

春天［ʈʂ‘uŋ^{44}t‘iã^{44}］春季。

夏天［ɕia^{13}t‘iã^{44}］夏季。

秋天［tɕ‘iəu^{44}t‘iã^{44}］秋季。谚语：早上立了秋，晚上凉飕飕。

秋上［tɕ‘iəu^{44} · ʂaŋ］

冬天［tuŋ^{44}t‘iã^{44}］

节气［tɕiə^{13} ·tɕ‘i］根据昼夜的长短，中午日影的高低等在一年的时间中定出的若干点，每一个点叫一个节气。共有 24 个节气。

打春［ta^{53}ʈʂʻuŋ^{44}］立春。春季开始，在2月3、4或5日。

雨水［y^{53} ʂuei^{53}］在2月18、19或20日。

惊蛰［tɕiŋ^{44} ·ʈʂə］在3月5、6或7日。“蛰”吴忠口语中单说读［ʈʂɤ］。

春分［ʈʂʻuŋ^{44}fəŋ^{44}］在3月20日或21日。这天南北半球昼夜都一样长。谚语：春分遍下犁。

寒食［xæ̃^{53} ʂʅ^{13}］清明的前一天。古人从这天起，三天不生火做饭，所以叫“寒食”。

清明［tɕʻiŋ^{44} ·miŋ］在4月4、5或6日。民间习惯在这天扫墓。谚语：清明前后，点瓜种豆。

谷雨［ku^{13}y$^{53}_{35}$］在4月19、20或21日。谚语：谷雨前，好种棉；谷雨后，好种豆。

立夏［li^{13}ɕia^{13}］夏季开始。在5月5、6或7日。

小满［ɕiɔ^{53}mæ̃^{53}］在5月20、21或22日。

芒种［maŋ^{53}ʈʂuŋ^{13}］在6月5、6或7日。

夏至［ɕia^{13}ʈʂʅ^{13}］在6月21日或22日。这天白天最长，夜间最短。谚语：夏至三天不沾磨，夏至十八天见个。

小暑［ɕiɔ^{53}ʈʂʻu^{53}］在7月6、7或8日。

大暑［ta^{13}ʈʂʻu^{53}］在7月22、23或24日。谚语：大暑小暑，灌死老鼠。

立秋［li^{13}tɕʻiəu^{44}］秋季开始，在8月7、8或9日。

处暑［ʈʂʻu^{53}ʈʂʻu^{53}］在8月22、23或24日。

白露［pia^{13}lu^{13}］在9月7、8或9日。谚语：处暑不出穗，白露不低头，过了寒露喂老牛。

秋分［tɕʻiəu^{44} fəŋ^{44}］在9月22、23或24日。这天昼和夜一样长。

寒露［xæ̃^{53}lu^{13}］在10月8或9日。

霜降［ʂuaŋ^{44}tɕiaŋ^{13}］在10月23或24日。

立冬［li^{13}tuŋ^{44}］冬季开始。在11月7日或8日。

小雪［ɕiɔ$^{53}_{35}$ɕye^{13}］在11月22日或23日。

大雪［ta13ɕye13］在 12 月 6、7 或 8 日。谚语：小雪牐湖，大雪牐河。

冬至［tuŋ44tʂʅ13］冬至开始数九。这天白天最短，夜间最长。在 12 月 21、22 或 23 日。

小寒［ɕiɔ53xæ̃53］在 1 月 5、6 或 7 日。

大寒［ta13xæ̃53］在 1 月 20 日或 21 日。谚语：小寒大寒，杀猪过年。

小年［ɕiɔ53niæ̃53］农历腊月二十三日，旧俗这天祭灶。

正月［tʂəŋ44·ye］阴历的头一个月。

元月［yæ̃53·ye］阳历的头一个月。

五黄六月［vu53xuaŋ53liəu13·ye］夏季最热的时候。

十冬腊月［ʂʅ13tuŋ44la13·ye］冬季最冷的时候。

闰月［ʐuŋ13ye13］按照农历，每逢闰年所加的一个月叫闰月。

入伏［ʐu13fu13］进入伏天，继有头伏、二伏、三伏。

伏天［fu13t'iæ̃44］谚语：头伏荞麦，二伏菜。

头伏［t'əu53fu13］

二伏［a13fu13］

三伏［sæ̃44fu13］

中伏［tʂuŋ44fu13］即“二伏”。

末伏［mɤ53fu13］即“三伏”。

数九［su53tɕiəu53］谚语：一天长一线，一九长的二里半。

数九天［su53tɕiəu53t'iæ̃44］

三九［sæ̃44tɕiəu53］谚语：头九二九，关门闭手；三九四九，冻破碴口；五九六九，开门大走；七九鸭子，八九雁；九九鸷鸢，满天转。再一九，犁铧遍地走。

宪书［ɕiæ̃13·ʂu］历书。

日历［ʐʅ13li13］记有年、月、日、星期、节气、纪念日等的本子。

月份牌［ye13fəŋ13p'ɛ53］旧式的彩画单张年历，现在也指日历。

（二）节日

大年三十［ta^{13}niæ̃$^{53}_{44}$sæ̃^{44} · ʂʅ］除夕。民俗。全家团圆，吃年夜饭（过去吃饺子，现在要吃炒菜。）烧纸，祭祖。

初一［tsʻu^{13} · i］旧俗这一天吃饺子，不出门，不扫地，不做针线，不使刀。

初三［tsʻu^{13}sæ̃^{44}］出行。

初五［tsʻu^{13}vu^{53}］旧俗是这一天必须吃饺子，表示“填穷坑”。

初七［tsʻu^{13}tɕi^{13}］也称“人七日”。

正月十五［tʂəŋ^{44} · ye ʂʅ^{13}vu^{53}］元宵节。吃元宵，观花灯。

二月二［a^{13}ye$^{53}_{44}$a^{13}］二月二，龙抬头，炒豆子吃。

端午［t æ̃^{44} · vu］端阳节。有插沙枣花、菖蒲，吃粽子的民俗。谚语：沙枣花，配菖蒲，牛角粽子过端午。

五月端午［vu$^{53}_{44}$ · ye tæ̃^{44} · vu］端午节。

七月七［tɕi^{13}ye$^{53}_{44}$tɕi^{13}］旧称“七巧”，相传牛郎会织女。

七月十五［tɕi^{13}ye$^{53}_{44}$ ʂʅ^{13}vu$^{53}_{44}$］旧称鬼节。旧俗晚上烧纸钱，放河灯。现在放河灯比较少见。

八月十五［pa^{13}ye$^{53}_{44}$ ʂʅ^{13}vu$^{53}_{44}$］中秋节。有“献月”的民俗，就是用瓜果、月饼（自己制作大圆饼，上面画有花纹，不同于现在买的月饼）等食物供奉献给月亮。

八月节［pa^{13}ye$^{53}_{44}$tɕie^{13}］

重阳［tʂʻuŋ^{53} · iaŋ］农历九月初九为重阳，旧时登高，又称登高节，现在定为老人节。谚语：九月重阳，撒破牛羊。

十月初一［ʂʅ^{13} · ye tsʻu^{44} · i］旧称寒衣节，晚上给已故亲人烧纸送衣送钱，也称鬼节。

腊八［la^{13}pa$^{13}_{44}$］阴历十二月初八，这天旧俗吃腊八饭。

腊月二十三［la^{13} · ye a^{13} ʂʅ^{13}sæ̃^{44}］又称“小年”。旧俗这天晚上祭灶，吃呱呱糖，供奉灶饼。敬香，送灶神。谚语：上天言好事，回宫降吉祥。

元旦［yæ̃^{53}tæ̃^{13}］一年的开始，也说阳历年。

三八妇女节［sæ̃^{44}pa^{13}fu^{13}ny^{53}tɕie^{13}］三月八日国际妇女节。

五一劳动节［vu$^{53}_{35}$·i lɔ^{53}·tuŋ tɕie^{13}］五月一日国际劳动节。

五四青年节［vu$^{53}_{35}$sɿ^{13}tɕiŋ^{44}·niæ̃ tɕie^{13}］五月四日国际青年节。

六一儿童节［liəu^{13}i^{13}a^{53}t'uŋ^{13}tɕie^{13}］六月一日国际儿童节。

七一［tɕ'i^{13}i^{13}］中国共产党建党日。

八一建军节［pa^{13}i^{13}tɕiæ̃^{13}tɕyŋ^{44}tɕie^{13}］中国人民解放军建军日。

教师节［tɕiɔ^{13}ʂʅ^{44}tɕie^{13}］每年九月十日。

国庆节［kuɤ^{13}tɕ'iŋ^{13}tɕie^{13}］十月一日为中华人民共和国成立庆典日。

四　时间

（一）年

今年［tɕiŋ^{44}·niæ̃］

当年［taŋ$^{44}_{35}$·niæ̃］本年度。

当年［taŋ^{44}·niæ̃］过去的一些年。

明年［miŋ^{53}·niæ̃］第二年。

来年［lɛ^{53}·niæ̃］

下年［ɕia^{13}·niæ̃］

过年［kuɤ^{13}niæ̃$^{53}_{44}$］

后年［xəu^{13}niæ̃$^{53}_{35}$］第三年。

大后年［ta^{13}xəu$^{13}_{44}$·niæ̃］第四年。

去年［tɕy^{13}niæ̃$^{53}_{44}$］过去的一年。

上年［ʂaŋ^{13}niæ̃^{53}］

头年［t'əu^{53}niæ̃^{53}］

前年［tɕ'iæ̃^{53}niæ̃^{53}］第二年。

大前年［ta^{13}tɕ'iæ̃^{53}niæ̃^{53}］第三年。

往年［vaŋ^{13}niæ̃^{53}］以往的年份。

前几年［tɕʻiæ^{53}tɕi^{53}niæ̃^{53}］

年年［niæ̃^{53}niæ̃^{53}］每年。

若干年［ʐuɤ^{13}kæ̃^{44}niæ̃^{53}］好多年。

一年又一年［i^{13}niæ̃^{53}iəu^{13}i^{13}niæ̃^{53}］一年年。

历年［li^{13}niæ̃^{53}］过去的每一年。

年初［niæ̃^{53}tsʻu^{44}］

年头［niæ̃^{53}tʻəu^{53}］

年底［niæ̃^{53}ti^{53}］

年终［niæ̃^{53}tʂuŋ^{44}］

年跟前［niæ̃^{53}kəŋ^{44} ·tɕʻi］快到过年的时候，吴忠河东人说［niæ̃^{53}kəŋ^{44} ·tɕʻiŋ］。

上半年［ʂaŋ^{13}pæ̃^{13}niæ̃^{53}］

前半年［tɕʻiæ̃^{53}pæ̃^{13}niæ̃^{53}］

下半年［ɕia^{13}pæ̃$^{13}_{44}$niæ̃^{53}］

后半年［xəu^{13}pæ̃^{13}niæ̃^{53}］

成年［tʂʻəŋ^{53}niæ̃^{53}］①指人发育到已经成熟的年龄。②整年。

常年［tʂʻaŋ^{53}niæ̃^{53}］

终年［tʂuŋ^{44}niæ̃^{53}］

一年到头［i^{13}niæ̃^{53}tɔ^{13}tʻəu^{53}］谚语：好吃懒做二流子，一年到头光杆子。

成年到老［tʂʻəŋ^{53}niæ̃^{53}tɔ^{13}lɔ^{53}］

一年［i^{13}niæ̃^{53}］

两年［liaŋ^{53}niæ̃^{53}］

一两年［i^{13}liaŋ$^{53}_{44}$niæ̃^{53}］

十来年［ʂʅ^{13}lɛ^{13}niæ̃^{53}］

十几年［ʂʅ^{13}tɕi$^{53}_{35}$niæ̃^{53}］

十多年［ʂʅ^{13}tuɤ^{44}niæ̃^{53}］

几十年［tɕi$^{53}_{35}$ʂʅ^{13}niæ̃^{53}］

（二）月

正月［tʂəŋ^{44} ·ye］农历一月。

二月 [a^{13}ye$^{13}_{44}$]

一个月 [i^{13} ·kə ye^{13}]

两个月 [liaŋ$^{53}_{35}$ ·kə ye^{13}]

两月 [la^{53}ye^{13}]

个把月 [kɤ^{13}pa$^{13}_{44}$ye^{13}] 一月左右。

十来个月 [ʂʅ^{13}lɛ$^{53}_{44}$ ·kə ye^{13}]

几个月 [tɕi^{53}kɤ^{13}ye^{13}] 或说 [tɕi^{53}kɤ^{13}ye$^{13}_{44}$]

几个月 [tɕi$^{53}_{35}$ ·kə ye^{13}] 表示疑问。

上半月 [ʂaŋ^{13}pæ̃^{13}ye^{13}]

前半月 [tɕ‘iæ̃^{53}pæ̃^{13}ye^{13}]

下半月 [ɕia^{13}pæ̃^{13}ye^{13}]

后半月 [xəu^{13} ·pæ̃ ye$^{13}_{44}$]

月初 [ye^{13}ts‘u^{44}]

月头 [ye^{13}t‘əu^{53}]

月中 [ye^{13}tʂuŋ^{44}]

月底 [ye^{13}ti^{53}]

月末 [ye^{13}mɤ^{13}]

这个月 [tʂei$^{13}_{11}$ ·kə ye^{13}] 或说 [tʂʅ^{13} ·kə ye^{13}] 前者多用于问话，后者多用于答话。

本月 [pəŋ$^{53}_{35}$ye^{13}]

那个月 [nei^{13} ·kə ye^{13}] 或说 [nei$^{13}_{11}$ ·kə ye^{13}] 前者用于泛指，后者用于特指。

日子 [ʐʅ^{13} ·tsɿ]

好日子 [xɔ$^{53}_{35}$ʐʅ^{13} ·tsɿ]

初几 [ts‘u^{44}tɕi^{53}]

十几 [ʂʅ^{13}tɕi^{53}]

二十几 [a^{13}ʂʅ$^{13}_{11}$tɕi^{53}]

（三）日、时

今天 [tɕiŋ^{44} ·t‘iæ̃]

□［tɕie^{44}］有音有义而无形的合音字。

□［tɕia^{44}］回民读音。

明天［miŋ^{53} ·t‘iæ̃］

□天［mia^{53} t‘æ̃^{44}］回民和汉渠一带的汉民说。

□［mie^{53}］明儿的合音，汉民口音。

□［mia^{53}］明儿的合音，回民口音。

后天［xəu^{13}t‘iæ̃^{44}］第三天。

后儿［xəur^{13}］

大后天［ta^{13}xəu$^{13}_{11}$ ·t‘iæ̃］第四天。

而根儿［a^{53} ·kər］现今、现时、马上。

前天［tɕ‘iæ^{53} ·t‘æ̃］第三天。

□［tɕ‘ia^{53}］回汉民都说，回民用得比较多。

大前天［ta^{13} tɕ‘iæ$^{53}_{44}$ ·t‘iæ̃］第四天。

大□［ta^{13}tɕ‘ia^{44}］

改日［kɛ$^{53}_{35}$ ·ʐʅ］

改天［kɛ^{53}t‘iæ̃^{44}］

一天［i^{13} t‘iæ̃^{44}］

两天［liaŋ$^{53}_{35}$ ·t‘æ̃］

一两天［i^{13} liaŋ$^{53}_{44}$ ·ti‘æ̃］

十来天［ʂʅ^{13}lɛ$^{53}_{35}$t‘iæ̃^{44}］或［ʂʅ^{13}lɛ$^{53}_{44}$t‘iæ̃^{44}］

十多天［ʂʅ^{13}tuɤ^{44} ·t‘iæ̃］

十几天［ʂʅ^{13} tɕi$^{53}_{35}$ ·t‘iæ̃^{44}］用于回答话；［ʂʅ^{13} tɕi$^{53}_{44}$ ·t‘æ̃］用于问话。

很多天［xəŋ^{53}tuɤ^{44} ·t‘iæ̃］

老多天［lɔ^{53}tuɤ^{44} ·t‘iæ̃］

好多天［xɔ^{53}tuɤ^{44} ·t‘iæ̃］

好多日子［xɔ^{53}tuɤ^{44}ʐʅ^{13} ·tsɿ］

每天［mei^{53}t‘iæ̃^{44}］每一天。

天天［t‘æ̃^{44}t‘iæ̃^{44}］

见天［tɕiæ̃^{13}t‘iæ̃^{44}］

见天天［tɕiæ̃^{13}t‘æ̃^{44} ·t‘iæ̃］女性多用。

整天［tʂəŋ^{53}t‘iæ̃^{44}］从早到晚。

成天［tʂ‘əŋ^{53}t‘æ̃^{44}］

一天到晚［i^{13}t‘iæ̃^{44}tɔ^{13}væ̃^{53}］

从早到黑［ts‘uŋ^{53}tsɔ^{53}tɔ^{13}xɯ^{13}］

一夜［i^{13}ie^{13}］通宵

星期一［ɕiŋ^{44} ·tɕ‘i i^{13}］

礼拜一［li$^{53}_{35}$ ·pɛ i^{13}］

星期二［ɕiŋ^{44} ·tɕ‘i a^{13}］

礼拜二［li$^{53}_{35}$ ·pɛ ər^{13}］

白天［pia^{13}t‘iæ̃^{44}］或［pɛ^{13}t‘iæ̃^{44}］多说后者。

白日［pɛ^{13}zʅ^{13}］

大白天［ta^{13}pɛ^{13}t‘iæ̃^{44}］汉民口语。［ta^{13}pia^{13}t‘iæ̃^{44}］回民口语。

半天［pɛ^{13}t‘iæ̃^{44}］半日。

半天子［pɛ^{13}t‘iæ̃$^{44}_{35}$ ·tsʅ］

大半天［ta^{13}pæ̃^{13}t‘iæ̃^{44}］多半天。

少半天［ʂʅ$^{53}_{35}$pɛ^{13}t‘iæ̃^{44}］

蒙风子亮［məŋ^{44}fəŋ^{44} ·tsʅ liaŋ^{13}］早晨五六点钟。

太阳冒花花子［t‘ɛ^{13}iaŋ$^{53}_{35}$mɔ^{13}xua^{44} ·xua ·tsʅ］早晨七点左右。

早上［tsɔ$^{53}_{35}$ · ʂaŋ］早晨。

一大早［i^{13} ta^{13} tsɔ^{53}］

早晨［tsɔ^{53}tʂ‘əŋ^{53}］

前晌［tɕ‘iæ̃$^{53}_{35}$ · ʂaŋ］前半天。

晌午［ʂaŋ^{53}vu^{53}］上半天。

小晌午子［ɕiɔ^{53} ʂaŋ^{53}vu^{53} ·tsʅ］十一点左右。

中午［tʂuŋ^{44}vu^{53}］十二点左右。

正当午时［tʂəŋ^{13}taŋ$^{44}_{35}$vu$^{53}_{35}$ · ʂʅ］正午。

后晌［xəu^{13} ʂaŋ$^{53}_{35}$］下午。

太阳偏西了［t‘ɛ^{13}iaŋ$^{53}_{35}$p‘iæ̃^{44}ɕi^{44} ·lə］下午了。

日头偏西了［zʅ^{13} ·t‘əu p‘iæ̃^{44}ɕi^{44} ·lə］回民多说。

擦黑子［tsʻa^{13}xɯ^{13}·tsɿ］傍晚。

晚上［væ̃$^{53}_{35}$·ʂaŋ］

晚夕［væ̃$^{53}_{35}$·ɕi］，外来人也说［i^{13}væ̃^{53}·ɕi］

黑了［xɯ^{13}·lə］入夜了。

天黑了［tʻi^{44}xɯ^{13}·lə］

黑咚咚［xɯ^{13}tuŋ^{53}tuŋ^{53}］天特别黑。

黑咕隆咚［xɯ^{13}·ku luŋ^{53}tuŋ^{53}］

半夜呢［pæ̃^{13}ie^{13}ni^{44}］午夜。

夜呢［ie^{13}ni^{44}］

整夜［tʂəŋ^{53}ie^{13}］

三更半夜［sæ̃^{44}kəŋ^{44}pæ̃^{13}ie^{13}］也可以说“半夜三更”。

前半夜［tɕʻiæ̃^{53}pæ̃^{13}ie^{13}］

上半夜［ʂaŋ^{13}pæ̃^{13}ie^{13}］

后半夜［xəu^{13}pæ̃^{13}ie^{13}］

下半夜［ɕia^{13}pæ̃$^{13}_{11}$ie^{13}］

一更［i^{13}kəŋ^{44}］夜晚一两点钟。

三更［sæ̃^{44}kəŋ^{44}］夜晚三四点钟。半夜时分。

五更［vu^{53}·kəŋ］早上五六点钟，天快亮的时候

日出卯时［ʐʅ^{13}tʂʻu^{13}mɔ$^{53}_{35}$·ʂʅ］

这阵子［tʂʅ^{13}tʂəŋ^{13}·tsɿ］，也说［tʂei^{44}tʂəŋ^{13}·tsɿ］

那阵子［nɛ^{13}tʂəŋ$^{13}_{11}$·tsɿ］那个时候。

以后［i^{53}xəu^{13}］

多活［tuɤ^{44}·xuə］什么时候。

这活子［tʂʅ^{13}xu^{44}·tsɿ］这会儿。

那活子［nɛ^{13}xuɤ^{44}·tsɿ］，也说［na^{13}xuɤ^{44}·tsɿ］那会儿。

转眼间［tʂuæ̃^{53}iæ̃$^{53}_{35}$·tɕiæ̃］

啥时候［ʂa^{13}ʂʅ^{53}·xəu］什么时候。

五　农业

（一）田园

田［t‘iæ̃^{53}］也说“地”或“土地。”

地［ti^{13}］

稻田［tɔ^{13}t‘iæ̃$^{53}_{35}$］

水田［ʂuei$^{53}_{35}$·t‘iæ̃］

旱田［xæ̃^{13}t‘iæ̃$^{53}_{35}$］

麦田［mia^{13}t‘iæ̃$^{53}_{35}$］

苞秫秫田［pɔ^{44}tʂ‘u^{53}·tʂ‘u t‘iæ̃^{53}］玉米田。

黍黍田［tʂ‘u^{53}·tʂ‘u t‘iæ̃^{53}］高粱田。

糜田［mi^{53}·t‘iæ̃］糜子田，有大糜子田、小糜子田。

豆田［təu^{13}t‘iæ̃$^{53}_{35}$］

山药田［ʂæ̃^{44}·ye t‘iæ̃^{53}］马铃薯田。

菜田［ts‘ɛ^{13}t‘iæ̃$^{53}_{35}$］

菜园子［ts‘ɛ^{13}yæ̃^{53}·tsɿ］

（二）农事

春耕［tʂ‘uŋ^{44}kəŋ^{44}］

拉粪［la^{44}fəŋ^{13}］也说“送粪”，往田里拉农家肥。

耕地［kəŋ^{44}ti^{13}］也说“耕田”。

耙田［pa^{13}t‘iæ̃^{53}］使耕起来的土块破碎。

打耱田［ta$^{53}_{35}$·mə t‘iæ̃^{53}］平整土地。

保墒［pɔ^{53}ʂaŋ^{44}］保持墒情。

播种［pɤ^{44}tʂuŋ^{53}］也说“下种子”。

薅草［xɔ^{44}ts‘ɔ^{53}］除草。

锄草［ts‘u^{53}ts‘ɔ^{53}］

拔草［pa^{13}ʦʻɔ^{53}］

间苗［ʨiæ̃$^{53}_{35}$miɔ^{53}］将过稠的秧苗拔去。

种麦子［ʈʂuŋ^{13}mia^{13}·ʦɿ］

浪稻子［laŋ^{13}tɔ^{13}·ʦɿ］

扎豆子［ʈʂa^{13}təu^{13}·ʦɿ］点种蚕豆、花豆、豇豆。

薅麦子［xɔ^{44}mia^{13}·ʦɿ］将麦田里杂草拔掉。

薅稻子［xɔ^{44}tɔ^{13}·ʦɿ］将稻田里杂草拔掉。

追肥［ʈʂuei^{44}fei^{53}］增施肥料。

夏收［ɕia^{13}ʂəu^{44}］

割麦子［kɤ^{13}mia^{13}·ʦɿ］

杀麻［ʂa^{13}ma^{53}］

拦豌豆［læ̃^{53}væ̃^{44}·təu］收割豌豆。

砍黍黍［kʻæ̃^{53}ʈʂʻu^{53}·ʈʂʻu］收割高粱。

割稻子［kɤ^{13}tɔ^{13}·ʦɿ］

打场［ta^{53}ʈʂʻaŋ^{53}］将收割的庄稼摊到场上，用牲口拉着石磙碾压脱粒。

喝场［xɤ^{44}ʈʂʻaŋ^{53}］赶磙的一面哼唱小调，一面赶着牲口打场。

起场［ʨʻi^{53}ʈʂʻaŋ^{53}］将麦秸挑去，把剩余部分刮成堆，借风扬场。

扬场［iaŋ^{53}ʈʂʻaŋ^{53}］利用风力将粮食里的杂物扬干净。

（三）农具

犁［li^{53}］

单把犁［tæ̃^{44}pa^{13}li^{53}］翻土的农具。

双轮双铧犁［ʂuaŋ^{44}luŋ^{53}ʂuaŋ^{44}xua^{53}li^{53}］

耙［pa^{13}］碎土平地的农具。

耱［mɤ^{13}］平整土地的农具。

犁铧［li^{53}xua^{53}］安装在犁的下端，用来翻土的铁器。三角形，也叫“铧”。

铋头［pi^{13}tʻəu$^{53}_{35}$］

锄头［ʦʻu^{53}·təu］松土的农具。

铁耙子［t‘ie^{13}p‘a^{53} ·tsɿ］抓紧草的农具。

钉耙子［tiŋ^{44}p‘a^{53} ·tsɿ］

镰刀［liæ̃^{53} ·tɔ］收割谷物和割草的农具。

杈杨［tʂ‘a^{44} ·iaŋ］两叉有把的农具，抖场用。

木锨［mu^{13}ɕiæ̃^{44}］木制的扬粮食的农具。

锹［tɕ‘iɔ^{44}］

铁锨［t‘ie^{13}ɕiæ̃^{44}］

铁杈［t‘ie^{13}tʂ‘a^{44}］

铲子［tʂ‘æ̃$^{53}_{35}$ ·tsɿ］铁铲。

耧［lu^{53}］播种麦子的农具

风车［fəŋ^{44}tʂ‘ɤ^{44}］

磙子［kuŋ$^{53}_{35}$ ·tsɿ］打场用的石磙。

棒槌［paŋ^{13}tʂ‘uei$^{53}_{35}$］

铡刀［tʂa^{13}tɔ^{44}］铡喂牲口的柴草刀具。

筐［k‘uaŋ^{44}］

扁担［piæ̃$^{53}_{35}$ ·tæ̃］

背斗［pei^{13} ·təu］

笸篮［pu^{13}læ̃$^{53}_{35}$］用柳条或沙竹编织而成的大型容器。

料笸篮［liɔ^{13}pu^{13}læ̃$^{53}_{35}$］给牲口喂料的小容器。

簸箕［pɤ^{13}tɕi^{44}］

扫帚［ʂɔ^{13} ·tʂ‘u］

笤帚［t‘iɔ^{53} ·tʂ‘u］

（四）碾、磨用具

碾房［niæ̃$^{53}_{35}$ ·faŋ］碾米的作坊。

碾子［niæ̃$^{53}_{35}$ ·tsɿ］碾轱辘。

碾盘［niæ̃^{53}p‘æ̃^{53}］碾子下的石盘。

碾道［niæ̃$^{53}_{35}$ ·tɔ］拉碾子牲畜的走道。

磨［mɤ^{13}］把粮食弄碎的工具，一盘磨道常由两扇圆形石块组成。

磨房［mɤ^{13}faŋ$^{53}_{44}$］磨面的作坊。

磨盘［mɤ^{13}p'æ̃$^{53}_{44}$］托着磨的圆形底盘。

磨眼［mɤ^{13}iæ̃^{53}］上扇磨中的小洞。

磨扇［mɤ^{13}ʂæ̃^{13}］上下两片磨石的合称。

磨棍子［mɤ^{13}kuŋ$^{13}_{11}$ ·tsɿ］磨眼中插的小木棍。

磨圈子［mɤ^{13}tɕ'yæ̃^{44} ·tsɿ］上扇磨上放置的圆形铁圈。

碫磨［tuæ̃^{13}mɤ^{13}］，也叫“打磨”。

罗筛子［luɤ^{53} ·ʂɛ ·tsɿ］筛面的罗。

筛筐子［ʂɛ^{44}kuaŋ^{13} ·tsɿ］

面箱［miæ̃^{13}ɕiaŋ^{44}］盛筛好面的箱子。

（五）水利

水库［ʂuei^{53}k'u^{13}］青铜峡水库。

水渠［ʂuei^{53}tɕ'y^{53}］淌水渠。

水沟［ʂuei^{53}kəu^{44}］排水沟。

水闸［ʂuei^{53}tʂa^{13}］河口或渠口管理用水的闸门。

井［tɕiŋ^{53}］

灌溉［kuæ̃^{13}kɛ^{13}］

淌水［t'aŋ^{53}ʂuei^{53}］浇水。

淌田［t'aŋ^{53}t'iæ̃^{53}］

六　商业、交通

（一）经营

铺子［p'u^{13} ·tsɿ］商店，有鞋铺子、布铺子、面铺子、纸铺子等。

买卖［mɛ$^{53}_{35}$ ·mɛ］生意，做买卖、做生意、经商。

做买卖［tsuɤ^{13}mɛ$^{53}_{35}$ ·mɛ］做生意、经商。

开铺子 [k‘ε44p‘u13 ·tsʅ] 开商店。

开张 [k‘ε44tʂaŋ44] 每天第一单生意。

歇业 [ɕiə13iə13] 关门。

摆摊子 [pε53tæ̃44 ·tsʅ] 也说摆地摊。

门面 [məŋ53 ·miæ̃] 也说铺面。

字号 [tsʅ13xɔ44] 大的、有名望的商店。

招子 [tʂɔ44 ·tsʅ] 商店门口悬挂的标志，即招牌。

账房 [tʂaŋ13 ·faŋ] 收款的柜台。

栏柜 [læ̃53kuei13]

柜台 [kuei13t‘ε53]

算盘 [suæ̃13p‘æ̃ 53/35]

盘子 [p‘æ̃53 ·tsʅ] ①指算盘；②指生意总额。

（二）行业

布庄 [pu13tʂuaŋ44] 卖布的商店。

布店 [pu13tiæ̃13] 卖布的商店。

布匹行 [pu13p‘i44xaŋ13]

绸缎庄 [tʂ‘əu53tuæ̃13tʂuaŋ44] 卖丝绸锦缎的铺子。

杂货铺 [ta13xuɤ13p‘u13] 百货商铺。

茶庄 [tʂ‘a53tʂuaŋ44]

茶店 [tʂ‘a53tiæ̃13]

糕点店 [kɔ44tiæ̃ 53/35 ·tiæ̃] 卖糕点、酱菜的铺子。

酱园 [tɕiaŋ13yæ̃53] 卖酱菜、糕点。

米铺子 [mi53p‘u13 ·tsʅ] 也说米店、粮店。

面铺子 [miæ̃13p‘u13 ·tsʅ] 卖面的铺子。

水面 [ʂuei 53/35 ·miæ̃] 白面条，现在成机器面了。

油坊 [iəu53 ·faŋ] 榨油的作坊。

磨坊 [mɤ13faŋ 53/44] 磨面的作坊。

碾坊 [miæ 53/35 ·faŋ] 碾米的作坊。

碾磨坊 [niæ53mɤ13faŋ 53/44]

水磨［ʂuei$^{53}_{35}$ ·mɤ］利用水的冲击力磨面的作坊。

肉铺子［ʐəu^{13}p'u^{13} ·tsɿ］卖肉的铺子。

宰猪［tsɛ^{53}tʂu^{44}］

宰牛［tsɛ^{53}niəu^{53}］

宰羊［tsɛ^{53}iaŋ^{53}］

打肉［ta$^{53}_{35}$ ·ʐəu］买肉。

大肉［ta^{13}ʐəu$^{13}_{44}$］猪肉，回族多说。

铁匠铺［t'iə^{13}tɕiaŋ^{13}p'u^{13}］

打马掌［ta^{53}ma^{53}tʂaŋ^{53}］钉马掌。

钉掌［tiŋ^{13}tʂaŋ^{53}］

银匠铺［iŋ^{53} ·tɕiaŋ p'u^{13}］吴忠过去有个陈银匠。

炭砟子铺［t'æ̃^{13}tʂa$^{53}_{35}$ ·tsɿ ·p'u］卖煤炭，砟子的商店。

麻绳口袋铺［ma^{53} · ʂəŋ k'əu$^{53}_{35}$ ·tɛ p'u^{13}］买麻绳和口袋的铺子。

烟铺子［iæ̃^{44} ·p'u ·tsɿ］水烟、旱烟、纸烟，早前（旧社会）也卖鸦片烟的铺子。

砂锅店［ʂa^{44}kuɤ^{44}tiæ̃^{13}］卖砂锅、瓦盆、缸、药锅等的铺子。

药铺［yɤ^{13}p'u^{13}］也说药铺子。

纸铺子［tʂɿ^{53}p'u^{13} ·tsɿ］卖纸货的铺子。

钱庄子［tɕ'iæ̃^{53}tʂuaŋ^{44} ·tsɿ］旧时的银行。

银行［iŋ^{53}xaŋ^{53}］

当铺［taŋ^{13}p'u^{13}］做典当生意的铺子。

估衣铺［ku^{13}i^{44} ·p'u］买卖旧衣服的铺子。

裁缝铺［ts'ɛ^{53} ·fəŋ p'u^{13}］缝纫铺。

馆子［kuæ̃$^{53}_{35}$ ·tsɿ］饭馆。

饭馆［fæ̃^{13}kuæ̃^{53}］

客店［k'ɤ^{13}tiæ̃^{13}］旅店，回民说。

剃头铺子［t'i^{13}t'əu^{53}p'u^{13} ·tsɿ］理发店。

剃头挑子［t'i^{13}t'əu^{53}t'iɔ^{44} ·tsɿ］走街串巷，流动理发。

澡堂子［tsɔ^{53}t'aŋ^{53} ·tsɿ］浴池。

本钱［pəŋ$^{53}_{35}$ ·tɕ'iæ̃］做生意的资金。

利钱［li^{13}tɕʻiæ̃$^{53}_{44}$］赢利。

花销［xua^{44}ɕiɔ^{44}］

开销［kʻɛ^{44}ɕiɔ^{44}］①花费②工钱。

工钱［kuŋ^{44}·tʻɕiæ̃］工资，也说“开销。”

亏本［kuei^{44}pəŋ^{53}］

赔本［pʻei^{53}pəŋ^{53}］也说“贻本”或“贻了”。

账［tʂaŋ^{13}］

流水账［liəu^{53}ʂuei^{53}tʂaŋ^{13}］按年月日记载的账目。

来往账［lɛ^{53}vaŋ^{53}tʂaŋ^{13}］收付账目。

收账［ʂəu^{44}tʂaŋ^{13}］

赊账［ʂɤ^{44}·tʂaŋ^{13}］①欠账（名词）②赊取（动词）。

赖账［læ̃^{13}tʂaŋ^{13}］耍赖不还的账。

清账［tɕʻiŋ^{44}tʂaŋ^{13}］

欠账［tɕʻiæ̃^{13}tʂaŋ^{13}］收不回来的账。

铜钱［tʻuŋ^{53}tɕʻiæ̃^{53}］

铜圆［tʻuŋ^{53}yæ̃^{53}］

银圆［iŋ^{53}yæ̃^{53}］也叫“现洋”或“大洋”。

白圆［pia^{13}yæ̃^{53}］也说“白萝卜片子”。

钢镚子［kaŋ^{44}pəŋ^{13}·tsɿ］硬币。

字［tsɿ^{13}］铜钱和银圆有字的一面，即正面。

镘［mæ̃^{13}］有画面的一面，也叫背面。

票子［pʻiɔ^{13}·tsɿ］纸币。

秤［tʂʻəŋ^{13}］称重量的衡具。

戥子［təŋ$^{53}_{35}$·tsɿ］称贵重物品和药材的小秤。最大为两，下有分、厘等。

毫系［xɔ^{53}·ɕi］秤杆上的提绳，有一道毫系和二道毫系的区别。

定盘星［tiŋ^{13}·pʻæ̃ ɕiŋ^{44}］秤杆上校称的花星。

称［tʂʻəŋ^{44}］（动词）。

觇［tʂʅ^{13}］度量衡。

丈［tʂaŋ^{13}］

尺［tʂʻʅ^{13}］

斗［təu^{53}］

升［ʂəŋ^{44}］

合［kɤ^{13}］一升的十分之一。

（三）交通

车［tʂʻɤ^{44}］

大车［ta^{13}tʂʻɤ^{44}］农用马车，或市面上拉人的马车。

老牛车［lɔ^{53}niəu^{53}tʂʻɤ^{44}］

花轱辘车［kua^{44}·ku·lu tʂʻɤ^{44}］旧时行人出行所需要的有辐条的马拉的轿车，多作娶亲用。

推车子［tʻuei^{44}·tʂʻə·tsɿ］用手推的独轮车。

骑车子［tɕʻi^{53}·tʂʻə·tsɿ］自行车。

电蹦子［tiæ̃^{13}pəŋ^{44}·tsɿ］摩托车。

笼头［luŋ^{53}·tʻəu］

碴子（馇）［tʂʻa^{53}·tsɿ］

篼嘴［təu^{44}·tsuei］套住牲口嘴的用具。

肚带［tu^{13}tε$^{13}_{11}$］牲口肚下的用具。

套簧［tʻɔ^{13}xuaŋ$^{53}_{35}$］碾米磨面时套牲口的工具。

缰绳［tɕiaŋ^{44}·ʂəŋ］栓驴、骡、牛、马等头上的长绳。

鞧绳［tɕʻiəu^{44}·ʂəŋ］搭在牲口的屁沟后面的三角绳带。

鞭子［piæ̃^{44}·tsɿ］

鞭杆［piæ̃^{44}·kæ̃］

船［tʂʻuæ̃^{53}］

渡船［tu^{13}tʂʻuæ̃^{53}］

货运船［xuɤ^{13}yŋ^{13}tʂʻuæ̃^{53}］

筏子［fa^{13}·tsɿ］也说“羊皮筏子”。

簰子［pʻε^{53}·tsɿ］

浑蜕［xuŋ^{53}·tʻu］羊皮筏子下面充气的皮囊。

桨［tiaŋ^{53}］

拉纤［la^{44}tɕʻiæ̃^{13}］船逆行时船夫在岸上拉船行走。

七　动物

（一）家畜

畜［ɕy^{13}］又读［tʂʻu^{13}］

牲口［səŋ^{44}·kʻəu］

头口［tʻəu^{53}·kʻəu］同上，回民多说。

马［ma^{53}］

儿马［a^{53}·ma］公马。

骒马［kʻuɤ^{53}ma^{53}］母马。

骟马［ʂæ̃^{13}·ma］骟过的马。

马驹子［ma$^{53}_{35}$·tɕy·tsɿ］小马。

牛［niəu^{53}］

臊牛［sɔ^{44}·niəu］公牛。

乳牛［ʐu$^{53}_{35}$·niəu］母牛。

犍牛［tɕiæ̃^{44}·niəu］骟过的公牛。

奶牛［nɛ^{53}niəu^{53}］专门挤奶的母牛。

牛卜郎［niəu^{53}·pu·laŋ］小牛，也说“牛卜郎子”。

牛犊子［niəu^{53}·tu·tsɿ］同上。

牛角［niəu^{53}kɤ^{13}］

骡子［luɤ^{53}·tsɿ］

驴骡子［ly^{53}luɤ^{53}·tsɿ］马父驴母所生的骡子。

马骡子［ma$^{53}_{35}$lu$^{53}_{35}$·tsɿ］驴父马母所生的骡子。

骡驹子［luɤ^{53}·tɕy·tsɿ］小骡子。

驴［ly^{53}］

毛驴［mɔ^{53}ly^{53}］

叫驴［tɕiɔ^{13}ly$^{53}_{35}$］公驴。

草驴［ʦʻɔ$^{53}_{35}$ ·ly］母驴。

骟驴［ʂæ̃^{13}ly$^{53}_{35}$］骟过的驴。

驴驹子［ly^{53} ·ʨy ·ʦɿ］小驴。

骆驼［luɤ^{13} ·tʻuə］

骆驼羔子［luɤ^{13} ·tʻuəɤ kɔ^{44} ·ʦɿ］

猪［tʂu^{44}］

黑子［xɯ^{13} ·ʦɿ］同上，回民用。

生猪［səŋ^{44}tʂu^{44}］没出栏的猪。

壳郎［kʻɯ^{13}laŋ^{13}］三个月之后出栏的猪。

猪娃子［tʂu^{44}va^{53} ·ʦɿ］小猪。

臊猪［sɔ^{44}tʂu^{44}］公猪。

母猪［mu$^{53}_{35}$ ·tʂu］

童猪［tʻuŋ^{53} ·tʂu］摘除了卵巢的母猪。

伢猪［ia^{53} ·tʂu］骟过的公猪。

猪鬃［tʂu^{44}ʦuŋ^{44}］猪脖颈上较长的毛，质硬而韧，可用来制作刷子。

羊［iaŋ^{53}］

山羊［ʂæ̃^{44}iaŋ^{53}］头长，嘴尖，毛长。

绵羊［miæ̃^{53}iaŋ^{53}］躯体丰满，毛绵密，头短。

臊猢［sɔ^{44} ·xu］公山羊。

母羊［mu$^{53}_{35}$ ·iaŋ］

羯羊［ʨie^{13}iaŋ$^{53}_{35}$］骟过的公羊。

羊羔子［iaŋ^{53}kɔ^{44} ·ʦɿ］小羊。

羯羊羔子［ʨie^{13}iaŋ$^{53}_{35}$kɔ^{44} ·ʦɿ］小羯羊。

母羊羔子［mu$^{53}_{35}$ ·iaŋ kɔ^{44} ·ʦɿ］小母羊。

黄羊［xuaŋ^{53} ·iaŋ］野羊的一种。

狗［kəu^{53}］

牙狗［iaŋ^{53} ·kəu］公狗。

母狗［mu^{53} ·kəu］

狗娃子［kəu$^{53}_{35}$ ·va ·ʦɿ］小狗。

板凳狗娃子［pæ̃$^{53}_{35}$ ·təŋ kəu^{53}va^{53} ·tsɿ］小土狗。

哈巴狗［xa$^{53}_{35}$ ·pa kəu^{53}］

狼狗［laŋ^{53}kəu^{53}］

猫［mɔ^{53}］

郎猫［laŋ^{53} ·mɔ］公猫。

女猫［mi$^{53}_{35}$ ·mɔ］母猫。

（二）家禽

鸡［tɕi^{44}］

公鸡［kuŋ^{44}tɕi^{44}］

母鸡［mu$^{53}_{35}$ ·tɕi］

鸡娃子［tɕi^{44}va^{53} ·tsɿ］

雏鸡［ts‘u^{53} ·tɕi］刚会打鸣的公鸡。

鸡蛋［tɕi^{44}tæ̃^{13}］

鸡子［tɕi^{44}tsɿ^{53}］

下蛋［ɕia^{13}tæ̃^{13}］生蛋。

落窝［lɔ^{13}vɤ^{44}］母鸡停止下蛋，恋窝，准备菢小鸡。

菢鸡娃子［pɔ^{13}tɕi^{44}va^{53} ·tsɿ］孵小鸡。

宰鸡［tsɛ^{53}tɕi^{44}］

煺鸡毛［t‘uŋ^{13}tɕi^{44}mɔ^{53}］用沸水烫宰过的鸡，拔毛。

蜕毛［t‘uɤ^{13}mɔ^{53}］鸡生产过程中掉毛。

鸭子［ia^{13} ·tsɿ］

公鸭子［kuŋ^{44}ia$^{13}_{11}$ ·tsɿ］

母鸭子［mu$^{53}_{35}$ ·ia ·tsɿ］

鸭蛋［ia^{13}tæ̃^{13}］

鸭娃子［ia^{13}va$^{53}_{35}$ ·tsɿ］小鸭子。

鸭儿子［ia^{13}a$^{53}_{35}$ ·tsɿ］同上。

鹅［ɤ^{53}］

公鹅［kuŋ^{44}ɤ^{53}］

母鹅［mu^{53}ɤ^{53}］

鹅蛋［ɤ^{53}tæ̃^{13}］

鹅娃子［ɤ^{53}va$^{53}_{35}$·tsɿ］小鹅。

鸽子［kɤ^{13}·tsɿ］

公鸽子［kuŋ^{44}kɤ^{13}·tsɿ］

母鸽子［mu$^{53}_{35}$kɤ^{13}·tsɿ］

鸽儿子［kɤ^{13}a$^{53}_{35}$·tsɿ］小鸽子。

鸽蛋［kɤ^{13}tæ̃^{13}］

（三）飞禽

鸟［niɔ^{53}］

麻雀子［ma^{53}·tɕ'iɔ·tsɿ］

乌鸦［vu^{44}ia^{44}］

老哇［lɔ$^{53}_{35}$·va］乌鸦，也说“黑老哇”。

喜鹊［ɕi$^{53}_{35}$·tɕ'iɔ］

斑鸠［pæ̃^{44}·tɕiəu］也叫咕咕等，拟声鸟名。

啄木鸟［tʂuə^{13}mu^{13}niɔ^{53}］

张鸡［tʂaŋ^{44}·tɕi］湖水地抓鱼的一种水鸟。

夜猫子［ie^{13}mɔ$^{53}_{35}$·tsɿ］猫头鹰。

鱼叨叨［y^{53}tiɔ^{44}·tiɔ］或读［y^{53}tiəu^{44}·tiəu］

大雁［ta^{13}iæ̃^{13}］

长脖子雁［tʂ'aŋ^{53}·pə·tsɿ iæ̃^{13}］

燕唧唧［iæ̃^{13}tɕi^{53}·tɕi］家燕。

鹞子［iɔ^{13}·tsɿ］即隼。猛禽，形体瘦长，灰褐色，专捕食小雀。

鹰［iŋ^{44}］

花鸨［xua^{44}·pɔ］即鸢，俗名鹞鹰，常旋空中，抓小鸡小鸟食之。

鸷鸶［ts'ɿ^{13}lɔ^{13}］

布谷鸟［pu^{53}ku^{13}niɔ^{53}］

野鸡［ie^{53}tɕi^{44}］即雉。

呱呱鸡［kua^{13}·kua tɕi^{44}］

野鸽子［ie$^{53}_{35}$kɤ^{13} ·tsʅ］

信鸽［ɕiŋ^{13}kɤ^{13}］专门训练用来传递书信的家鸽。

（四）野牲及其他

野牲［ie^{53}səŋ^{44}］野兽。

狼［laŋ^{53}］

獾［xuæ̃^{44}］本地有猪獾、狗獾等。

狐子［xu^{53} ·tsʅ］狐狸。

野猫［ie^{53}mɔ^{53}］

刺猬［ts‘ʅ^{13}vei^{44}］

老鼠［lɔ^{13} ·tʂ‘u］

夜蝙蝠［ie^{13}p‘iæ̃^{13} ·fu］

蚂蚱［mia^{13}tʂa^{44}］蝗虫。

蜻蜓［tɕ‘iŋ^{44} ·t‘iŋ］

蝴蝶［xu^{53} ·t‘ie］

牛粪巴郎［niəu^{53}fəŋ^{13}pa^{44} ·laŋ］屎壳郎。

飞娃子［fei^{44}va^{53} ·tsʅ］

蜜蜂［mi^{13}fəŋ^{44}］

麻蜂子［ma$^{53}_{35}$ ·fəŋ ·tsʅ］

叮子［tiŋ^{44} ·tsʅ］土蜜蜂，即马蜂。

苍蝇［ts‘aŋ^{44} ·iŋ］

狗蝇子［kəu$^{53}_{35}$ ·iŋ ·tsʅ］狗身上的一种吸血飞虫。

牛虻［niəu^{53} ·mɔ］牛身上的一种吸血飞虫。

蚊子［vəŋ^{53} ·tsʅ］

百蛉子［pia^{13}liŋ^{13} ·tsʅ］大草蛉。

钱串子［tɕ‘iæ̃^{53} ·tʂ‘uæ̃ ·tsʅ］蜈蚣。

毛蝎子［mɔ^{53}ɕie^{13} ·tsʅ］蝎子。

天牛［t‘iæ̃^{44}niəu^{53}］

蜗牛［vɤ^{44}niəu^{53}］

喜虫虫［ɕi^{53}tʂ‘uŋ^{53} ·tʂ‘uŋ］蜘蛛。

蚂蚁［ma^{53} ·i］

毛毛虫［mɔ^{53} ·mɔ tʂ‘uŋ^{53}］树虫。

米虫子［mi$^{53}_{35}$ ·tʂ‘uŋ ·tsɿ］

腻虫子［mi$^{53}_{35}$ ·tʂ‘uŋ ·tsɿ］蚜虫。

蚕［ts‘ɛ^{53}］

蚕籽［ts‘æ̃^{53}tsɿ^{53}］

吐丝［t‘u^{53}si^{44}］

蚕茧子［ts‘ɛ^{53} tɕiæ̃$^{53}_{35}$ ·tsɿ］

虱子［ʂɤ^{13} ·tsɿ］

虮子［tɕi$^{53}_{35}$ ·tsɿ］

臭虫［tʂ‘əu^{13} tʂ‘uŋ$^{53}_{35}$］

虼蚤［kɯ^{13}tsɔ^{13}］

蛇［ʂɤ^{53}］

长虫［tʂ‘aŋ^{53} ·tʂuŋ］

曲线虫［tɕ‘y^{13}ɕiæ̃^{13}tʂ‘uŋ^{53}］蚯蚓，回民说“曲蟮”。

蝎子［ɕie^{13} ·tsɿ］

沙扑子［ʂa^{44} ·p‘u ·tsɿ］蜥蜴。

鱼［y^{53}］

鲤鱼［li$^{53}_{35}$ ·y］

鲫鱼［tɕi^{13} ·y］

鲇鱼［miæ̃^{53} ·y］

草鱼［ts‘ɔ^{53} ·y］

鲢鱼［liæ̃^{53} ·y］

金鱼［tɕiŋ^{44} ·y］

泥鳅［mi^{53} ·tɕ‘iəu］即鳅鱼。

鸽子鱼［kɤ^{13} ·tsɿ y^{53}］黄河名贵鱼种，嘴尖体长，眼有红圈，身呈银白色，侧看像鸽子故名。

鱼苗［y^{53}miɔ^{53}］

鱼鳃［y^{53}sɛ^{44}］

鱼鳞［y^{53}liŋ^{53}］

虾［ɕia^{44}］本地有河虾。

虾皮［ɕia^{44}p‘i^{53}］

鳖［pie^{13}］甲鱼。

乌龟［vu^{44}kuei^{44}］

蚂蟥虫［ma^{53}·xuaŋ tʂ‘uŋ^{53}］近乎黄白色的水蛭。

皮条虫［p‘i^{53}·t‘iɔ tʂ‘uŋ^{53}］深褐色的水蛭。

水贼［ʂuei^{53}tsei^{53}］一种水面上行走的小虫，也叫“水牛子”。

八　植物

（一）庄稼

庄稼［tʂuaŋ^{44}·tɕia］农作物的总称。

粮食［liaŋ^{53}·ʂʅ］五谷杂粮。

五谷［vu$^{53}_{35}$·ku］稻、麦、菽、稷、黍。

杂粮［tsa^{13}liaŋ^{53}］指玉米、高粱、糜子、谷子、荞麦、豆类等。

麦子［mɛ^{13}·tsɿ］也说［mia^{13}·tsɿ］

大麦［ta$^{13}_{11}$·mɛ］也说［tia^{13}mia^{44}］

小麦［ɕiɔ$^{53}_{35}$mɛ^{13}］

荞麦［tɕ‘iɔ^{53}·mia］

麦个子［mia^{13}kɤ^{13}·tsɿ］捆成捆的麦子。

麦捆子［mia^{13}·k‘uŋ·tsɿ］

麦穗子［mɛ^{13}suei^{13}·tsɿ］也说［mia^{13}suei^{13}·tsɿ］

麦头子［mia^{13}t‘əu$^{53}_{35}$·tsɿ］掉落的麦穗。

麦秧子［mia^{13}iaŋ$^{44}_{13}$·tsɿ］拔节前的麦苗。

麦柴［mɛ^{13}tʂ‘ɛ^{53}］也说［mia^{13}tʂ‘ɛ^{53}］

麦稳子［mia^{13}vəŋ$^{53}_{35}$·tsɿ］麦子脱粒后的麦壳和碎草。

麦余子［mia^{13}y$^{53}_{35}$·tsɿ］打碾扬场后的秕麦子，中药称“浮小麦”，可止汗水。

稻子［tɔ^{13} ·ʦɿ］

糯稻［nuɤ^{13} ·tɔ］

稗子［pɛ^{13} ·ʦɿ］稻田里的一种似稻的野草。

稗草［pɛ^{13} ·ʦ‘ɔ］同上。

稻草［tɔ^{13} ·ʦ‘ɔ］

糜子［mi^{53} ·ʦɿ］碾出的米叫黄米。

谷子［ku^{13} ·ʦɿ］碾出的米叫小米。

玉米［y^{13} ·mi］

苞秫秫［pɔ^{44} ·tʂ‘u ·tʂ‘u］农村的老年人多说。

黍黍［tʂ‘u$^{53}_{35}$ ·tʂ‘u］高粱也说“红黍黍”。

黑头［xɯ^{13}t‘əu^{53}］农作物的黑疸病。

青豆［tɕ‘iŋ^{44} ·təu］黄豆。

大豆［ta$^{13}_{11}$ ·təu］也说“蚕豆”。

绿豆［lu^{13} ·təu］

黑豆［xɯ^{13} ·təu^{5}］

花豆［xua^{44} ·təu］

花迷子豆子［xua$^{44}_{13}$mi^{44} ·ʦɿ ·təu ·ʦɿ］

鹰嘴豆子［iŋ^{44}ʦuei^{53} ·təu ·tsɿ］

芝麻［tʂʅ^{44}ma^{53}］分黑白芝麻。

苏子［su^{44} ·ʦɿ］

麻子［ma^{53} ·ʦɿ］

麻［ma^{53}］白麻

蓖麻子［pi^{13}ma$^{53}_{35}$ ·ʦɿ］

花生［xua^{44} ·səŋ］也说“落花生”。

旱烟［xæ̃^{13} ·iæ̃］

糖萝卜［t‘aŋ^{53}luɤ^{53} ·pə］甜菜。

（二）蔬菜

菜蔬［ʦ‘ɛ^{13}su^{13}］蔬菜的总称。

白菜［pia^{13}ʦ‘ɛ^{13}］

抱头白［pɔ^{13}t‘əu$^{53}_{35}$pia^{13}］大白菜。

麻叶菜［ma^{53} ·ie ʦ‘ɛ^{13}］即青麻叶，白菜的一种。

韭菜［ʨiəu$^{53}_{35}$ ·ʦ‘ɛ］

韭苔［ʨiəu^{53}t‘ɛ^{53}］

韭黄［ʨiəu^{53}xuaŋ^{53}］

莲花菜［liæ̃^{53} ·xua ·ʦ‘ɛ］也说“抱头菜”。

茄子［ʨ‘ie^{53} ·ʦɿ］有圆茄子和长茄子。

辣子［la^{13} ·ʦɿ］有长辣子和圆辣子，长的也说“羊角辣子”。

柿子［ʂʅ^{13} ·ʦɿ］也说“西红柿”。

黄瓜［xuaŋ^{53} ·kua］

菜瓜［ʦ‘ɛ^{13} ·kua］青时当菜吃，熟了当饭吃，现已绝种。

冬瓜［tuŋ^{44} ·kua］

茭瓜［ʨiɔ^{53} ·kua］

葫芦［xu^{13}lu^{13}］南瓜。

瓢葫芦［p‘iɔ^{53} ·xu ·lu］葫芦。

山芋［ʂæ̃^{44} ·y］马铃薯。

刀豆［tɔ^{44} ·təu］梅豆。

豇豆［ʨiaŋ^{44} ·təu］

葱［ʦ‘uŋ^{44}］有白葱、红葱的分别。

小葱子［ɕiɔ$^{53}_{35}$ʦ‘uŋ^{44} ·ʦɿ］小葱苗。

蒜［suæ̃^{13}］有紫皮蒜和白皮蒜。

蒜薹［suæ̃^{13}t‘ɛ^{53}］

蒜骨朵［suæ̃^{13}ku^{13}tu^{44}］

萱草花［ʦ‘uæ̃^{44} ·ʦ‘ɔ xua^{44}］蒸制晒干后即为黄花菜。

芫荽［iæ̃^{53} ·suei］香菜。

芥末［kɛ^{13}mɤ^{13}］

蕨麻［ʨye^{13}mu^{13}］

洋姜［iaŋ^{53}ʨiaŋ^{44}］

地扭子［ti^{13}niəu^{44} ·ʦɿ］螺丝菜。

芹菜［ʨ‘iŋ^{53} ·ʦ‘ɛ］有西芹和香芹的分别。

菠菜［pɤ^{44} ·ʦ‘ɛ］

苤蓝［p‘ie$^{53}_{35}$ ·lie］球茎甘蓝。

蔓菁［mæ̃^{53} ·ʨiŋ］即芜菁。

白萝卜［pia^{13}luɤ^{53} ·pə］

青萝卜［ʨ‘iŋ^{44}luɤ^{53} ·pə］

红心萝卜［xuŋ^{53}ɕiŋ^{44}luɤ^{53} ·pə］

黄萝卜［xuaŋ^{53}luɤ^{53} ·pə］

胡萝卜［xu^{53}luɤ^{53} ·pə］

红萝卜［xuŋ^{53}luɤ^{53} ·pə］也叫“水萝卜”。

天萝卜蛋［t‘iæ̃^{44}luɤ^{53} ·pə tæ̃$^{13}_{11}$］

油菜［iəu^{53} ·ʦ‘ɛ］

茼蒿［t‘uŋ^{53}xɔ^{44}］

笋子［suŋ$^{53}_{35}$ ·ʦɿ］

雪里蕻［ɕye^{13} ·li xuŋ^{53}］

菜花［ʦ‘ɛ^{13}xua^{44}］

西兰花［ɕi^{44}læ̃^{53}xua^{44}］

空心菜［k‘uŋ^{44}ɕiŋ^{44}ʦɛ^{13}］

毛菇［mɔ^{53} ·ku］蘑菇。

洋葱［iaŋ^{53}ʦ‘uŋ^{44}］旧称“韭蒜”，现在也叫葱头。

苦苦菜［k‘u$^{53}_{35}$ ·k‘u ʦ‘ɛ^{13}］败酱草。

猪耳朵菜［ʈʂu^{44} ·a ·tuə ʦ‘ɛ^{13}］车前草幼苗。

艾［ɛ^{13}］艾蒿的幼苗。

灰条［xuei^{44} ·t‘iɔ］

苜蓿［mu^{13} ·ɕy］

胖娃娃菜［p‘aŋ^{13}va^{53} ·va ʦ‘ɛ^{13}］即马齿苋。

蒲公英［p‘u^{53}kuŋ^{44}iŋ^{44}］一般农村人叫“黄黄郎”。

（三）树木

树［ʂu^{13}］

树林［ʂu^{13}liŋ^{53}］

柳树［liəu$^{53}_{35}$ · ʂu］

杨树［iaŋ^{53} · ʂu］

青杨柳［tɕ‘iŋ^{44}iaŋ^{53}liəu^{53}］

沙枣树［ʂa^{44}tsɔ$^{53}_{35}$ · ʂu］

红柳［xuŋ^{53} ·liəu］

槐树［xuɛ^{53} · ʂu］多为洋槐。

榆树［y^{53} · ʂu］

香椿［ɕiaŋ^{44}tʂ‘uŋ^{44}］

臭椿［tʂ‘əu^{13}tʂ‘uŋ^{44}］

白蜡［pia^{13}la^{13}］也读［pɛ^{13}la^{13}］

垂杨柳［tʂ‘uei^{53}iaŋ^{53}liəu^{53}］

松树［suŋ^{44} · ʂu］

钻天杨［tsuæ̃^{44}t‘iæ̃^{44} iaŋ^{53}］

果树［kuɤ$^{53}_{35}$ · ʂu］

桃树［t‘ɔ^{53} · ʂu］

杏树［xəŋ^{13} · ʂu］

梨树［li^{53} · ʂu］

李子树［li$^{53}_{35}$ ·tsɿ ʂu^{13}］

大果子树［ta^{13}kuɤ^{53} ·tsɿ ʂu^{13}］

苹果树［p‘iŋ^{53} kuɤ^{53} ʂu^{13}］

葡萄树［p‘u^{53} ·t‘ɔ ʂu^{13}］

核桃树［xɯ^{13} ·t‘ɔ ʂu^{13}］俗语：桃三杏四梨五年，想吃大果等三年，想吃核桃十五年。

枣树［tsɔ$^{53}_{35}$ · ʂu］沙枣树。

桑树［saŋ^{44} · ʂu］

（四）瓜果

瓜［kua^{44}］

果子［kuɤ$^{53}_{35}$ ·tsɿ］即水果的总称。

桃子［t‘ɔ^{53} ·tsɿ］

杏子［xəŋ^{13} ·tsɿ］

梨［li^{53}］

大果子［ta^{13}kuɤ$^{53}_{35}$ ·tsɿ］

李子［li$^{53}_{35}$ ·tsɿ］俗语：桃饱杏伤人，李子树下埋死人。

苹果［p‘iŋ^{53} ·kuə］

葡萄［p‘u^{53} ·t‘ɔ］

核桃［xɯ^{13}t‘ɔ$^{53}_{35}$］

枣子［tsɔ$^{53}_{35}$ ·tsɿ］

梨子［li^{53} ·tsɿ］

李子［li$^{53}_{35}$ ·tsɿ］

沙枣子［ʂa^{44} ·tsɔ ·tsɿ］

桑杏子［saŋ^{44} ·xəŋ ·tsɿ］桑葚

桑枣子［saŋ^{44} ·tsɔ ·tsɿ］

橘子［tɕy^{13} ·tsɿ］

橙子［tʂ‘əŋ^{53} ·tsɿ］

柚子［iəu^{13} ·tsɿ］

石榴［ʂʅ^{13}liəu^{13}］

樱桃［iŋ^{44}t‘ɔ^{53}］

柿子［ʂʅ^{13} ·tsɿ］

西瓜［ɕi^{44} ·kua］

打瓜［ta$^{53}_{35}$ ·kua］打籽的瓜，加工后变成红黑瓜子。

甜瓜［t‘iæ̃^{53} ·kua］也叫“花兰柿”

香瓜［ɕiaŋ^{44} ·kua］

白兰瓜［pɛ^{13}læ̃^{53} ·kua］

木瓜［mu^{13}kua^{44}］

瓜子儿［kua^{44}tsər^{53}］

（五）花草

花［xua^{44}］

花骨朵［xua^{44}ku^{13}tu^{44}］花苞。

花瓣［xua^{44}pæ̃^{53}］也叫“花叶子”［xua^{44}ie^{13}·ʦɿ］。

花心子［xua^{44}ɕiŋ^{44}·ʦɿ］

大理花［ta^{13}li^{53}·xua］

马莲花［ma$^{53}_{35}$·liæ̃ xua^{44}］

月季花［ye^{13}ʨi^{13}xua^{44}］

菊花［ʨy^{13}xua^{44}］

牡丹花［mu^{13}tæ̃^{44}xua^{44}］

芍药［ʂuɤ^{13}·ye］

玫瑰［mei^{53}·kuei］

丁香花［tiŋ^{44}·ɕiaŋ xua^{44}］

夹竹桃［ʨia^{13}ʈʂu^{13}t‘ɔ^{53}］

马蹄莲［ma$^{53}_{35}$·t‘i liæ̃^{53}］

石榴花［ʂʅ^{13}·liəu xua^{44}］

文竹［vəŋ^{53}ʈʂu^{13}］

台湾竹［t‘ɛ^{53}·væ̃ ʈʂu^{13}］

鸡冠花［ʨi^{44}kuæ̃^{44}xua^{44}］

迎春花［iŋ^{53}ʈʂ‘uŋ^{44}xua^{44}］

雪莲［ɕyŋ^{13}iæ̃^{53}］

美人蕉［mei$^{53}_{35}$·ʐəŋ ʨiɔ^{44}］

君子兰［ʨyŋ^{44}·ʦɿ læ̃^{53}］

兰花［læ̃^{53}xua^{44}］

龟背竹［kuei^{44}pei^{53}ʈʂu^{13}］

蟹爪兰［ɕie^{13}ʈʂɔ^{53}læ̃^{53}］

紫竹［ʦɿ$^{53}_{35}$ʈʂu^{13}］

令箭［liŋ^{13}ʨiæ̃^{13}］

荷花［xɤ^{53}xua^{44}］

葵花［k‘uei^{53}xua^{44}］也叫“向日葵”。

茉莉花［mɤ^{13}li^{53}xua^{44}］也叫“地曾花”。

满天星［mæ̃^{53}t‘iæ̃^{44}ɕiŋ^{44}］

牵牛花［ʨ‘iæ̃^{44}niəu^{53}xua^{44}］

打碗花［ta^{53}vǣ^{53}xua^{44}］碗碗花。

绣球花［ɕiəu^{13}tɕ‘iəu$^{44}_{13}$xua^{44}］

荚扫子［tɕ‘iǣ^{13}sɔ$^{53}_{35}$·tsɿ］扫帚苗。

沙蒿［ʂa^{44}·xɔ］

冰草［piŋ^{44}·ts‘ɔ］

芨芨草［tɕi^{13}·tɕi ts‘ɔ^{53}］

沙竹子［ʂa^{44}·tʂu·tsɿ］

艾［ɛ^{13}］也叫“艾蒿”

麻黄草［ma^{53}·xuaŋ ts‘ɔ^{53}］

苇子［vei$^{53}_{35}$·tsɿ］芦苇。

芦草［lu^{53}ts‘ɔ^{53}］

九　房舍用器

（一）院落

院子［yǣ^{13}·tsɿ］四合院或有院墙围起来的院落。

宅子［tʂǣ^{13}·tsɿ］宅院。

天井［t‘iǣ^{44}tɕiŋ^{53}］

门楼［məŋ^{53}ləu^{53}］

高房子［kɔ^{44}faŋ^{53}·tsɿ］旧时院墙拐角上盖的高起的小房供瞭望用。

门墩子［məŋ^{53}tuŋ^{44}·tsɿ］

门槛［məŋ^{53}k‘ǣ^{53}］

车门［tʂ‘ɤ^{44}·məŋ］

门洞子［məŋ^{53}·tuŋ·tsɿ］

寨子［tʂǣ^{13}·tsɿ］

董府［tuŋ^{53}fu^{53}］董福祥的寨子。

大门［ta^{13}·məŋ］也说“街门”。

二门［a^{13} ·məŋ］屏门。

后门［xəu^{13}məŋ^{53}］

(二) 房屋

房子［faŋ^{53} ·tsɿ］

土坯房子［t‘u^{53}p‘i^{44}faŋ^{53} ·tsɿ］

砖瓦房［tʂuæ̃^{44}va^{53}faŋ^{53}］

堂屋［t‘aŋ^{53} ·vu］正房。

厢房［ɕiaŋ^{44}faŋ^{53}］分东西厢房。

对庭［tuei^{13} ·t‘iŋ］与正方相对的南房。

里头屋［li$^{53}_{35}$ ·t‘əu vu^{13}］屋内的套房。

夹道［tɕia^{13}tɔ^{13}］屋内加一堵墙的暗道。

入深［ʐu^{13} ʂəŋ^{44}］房屋纵向的长度。

间口［tɕiæ̃^{53} ·k‘əu］房屋横向的宽窄度。

山墙［ʂæ̃^{44} ·tɕ‘iaŋ］

隔墙［ka^{13} ·tɕ‘iaŋ］

茅房［mɔ^{53}faŋ^{53}］厕所，也说“茅塞”［mɔ^{53} ·sə］或“茅塞圈”［mɔ^{53} ·sə tɕyæ̃^{13}］。

楼房［ləu^{53}faŋ^{53}］

屋脊［vu^{13}tɕi^{13}］

房顶［faŋ^{53}tiŋ^{53}］

房廊檐［faŋ^{53}laŋ^{53} ·iæ̃］

大梁［ta^{13}liaŋ^{53}］

桁条［ɕiŋ^{53} ·t‘iɔ］

椽子［tʂ‘uæ̃^{53} ·tsɿ］

柱子［tʂu^{13} ·tsɿ］

柱顶石［tʂu^{13}tiŋ$^{53}_{44}$ ·ʂʅ］础石。

顶棚［t‘iŋ$^{53}_{35}$ ·p‘əŋ］

仰池［iaŋ$^{53}_{35}$ ·tʂ‘ʅ］即“仰尘”，本为承尘之幕布。

门［məŋ^{53}］

单扇门［tæ̃^{44} · ʂæ̃ məŋ^{53}］

双扇门［ʂuaŋ^{44} · ʂæ̃ məŋ^{53}］

风门子［fəŋ^{44} ·məŋ ·tsɿ］也叫“走扇子门”。

门扣子［məŋ^{53}k‘əu^{13} ·tsɿ］门外锁门的扣。

门栓子［məŋ^{53} ʂuæ̃^{44} ·tsɿ］门内销门的横木。

窗子［tʂ‘uaŋ^{44} ·tsɿ］窗户。

窗帘［tʂ‘uaŋ^{44}liæ̃^{53}］

牛棚［niəu^{53}p‘əŋ^{53}］

马槽［ma^{53}ts‘ɔ^{53}］

料筐篮［liɔ^{13} ·pu læ̃^{53}］

猪圈［tʂu^{44}tɕyæ̃^{13}］

猪食槽子［tʂu^{44} · ʂʅ ts‘ɔ^{53} ·tsɿ］

羊圈［iaŋ^{53}tɕyæ̃^{13}］

狗窝［kəu^{53}vɤ^{44}］

鸡窝［tɕi^{44}vɤ^{44}］

鸽窝［kɤ^{13}vɤ^{44}］

鸡罩子［tɕi^{44}tʂɔ^{13} ·tsɿ］也叫“鸡笼子”。

（三）家具

摆设［pɛ$^{53}_{35}$ · ʂʅ］家具。

桌子［tʂuɤ^{13} ·tsɿ］

方桌［faŋ^{44} ·tʂuə］也说“八仙桌子”。

条桌［t‘iɔ^{53} ·tʂuə］长条形桌子。

圆桌［yæ̃^{53} ·tʂuə］

几桌［tɕi^{44} ·tʂuə］旧时房正中靠墙放的长条形桌子。

炕柜子［k‘aŋ^{13}kuei^{13}tsɿ^{13}］炕上靠侧墙放置的长条形柜子，上面可放叠好的被褥。

椅子［i$^{53}_{35}$ ·tsɿ］

太师椅［t‘ɛ^{13} · ʂʅ i^{53}］

躺椅［t‘aŋ$^{53}_{35}$ ·i］

板凳［pæ̃$^{53}_{35}$ ·təŋ］长条形凳子。

方凳［faŋ^{44} ·təŋ］

八扎凳子［pa^{13}tʂa^{13}təŋ^{13} ·tsɿ］学生的凳子。

马扎子［ma$^{53}_{35}$tʂa^{13} ·tsɿ］可以折叠的小凳。

柜［kuei^{13}］

大立柜［ta^{13}li^{13}kuei^{13}］

书柜［ʂu^{44}kuei^{13}］

高低柜［kɔ^{44}ti^{44}kuei^{13}］

墙柜子［tɕiaŋ^{53} ·kuei ·tsɿ］壁柜。

吊柜［tiɔ^{13}kuei^{13}］

五斗橱［vu^{53}təu^{53}tʂʻu^{53}］

六斗橱［liəu^{13}təu^{53}tʂʻu^{53}］

衣架［i^{44}tɕia^{13}］

提包［tʻi^{53} ·pɔ］

炕［kʻaŋ^{13}］

席子［ɕi^{13} ·tsɿ］

床［tʂʻuaŋ^{53}］

毡［tʂæ̃^{44}］

毯子［tʻæ̃$^{53}_{35}$ ·tsɿ］

被子［pei^{13} ·tsɿ］

被套［pei^{13}tʻɔ^{44}］

网套［vaŋ$^{53}_{35}$ ·tʻɔ］也叫“棉絮”。

床单［tʂʻuaŋ^{53}tæ̃^{44}］

褥子［ʐu^{13} ·tsɿ］

凉席［liaŋ^{53}ɕi^{13}］

枕头［tʂəŋ$^{53}_{35}$ ·tʻəu］

枕头芯子［tʂəŋ$^{53}_{35}$ ·tʻəu ɕiŋ^{44} ·tsɿ］

枕头套子［tʂəŋ$^{53}_{35}$ ·tʻəu tʻɔ^{13} ·tsɿ］

（四）日常用具

厨房［tʂʻu^{53}faŋ^{53}］过去也说“灶房”、“伙房”。

锅台［kuɤ^{44}t‘ɛ^{53}］

灶火［ʦɔ^{13}xuɤ^{13}］冬锅而灶，吃不了就粜。

烟囱［iæ̃^{44}·ʦ‘uŋ］

炉子［lu^{53}·ʦɿ］火炉。

火钳子［xuɤ^{53}ʨ‘iæ̃^{53}·ʦɿ］

火锥［xuɤ$^{53}_{35}$·ʈʂuei］

风箱［fəŋ^{44}·ɕiæ̃］

火盆［xuɤ$^{53}_{35}$·p‘əŋ］

锅［kuɤ^{44}］

铁锅［t‘ie^{13}kuɤ^{44}］

砂锅［ʂa^{44}·kuə］

铜锅子［t‘uŋ^{53}kuɤ^{44}·ʦɿ］铜制火锅。

漏勺［ləu^{13}ʂuɤ^{13}］

笊篱［ʈʂɔ^{13}li^{13}］

锅刷子［kuɤ^{44}ʂua^{13}·ʦɿ］

水舀子［ʂuei^{53}iɔ$^{53}_{35}$·ʦɿ］水瓢。

水壶［ʂuei^{53}xu^{53}］

碗［væ̃^{53}］

碟子［tie^{13}·ʦɿ］

盘子［p‘æ̃^{53}·ʦɿ］有方盘、圆盘。现在大大碟子也叫盘子。

酒壶［ʨiəu^{53}xu^{53}］

酒盅子［ʨiəu^{53}ʈʂuŋ^{44}·ʦɿ］

切刀［ʨ‘ie^{13}tɔ^{44}］菜刀。

案板［æ̃^{13}pæ̃$^{53}_{35}$］

水桶［ʂuei^{53}t‘uŋ^{53}］

缸［kaŋ^{44}］

勺子［ʂuɤ^{13}·ʦɿ］有木头勺、铁勺、铜勺、小勺子。

筷子［k‘uɛ^{13}·ʦɿ］

筷笼子［k‘uɛ^{13}·luŋ·ʦɿ］

蒜窝窝［suæ̃^{13}vɤ^{44}·və］捣蒜用。

姜窝窝［tɕiaŋ^{44}vɤ^{44} ·və］捣花椒、干姜、辣子用。

䃰子［ts‘a^{13} ·tsɿ］

抹布［ma^{13}pu^{13}］

柴火［tʂ‘ɛ^{53} ·xuə］

灯［təŋ^{44}］

油灯［iəu^{53}təŋ^{44}］有香油灯和煤油灯等。

电灯［tiæ̃^{13}təŋ^{44}］

台灯［t‘ɛ^{53}təŋ^{44}］

手灯［ʂəu^{53}təŋ^{44}］手电。

灯笼［təŋ^{44} ·luŋ］

暖壶［næ̃$^{53}_{35}$ ·xu］也叫“暖水瓶”。

茶壶［tʂ‘a^{53}xu^{53}］

茶杯［tʂ‘a^{53}pei^{44}］也叫“茶缸、茶碗”，回民说“茶盅子”。

盖碗子［kɛ^{13}væ̃$^{53}_{35}$ ·tsɿ］带盖的茶碗。

脸盆［liæ̃$^{53}_{35}$ ·p‘əŋ］也说“洗脸盆”。

淋浴器［liŋ$^{53}_{35}$ ·y tɕ‘i^{13}］

尿壶［niɔ^{53}xu^{53}］旧时说“夜壶”。

拐棍［kuɛ$^{53}_{35}$ ·kuŋ］也叫“拐杖”。

眼镜［iæ̃$^{53}_{35}$tɕiŋ^{13}］

穿衣镜［tʂ‘uæ̃^{44}i^{44}tɕiŋ^{13}］地下放的长形立镜。

雨伞［y^{53}sæ̃^{53}］

扇子［ʂæ̃^{13} ·tsɿ］

钱包［tɕ‘iæ̃^{53}pɔ^{44}］

褡裢［ta^{13}liæ̃^{13}］旧时搭在人肩上或背上盛钱物的口袋。也叫“钱褡子”。

烟袋［iæ̃^{44}tɛ^{13}］

荷包子［xɤ^{53} ·pə ·tsɿ］①衣兜②装东西的小包或小袋，多有绣花。

烟锅子［iæ̃^{44}kuɤ^{13} ·tsɿ］有旱烟锅子、水烟锅子。

羊棒子［iaŋ^{53}paŋ^{13} ·tsɿ］用羊腿骨做成的烟锅。

纸烟［tsɿ^{53} ·iæ̃］

洋火［iaŋ^{53}xuɤ^{53}］火柴。

火取子［xuɤ$^{53}_{35}$ ·tɕʻy ·tsɿ］点火用的木条。

十 服饰

（一）衣料

棉布［miæ̃^{53}pu^{13}］

老布［lɔ$^{53}_{35}$ ·pu］手工织的土布。

市布［ʂʅ^{13}pu^{13}］机织布。

碧绿绉［pi^{13}lu^{13}tsʻəu^{13}］绸缎类衣料。

直供缎［tʂʅ^{13}kuŋ^{44}tuæ̃^{13}］

春服呢［tʂʻuŋ^{44}fəŋ^{44}ni^{53}］

条绒［tiɔ^{53}ʐuŋ^{53}］条状多色绒布。

芨芨绒［tɕi^{13} ·tɕi ʐuŋ^{53}］细条绒。

灯心绒［təŋ^{44} ·ɕiŋ ·ʐuŋ^{53}］有灯芯状绒、点条绒。

罗缎［luɤ^{53}tuæ̃^{13}］绸缎的一种。

毛哔叽［mɔ^{53} ·pi tɕi^{44}］毛织呢料。

咔叽［kʻa$^{53}_{35}$ ·tɕi］

毛布［mɔ^{53}pu^{13}］日本进口的一种和尼龙混纺的布料。

涤卡［ti^{53}kʻa^{53}］

斜布［ɕiə^{53}pu^{13}］也叫“细斜”。

阴丹［iŋ^{53}tæ̃^{44}］各种花色的粗细薄布料。

绸子［tʂʻəu^{53} ·tsɿ］有各种花色。

缎子［tuæ̃^{53} ·tsɿ］多用于被面和衣料。

麻纱［ma^{53} ʂa^{44}］

泡泡纱［pʻɔ^{13} ·pʻɔ ʂa^{44}］多用于女性和孩子衣服。

府绸［fu$^{53}_{35}$ ·tʂʻəu］

呢子［ni^{53} ·ʦɿ］毛呢。

狐皮［xu^{53}_{35} ·p'i］

二毛皮［$a^{13}mɔ^{53}_{35}$ ·p'i］

老羊皮［$lɔ^{53}_{35}$ ·iaŋ $p'i^{53}$］

羊羔皮［$iaŋ^{53}$ ·kɔ $p'i^{53}$］

胎皮［$t'ɛ^{44}p'i^{53}$］

狗皮［$kəu^{53}_{35}$ ·p'i］

狼皮［$laŋ^{53}p'i^{53}$］

兔子皮［$t'u^{13}$ ·ʦɿ pi^{53}］

猫皮［$mɔ^{53}pi^{53}$］

（二）衣服

衣裳［i^{44} · ʂaŋ］衣服。

穿戴［$tʂ'uæ̃^{44}$ ·tɛ］穿的戴的。

布衫子［pu^{13} $ʂæ̃^{44}$ ·ʦɿ］指单衣。

褂子［kua^{13} ·ʦɿ］西式单衣。

单裤子［$tæ̃^{44}$ ·k'u ·ʦɿ］

夹袄子［$tɕia^{13}ɔ^{53}_{35}$ ·ʦɿ］

夹布衫子［$tɕia^{13}pu^{13}$ ʂæ̃ ·ʦɿ］

夹裤子［$tɕia^{13}$ ·k'u ·ʦɿ］

长袖子［$tʂ'aŋ^{53}$ ·ɕiəu ·ʦɿ］对襟棉，夹短上衣。

长袍马褂子［$tʂ'aŋ^{53}p'ɔ^{53}ma^{53}kua^{13}$ ·ʦɿ］

袄子［$ɔ^{53}_{35}$ ·ʦɿ］棉袄。

棉主袄子［$miæ̃^{53}tʂu^{53}ɔ^{53}_{35}$ ·ʦɿ］棉短袄，回民用语。

袍子［$p'ɔ^{53}$ ·ʦɿ］棉袍。

袍罩子［$p'ɔ^{53}tʂɔ^{13}$ ·ʦɿ］

袄罩子［$ɔ^{53}_{35}tʂɔ^{13}$ ·ʦɿ］

衬衣［$tʂ'əŋ^{13}i^{44}$］内衣。

汗衫子［$xæ̃^{13}$ $ʂæ̃^{44}_{13}$ ·ʦɿ］

坎肩子［$k'æ̃^{13}$ ·tɕiæ̃ ·ʦɿ］马夹。

马夹［ma$^{53}_{35}$ ·tɕia］

坎夹子［k‘æ̃^{13}tɕia^{13} ·tsɿ］

背心［pei^{13}ɕiŋ^{44}］农村人说“夹夹子”。

围裙［vei^{53} ·tɕ‘yŋ］

皮袄［p‘i^{53} ·ɔ］

皮褂子［p‘i^{53} ·kuə ·tsɿ］汉民说。

皮褂子［p‘i^{53}kua^{13} ·tsɿ］回民说。

大氅［ta^{13}tʂ‘aŋ^{53}］大衣。

西服［ɕi^{44} ·fu］

中山服［tʂuŋ^{44} ʂæ̃^{44} ·fu］

便服［piæ̃^{13} ·fu］家里用手工缝制的衣服。

套裤［t‘ɔ^{13}k‘u^{13}］一般为皮套库。

开裆裤［k‘ɛ^{44}taŋ^{44} ·k‘u］幼儿穿。

杀裆裤［ʂa^{13}taŋ^{44} ·k‘u］也说“连裆裤”、“合裆裤”。

连脚裤［liæ̃^{53}tɕy^{13} ·ku］幼儿穿的带脚裤子。

裙子［tɕ‘yŋ^{53} ·tsɿ］

（三）衣服各部分名称

领子［liŋ$^{53}_{35}$ ·tsɿ］

领口［liŋ^{53}k‘əu^{53}］

大襟［ta^{13}tɕiŋ^{44}］外面的襟子。

小襟［ɕiɔ^{53}tɕiŋ^{44}］里面被遮住的襟子。

对襟子［tuei^{13} ·tɕiŋ ·tsɿ］中间开缝的衣服。

对门襟子［tuei^{13} ·məŋ tɕiŋ^{44}tsɿ］回民说。

袖子［ɕiəu^{13} ·tsɿ］有长袖子，有短袖子。

钮襻子［niəu$^{53}_{35}$ ·p‘æ̃ ·tsɿ］用布带或绳带编制成的纽扣襻。

钮纥褡［niəu$^{53}_{35}$ ·kɯ ·ta］用布袋或绳带挽成圆纥褡的襻扣。

扣眼［k‘əu^{13}iæ̃^{53}］

扣子［k‘əu^{13} ·tsɿ］

裤腰［k‘u^{13}iɔ^{44}］

裤裆［k'u^{13}taŋ^{44}］

裤腿［k'u^{13}tuei^{53}］

（四）鞋帽及其他饰品

鞋［xɛ^{53}］老人多说，现在大多数人说［ɕie^{53}］。

布鞋［pu^{13}xɛ^{53}］

皮鞋［p'i^{53}xɛ^{53}］

绣花鞋［ɕiəu^{13}xua^{44}xɛ^{53}］鞋面上绣有图案的鞋。

单鞋［tæ̃^{44}xɛ^{53}］

暖鞋［næ̃$^{53}_{35}$ ·xɛ］棉鞋。

雨鞋［y^{53}xɛ^{53}］胶鞋。

球鞋［tɕ'iəu^{44}xɛ^{53}］运动鞋。

凉鞋［liaŋ^{53}xɛ^{53}］

胶鞋［tɕiɔ^{44}xɛ^{53}］

鞋帮子［xɛ^{53}paŋ^{44} ·tsɿ］

鞋底子［xɛ^{53}ti$^{53}_{35}$ ·tsɿ］

靴子［ɕy^{44} ·tsɿ］高靴鞋。

袜子［va^{13} ·tsɿ］

鞋垫子［xɛ^{53}tiæ̃^{53} ·tsɿ］

鞋拔子［xɛ^{53}pa^{13} ·tsɿ］提鞋后跟的用具。

帽子［mɔ^{13} ·tsɿ］

单帽子［tæ̃^{44}mɔ^{13} ·tsɿ］

棉帽子［miæ̃^{53}mɔ^{13} ·tsɿ］

耳帽子［a^{13}mɔ^{13} ·tsɿ］拉下来能遮住耳朵的棉帽。

礼帽［li$^{53}_{35}$ ·mɔ］毡礼帽。

草帽子［ts'ɔ$^{53}_{35}$ ·mɔ ·tsɿ］

凉帽［liaŋ^{53}mɔ^{13}］

头巾［t'əu^{53}tɕiŋ^{44}］

围脖子［vei^{44} pɤ^{13} ·tsɿ］围巾。

盖头［kɛ^{13} ·t'əu］回民妇女用。

耳套子［a$^{53}_{35}$ ·t‘ɔ ·ʦɿ］

腰带［iɔ^{44} ·tɛ］有用布和羊毛做成的宽带子，春秋、冬季取暖用。

裤带［k‘u^{13} ·tɛ］有布的、皮的、羊毛绳的，系裤子用的。

兜兜［təu^{44} ·təu］也说“兜肚”，护肚子用。

裹腿［kuɤ^{53} ·t‘uei］也说“绑腿”。

鞋带子［xɛ^{53} ·tɛ ·ʦɿ］

手套［ʂəu$^{53}_{35}$ ·t‘ɔ］也说“手套子”。

手巾子［ʂəu$^{53}_{35}$ ·ʨiŋ ·ʦɿ］手绢。

首饰［ʂəu$^{53}_{35}$ · ʂʅ］

手镯［ʂəu$^{53}_{35}$ ·ʈʂuə］也叫“镯子”。

戒指子［kɛ^{13}ʈʂʅ^{13} ·ʦɿ］也说［ʨie^{13} ·ʦɿ］。

金镏子［ʨiŋ^{44}liəu^{13} ·ʦɿ］金戒指。

箍子［ku^{44} ·ʦɿ］多指玉石类而非金银类戒指。

长命锁［ʈʂ‘aŋ^{53}miŋ^{13}suɤ^{53}］多为银制，用绳子或银链挂在胸前，儿童用。

簪子［ʦæ̃^{44} ·ʦɿ］由金、银、玉石等做成。

耳环子［a$^{53}_{35}$ ·xuæ̃ ·ʦɿ］

耳坠子［a$^{53}_{35}$ ·ʈʂuei ·ʦɿ］

手表［ʂəu^{53}piɔ^{53}］

怀表［xuɛ^{53}piɔ^{53}］

手链［ʂəu$^{53}_{35}$liæ̃^{13}］

手串［ʂəu$^{53}_{35}$ʈʂ‘uæ̃^{13}］

胸花［ɕyŋ^{44}xua^{44}］也叫“胸针”。

领带［liŋ$^{53}_{35}$tɛ^{13}］

丝巾［sɿ^{44}ʨiŋ^{44}］

披肩［p‘i^{44}ʨiæ̃^{44}］

香皂［ɕiaŋ^{44}ʦɔ^{13}］也说“香胰子”。

胰子［i^{53} ·ʦɿ］肥皂。

洋碱［iaŋ^{53}ʨiæ̃^{53}］外来肥皂。

十一　饮食

（一）饭食

吃喝［tʂʻʅ^{13} ·xɤ］饮食

饭［fæ̃^{13}］

舀饭［iɔ$^{53}_{35}$ ·fæ̃］

端饭［tuæ̃^{44} ·fæ̃］

送饭［suŋ^{13} ·fæ̃］

便饭［piæ̃^{13}fæ̃^{13}］也叫“家常饭”。

早饭［tsɔ$^{53}_{35}$ ·fæ̃］也叫“早起饭”。

晌午饭［ʂaŋ^{53} ·vu fæ̃^{13}］午饭。

黑饭［xɯ^{13}fæ̃^{13}］晚饭。俗语：①早饭吃早呢，晌午饭吃饱呢，黑了吃不吃拉到呢。②黑饭少吃多活年。

大锅饭［ta^{13}kuɤ^{44} ·fæ̃］

煮［tʂu^{53}］

煮饭［tʂu$^{53}_{35}$ ·fæ̃］

焐饭［vu$^{53}_{35}$ ·fæ̃］

焐［vu^{53}］做干饭时把米汤撇掉，然后放在火上蒸熟。

捞［lɔ^{44}］做干饭时把煮了一半的米饭捞出，再上笼蒸

剩饭［ʂəŋ^{13} ·fæ̃］

冷饭［ləŋ$^{53}_{35}$ ·fæ̃］

馊饭［səu^{44} ·fæ̃］也说“馊了”。

糊了［xu^{53} ·lə］

饽饽［pɤ^{13} ·pə］锅巴。

大米干饭［tʻa^{13}mi^{44}kæ̃^{44} ·fæ̃］米饭。

腊八饭［la^{13}pa^{44} ·fæ̃］

米汤［mi$^{53}_{35}$ ·tʻaŋ］稀饭、米汤的总称。

米和面［mi$^{53}_{35}$ ·xuə miæ̃^{13}］米面调和。

米调和［mi^{53}t‘iɔ^{53} ·xuə］稠米汤加菜调料做成。

黄稻米干饭［xuaŋ^{53}tɔ^{13}mi^{44}kæ̃^{44} ·fæ̃］也说“黄稻米两掺掺”。

面条［miæ̃^{13}t‘iɔ^{53}］

汤面［t‘aŋ^{44} ·miæ̃］

拌面［pæ̃^{13}miæ̃^{13}］也说“干拌面”。

臊子面［sɔ^{13} ·ʦɿ miæ̃^{13}］

剁面［tuɤ$^{53}_{35}$ ·miæ̃］用荞麦做成，也叫荞剁面。

蒿子面［xɔ^{44} ·ʦɿ miæ̃^{13}］

饸饹面［xuɤ^{51} ·luə miæ̃^{13}］荞面和成面团，用床子压制成面条，煮熟后浇上羊肉臊子汤吃。

揪面［ʨiəu^{44} ·miæ̃］

刀削面［tɔ^{44}ɕye^{13}miæ̃^{13}］

扯面［ʦ‘ɤ$^{53}_{35}$ ·miæ̃］

拉面［la^{44} ·miæ̃］

挂面［kua^{13} ·miæ̃］

炸酱面［ʦa^{13}ɕiaŋ^{13}miæ̃^{13}］

馍馍［mɤ^{53} ·mə］①馒头，也叫“蒸馍馍”。②馒头和饼子的统称。

花卷［xua^{44}ʨyæ̃^{53}］

摊馍馍［t‘æ̃^{44}mɤ$^{53}_{35}$ ·mə］一种薄的摊饼用白面或荞面做。

锅块［kuɤ^{44} ·k‘uɛ］一种较厚的大圆饼。

葱花饼［ʦ‘uŋ^{44}xua^{44}piŋ^{53}］

糖酥馍［t‘aŋ^{53}su^{44}mɤ^{53}］

油饼子［iəu^{53} ·piŋ ·ʦɿ］

麻花子［ma^{53}xua^{44} ·ʦɿ］

馓子［sæ̃$^{53}_{35}$ ·ʦɿ］

糖麻叶子［t‘aŋ^{53}ma^{53} ·ie ·ʦɿ］

馃子［kuɤ$^{53}_{35}$ ·ʦɿ］油炸食品。

花花［xua^{44} ·xua］油炸小食品。

锅贴子［kuɤ^{44} ·t‘ie ·tsɿ］即“水煎包”，也说“锅贴包子”。

水馅包子［ʂuei$^{53}_{35}$ ·ɕiæ̃ ·pɔ^{44} ·tsɿ］

发糕［fa^{13}kɔ^{44}］多用玉米面做。

饺子［tɕiɔ$^{53}_{35}$ ·tsɿ］也说“扁食”。

馅饼［ɕiæ̃^{13}piŋ^{53}］

菜角角［ts‘ɛ^{13} ·tɕye ·tɕye］

夹菜饼［tɕia^{13}ts‘ɛ^{13}piŋ^{53}］

呲壳子［ts‘ɿ^{53} ·k‘ə ·tsɿ］猫耳朵面。

炒圪瘩［tʂ‘ɔ^{53} ·kɯ ·tə］

拌汤［pæ̃^{13} ·t‘aŋ］面圪瘩汤。

（二）菜肴

肉［ʐəu^{13}］

牛肉［niəu^{53} ·ʐəu］

羊肉［iaŋ^{53} ·ʐəu］

猪肉［tʂu^{44} ·ʐəu］也说“大肉”。

大肉［ta$^{13}_{11}$ ·ʐəu］

鸡肉［tɕi^{44} ·ʐəu］

鸭肉［ia^{13} ·ʐəu］

鹅肉［ɤ^{53} ·ʐəu］

驴肉［ly^{53} ·ʐəu］

兔子肉［t‘u^{13}tsɿ^{44} ·ʐəu］

鹌鹑［æ̃^{44}tʂuŋ^{53}］

土豆烧牛肉［t‘u$^{53}_{35}$ ·təu ʂɔ^{44}niəu^{53} ·ʐəu］

酱牛肉［tɕiaŋ^{13}niəu^{53} ·ʐəu］也说“五香牛肉”。

烩肉［xuei^{13}ʐəu^{13}］有烩羊肉和烩牛肉。

手抓羊肉［ʂəu^{53}tʂua^{44}iaŋ^{53} ·ʐəu］有热手抓和凉手抓。

清炖羊肉［tɕ‘iŋ^{44}tuŋ^{13}iaŋ^{53} ·ʐəu］

红焖羊肉［xuŋ^{53}məŋ^{44}iaŋ^{53} ·ʐəu］

羊肉泡馍［iaŋ^{53} ·ʐəu pɔ^{13}mɤ^{53}］

葱爆羊肉 [ts‘uŋ^{44}pɔ^{13}iaŋ^{53}ʐəu^{13}]

羊肉小炒 [iaŋ^{53} ·ʐəu ɕiɔ^{53}tʂ‘ɔ^{53}] 炒羊肉片或肉丝。

涮羊肉 [ʂuæ̃^{13}iaŋ^{53} ·ʐəu]

大盘鸡 [ta^{13}pæ̃^{53}tɕi^{44}]

手撕鸡 [ʂəu^{53}sɿ^{44}tɕi^{44}]

辣子鸡 [la^{13} ·tsɿ tɕi^{44}] 也说辣爆小公鸡。

清炖土鸡 [tɕ‘iŋ^{44}təŋ^{13}t‘u^{53}tɕi^{44}]

烤鸭 [k‘ɔ$^{53}_{35}$ ·ia]

鸭脖子 [ia^{13}pɤ^{13} ·tsɿ]

酱驴肉 [tɕiaŋ^{13}ly^{53} ·ʐəu]

辣爆驴板肠 [la^{13}pɔ^{13}ly^{53}pæ̃$^{53}_{35}$ ·tʂ‘aŋ]

红烧肉 [xuŋ^{53} ʂɔ^{44} ·ʐəu]

红烧肘子 [xuŋ^{53} ʂɔ^{44}tʂəu$^{53}_{35}$ ·tsɿ]

红烧猪蹄子 [xuŋ^{53} ʂɔ^{44}tʂu^{44}t‘i^{53} ·tsɿ] 也叫“猪手”或“猪蹄”。

回锅肉 [xuei^{53} ·kuə ʐəu^{13}]

条子肉 [t‘iɔ^{53} ·tsɿ ʐəu^{13}]

罈子肉 [t‘æ̃^{53} ·tsɿ ʐəu^{13}]

过油肉 [kuɤ^{13}iəu^{53} ·ʐəu]

苜蓿肉 [mu^{13}ɕy^{44} ·ʐəu]

猪头肉 [tʂu^{44} ·t‘əu ʐəu^{13}]

猪耳朵 [tʂu^{44}a^{13} ·tuə]

牛杂碎 [niəu^{53}tsa^{13} ·suei]

羊杂碎 [iaŋ^{53}tsa^{13} ·suei]

鸡胗肝 [tɕi^{44}tʂəŋ^{44} ·kæ̃]

鸡翅 [tɕi^{44}tʂ‘ʅ^{13}]

鸡爪子 [tɕi^{44}tʂua^{13} ·tsɿ]

鸡大腿 [tɕi^{44}ta^{13}tuei$^{53}_{44}$]

炒腰花 [tʂ‘ɔ^{53}iɔ^{44}xua^{44}]

羊蹄蹄 [iaŋ^{53}t‘i^{53} ·t‘i]

香肠 [ɕiaŋ^{44}tʂ‘aŋ^{53}]

红烧鱼［xuŋ^{53} ʂɔ^{44}y^{53}］

糖醋鱼［t‘aŋ^{53}ts‘u^{13}y^{53}］

烤鱼［k‘ɔ^{53}y^{53}］

清炖鲫鱼［tɕ‘iŋ^{44}tuŋ^{13}tɕi^{13}y^{53}］

豆腐鲶鱼［təu^{13} ·fu miæ̃^{53} ·y］

荷包蛋［xɤ^{53} ·pɔ tæ̃^{13}］

茶叶蛋［tʂ‘a^{53} ·ie tæ̃^{13}］

松花蛋［suŋ^{44}xua^{44}tæ̃^{13}］也叫“皮蛋”。

蒸鸡蛋［tʂəŋ^{44}tɕi^{44}tæ̃^{13}］即“蛋羹”。

凉菜［liaŋ^{53} ·ts‘ɛ］各种凉拌菜的统称。

炒菜［tʂ‘ɔ$^{53}_{35}$ ·ts‘ɛ］各种炒菜的统称。

烩菜［xuei^{13}ts‘ɛ^{13}］各种菜杂烩。

什锦砂锅［ʂʅ^{13}tɕiŋ^{53} ʂa^{44}kuɤ^{44}］

麻辣豆腐［ma^{53}la^{13}təu^{13} ·fu］

酿皮子［ʐaŋ^{13}p‘i^{53} ·tsɿ］

凉粉［liaŋ^{53}fəŋ^{53}］

茶［tʂ‘a^{53}］

盖碗茶［kɛ^{13}væ̃$^{53}_{35}$tʂ‘a^{53}］

八宝茶［pa^{13}pɔ^{53}tʂ‘a^{53}］

花茶［xua^{44}tʂ‘a^{53}］

砖茶［tʂuæ̃^{44}tʂ‘a^{53}］

绿茶［ly^{13}tʂ‘a^{53}］

红茶［xuŋ^{53}tʂ‘a^{53}］

烧酒［ʂɔ^{44} ·tɕiəu］即“白酒”。

黄酒［xuaŋ^{53} ·tɕiəu］本地最有名的是“张寡妇黄酒”，已申请省级非物质文化遗产。

葡萄酒［p‘u^{53} ·tɔ tɕiəu^{53}］

玫瑰酒［mei^{53} ·kuei tɕiəu^{53}］

零食［liŋ^{53} ʂʅ^{13}］

瓜子［kua^{44} ·tsɿ］

葵花子［kuei^{53}xua^{44}ʦɿ^{53}］

花生［xua^{44}səŋ^{44}］

大豆［ta^{13}təu^{13}］

呱呱糖［kua^{44} ·kua t‘aŋ^{53}］也叫“白糖呱子”。

豆瓣糖［təu^{13}pæ̃$^{53}_{35}$t‘aŋ^{53}］

糖呱子［t‘aŋ^{53} ·kua ·ʦɿ］

面糖［miæ̃$^{53}_{35}$t‘aŋ^{53}］麦芽糖

柿饼子［ʂʅ^{13}piŋ$^{53}_{35}$ ·ʦɿ］

点心［tiæ̃$^{53}_{35}$ ·ɕiŋ］

槽子糕［ts‘ɔ^{53} ·ʦɿ kɔ^{44}］

月饼［ye^{13}piŋ$^{53}_{35}$］

粽子［tsuŋ^{13} ·ʦɿ］

元宵［yæ̃^{53} ·ɕiɔ］

卤鸡［lu^{53}ʨi^{44}］

卤鸡蛋［lu^{53}ʨi^{44} ·tæ̃］

面茶［miæ̃^{13}ʈʂ‘a^{53}］

油茶［iəu^{53}ʈʂ‘a^{53}］

十二　身体

（一）头、颈

头［t‘əu^{53}］头颅的总称。

脑袋［nɔ^{13} ·tɛ］

脑壳子［nɔ$^{53}_{35}$ ·k‘ə ·ʦɿ］

脑瓜子［nɔ$^{53}_{35}$ ·kua ·ʦɿ］

脑门子［nɔ^{53}mə^{53} ·ʦɿ］前额。

奔颅［pəŋ^{44} ·ləu］前额突出。俗语：前奔颅，后马勺，爹不爱，妈养活。

马勺 [ma$^{53}_{35}$ · ʂuə] 后脑突出。

秃子 [tʻu^{13} · ʦɿ] ①光头。②头发稀疏或有脱落的。

拔顶 [pa^{13}tiŋ^{53}] 头顶头发脱落。

胎毛子 [tʻɛ^{44} · mɔ · ʦɿ] 指新生儿的头发。

气死毛 [ʨʻi^{13} · sɿ mɔ^{53}] 气大的小孩后脑窝留下的头发。

额目盖 [a^{13}mu^{44}kɛ^{13}] 前额眉毛以上的地方。

囟目盖子 [ɕiəu^{13}mu^{13}kɛ^{13} · ʦɿ]

天灵盖 [tʻiæ̃^{44}liŋ$^{53}_{35}$ · kɛ] 头的顶骨。

鬓间 [piŋ^{13} · ʨiæ̃] 指太阳穴。

旋 [ɕyæ̃^{13}] 头发漩涡，有单旋和双旋的分别。

单旋 [tæ̃^{44}ɕyæ̃^{13}]

双旋 [ʂuaŋ^{44}ɕyæ̃^{13}] 俗语：双旋旋，牛羊满圈圈。

脖子 [pɤ^{13} · ʦɿ] 也说“脖项子”。

争嘴窝 [tsəŋ^{44} · ʦuei vɤ^{44}] 也叫“宗宗窝”。

眉毛 [mi^{53} · mɔ]

八字眉 [pa^{13} · ʦɿ mei^{53}]

柳叶眉 [liəu$^{53}_{35}$ · ie mei^{53}]

月牙眉 [ye^{13}ia^{53}mei^{53}]

眼睛 [iæ̃$^{53}_{35}$ · ʨiŋ]

丹凤眼 [tæ̃^{44}fəŋ^{13}iæ̃^{53}]

鹤眼 [xɤ^{13}iæ̃^{53}]

雁眼 [iæ̃^{13}iæ̃^{53}]

眼珠子 [iæ̃^{53}ʈʂʻu^{44} · ʦɿ] 眼球。

眼仁子 [iæ̃$^{53}_{35}$ʐəŋ^{53} · ʦɿ]

斜眼子 [ɕie^{53} · iæ̃ · ʦɿ]

对眼 [tuei^{13}iæ̃^{53}]

鼻子 [pi^{13} · ʦɿ] ①鼻。②鼻涕。

棱鼻子 [ləŋ^{53}pi^{13} · ʦɿ]

塌鼻子 [tʻa^{13}pi^{13} · ʦɿ]

嘴 [ʦuei^{53}]

嘴唇子［ʦuei$^{53}_{35}$ ·tʂ‘uŋ ·ʦɿ］

嘴角子［ʦuei$^{53}_{35}$ ·tɕye ·ʦɿ］

黄嘴角子［xuaŋ^{53}ʦuei$^{53}_{35}$ ·tɕye ·ʦɿ］嘴角的颜色没有退去，常比喻年少，涉世未深。

舌头［ʂɤ^{53} ·t‘əu］

大舌头［ta^{13} ʂɤ^{53} ·t‘əu］较大的舌头。

秃舌头［t‘u^{13} ʂɤ^{53} ·t‘əu］短一点的舌头。

舌苔［ʂɤ^{53}t‘ɛ^{44}］

牙［ia^{53}］

门牙［məŋ^{53}ia^{53}］

虎牙［xu^{53}ia^{53}］

腮牙［sɛ^{44}ia^{53}］

奶牙［nɛ^{53}ia^{53}］也叫“乳牙”。

换牙［xuæ̃^{13}ia^{53}］

牙锈［ia^{53}ɕiəu^{13}］牙结石。

牙床子［ia^{53}tʂ‘uaŋ^{53} ·ʦɿ］牙龈。

吐沫［t‘u^{13} ·mə］

吐沫星子［t‘u^{13} ·mə ɕiŋ^{44} ·ʦɿ］

哈喇子［xa^{13}la^{44} ·ʦɿ］流出口外的涎水。

下巴子［xa^{13}pa^{44} ·ʦɿ］

耳朵［a$^{53}_{35}$ ·tuə］

耳垂子［a^{53}tʂ‘uei^{53} ·ʦɿ］

耳朵眼子［a$^{53}_{35}$ ·tuə iæ̃$^{53}_{35}$ ·ʦɿ］

耳屎［a^{53} · ʂʅ］

胡子［xu^{53} ·ʦɿ］

八字胡［pa^{13} ·ʦɿ xu^{53}］

络腮胡［luɤ^{13}sæ̃^{44}xu^{53}］

圈脸胡［tɕ‘yæ̃^{44}liæ̃^{53}xu^{53}］

山羊胡子［ʂæ̃^{44} ·iaŋ xu^{53} ·ʦɿ］

脸［liæ̃^{53}］

脸盘子［liæ̃$^{53}_{35}$ ·p‘æ̃ ·ʦɿ］也说［liæ̃$^{53}_{35}$p‘u ·ʦɿ］。

圆脸［yæ̃^{53}liæ̃^{53}］

方脸［faŋ^{44}liæ̃^{53}］

长乎脸［ʈʂ‘aŋ^{53} ·xuə liæ̃^{53}］

瓜子脸［kua^{44} ·ʦɿ liæ̃^{53}］

颧骨［ʨ‘yæ̃$^{53}_{35}$ ·ku］男人颧骨高，必定是英豪，女人颧骨高，杀人不用刀。

酒窝［ʨiəu^{53}vɤ^{44}］也说“酒窝窝”。

腮帮子［sɛ^{44}paŋ^{44} ·ʦɿ］

嗓管头子［saŋ^{53} ·kuæ̃ təu^{53} ·ʦɿ］

嗓子［saŋ$^{53}_{35}$ ·ʦɿ］

咽喉桩桩［iæ̃^{44} ·xəu ʈʂuaŋ^{44} ·ʈʂaŋ］喉盖。

（二）肩膀四肢

肩膀［ʨiæ̃^{44} ·paŋ］也说“胛子”。

肩头［ʨiæ̃^{44}t‘əu^{53}］也说“肩膀拐”。

胳膊［kɯ^{13}pɤ^{44}］

胳肘子［kɯ^{13}ʈʂəu$^{53}_{35}$ ·ʦɿ］

胳老窝［kɯ^{13} ·lɔ vɤ^{44}］腋窝。

手［ʂəu^{53}］

手心［ʂəu^{53}ɕiŋ^{44}］

手背［ʂəu^{53}pei^{13}］

腿［t‘uei^{53}］

大腿［ta^{13}t‘uei$^{53}_{44}$］

小腿［ɕiɔ^{53}t‘uei^{53}］也说“干腿子”。

腿肚子［t‘uei$^{53}_{35}$ ·tu ·ʦɿ］

波勒盖子［pɤ^{44} ·lə kɛ^{13} ·ʦɿ］膝盖。

胯子［k‘ua$^{53}_{35}$ ·ʦɿ］胯骨。

脚［ʨye^{13}］

脚背子［ʨye^{13}pei^{13} ·ʦɿ］

脚心［tɕye^{13}ɕiŋ^{44}］

脚孤盖［tɕye^{13}ku^{44} ·kɛ］踝骨。

脚后跟［tɕye^{13}xəu^{13}kəŋ$^{44}_{13}$］

脚掌子［tɕye^{13}tʂaŋ$^{53}_{35}$ ·tsɿ］

脚腕子［tɕye^{13}væ̃^{13} ·tsɿ］

脚趾头［tɕye^{13}tʂʅ^{13} ·t‘əu］

脚丫子［tɕye^{13}ia^{44} ·tsɿ］脚。也指脚趾缝。

（三）胸背及其他

腔子［tɕ‘iaŋ^{44} ·tsɿ］胸腔。

腔壳郎［tɕ‘iaŋ^{44} ·k‘u ·laŋ］胸腔腔体。

前心［tɕ‘iæ̃^{53}ɕiŋ^{44}］前胸。

后背［xəu^{13}pei^{13}］

心口窝［ɕiŋ^{44} ·k‘əu vɤ^{44}］

心口子［ɕiŋ^{44} ·k‘əu ·tsɿ］

心窝子［ɕiŋ^{44} ·və ·tsɿ］胃部。

胸脯子［ɕyŋ^{44} ·pu ·tsɿ］胸脯。

肋巴［lia^{13} ·pa］

肋巴缝［lia^{13} ·pa fəŋ^{13}］肋骨之间的缝隙。

高高［kɔ^{53} ·kɔ］乳房。

奶头［nɛ$^{53}_{35}$ ·t‘əu］

腰［iɔ^{44}］

腰杆子［iɔ^{44} ·kæ̃ ·tsɿ］腰椎。

脊梁［tɕi^{13} ·liaŋ］脊椎骨。

脊梁杆子［tɕi^{13} ·liaŋ æ̃$^{53}_{35}$ ·tsɿ］脊梁骨。

心［ɕiŋ^{44}］心脏。

肺子［fei^{13} ·tsɿ］肺脏。

肝［kæ̃^{44}］肝脏。

胃［vei^{13}］

腰子［iɔ^{44} ·tsɿ］肾脏。

肠子 [tʂ‘aŋ^{53} ·tsɿ]

盲肠 [maŋ$^{53}_{35}$ ·tʂ‘aŋ]

肚子 [tu^{13} ·tsɿ] 腹部。

肚子 [tu$^{53}_{35}$ ·tsɿ] 指食用动物的胃。

小肚子 [ɕiɔ$^{53}_{35}$ ·tu ·tsɿ] 下腹。

肚冒脐子 [tu^{13}mɔ^{44}tɕ‘i^{53} ·tsɿ]

沟子 [kəu^{44} ·tsɿ] 屁股。

沟蛋子 [kəu^{44}tæ̃$^{13}_{11}$ ·tsɿ]

骨头 [ku^{13} ·təu]

筋 [tɕiŋ^{44}]

寒毛 [xæ̃^{53} ·mɔ]

毛眼 [mɔ^{53}iæ̃^{53}] 毛孔，也说“毛眼子”或“毛骨眼子”。

身板 [ʂəŋ^{44}pæ̃^{53}] 身体总称。

架落 [tɕia^{13}luɤ^{44}] 指身体的形状姿态和气魄。

十三　疾病医疗

(一) 疾病

病了 [piŋ^{13} ·lə] 也说“有病了”。

不清干 [pu^{13}tɕiŋ^{44} ·kæ̃] 不舒服。

不囊哉 [pu^{13}naŋ^{53} ·tsɛ]

不舒坦 [pu^{13}ʂu^{44} ·t‘æ̃] 不舒服。

上火了 [ʂaŋ^{13}xuɤ$^{53}_{35}$ ·lə]

吃着了 [tʂ‘ʅ^{13}tʂuɤ^{13} ·lə] 胃积食了。

胀着了 [tʂaŋ^{13}tʂuɤ^{13} ·lə] 吃多了。

清干了 [tɕ‘iŋ^{44}kæ̃^{13} ·lə] 病好了。

跑肚 [p‘ɔ^{53}tu^{13}] 腹泻。

发烧 [fa^{13}ʂɔ^{44}]

头烫［t‘əu^{13}t‘aŋ^{13}］发烧。

打摆子［ta^{53}pɛ$^{53}_{35}$·tsɿ］身上发抖。

伤风［ʂaŋ^{44}fəŋ^{44}］

感冒［kæ̃$^{53}_{35}$mɔ^{13}］

着凉［tʂɔ^{44}liaŋ^{53}］

咳嗽［k‘ɯ^{13}səu^{13}］

呵喽［xɯ^{44}·ləu］喘病，也说“呵喽子病”。

堵住了［tu$^{53}_{35}$·tʂu·lə］不消化。

臌症［ku$^{53}_{35}$·tʂəŋ］有水臌和气臌。

心口子疼［ɕiŋ^{44}·k‘əu·tsɿ t‘əŋ^{53}］胃疼，也说“心窝子疼”。

肚子疼［tu^{13}·tsɿ t‘əŋ^{53}］

头疼［t‘əu^{53}t‘əŋ^{53}］

脑子疼［nɔ$^{53}_{35}$·tsɿ t‘əŋ^{53}］

发潮［fa^{13}tʂ‘ɔ^{53}］恶心。

吐了［tu^{13}·lə］呕吐。

痨病［lɔ^{53}·piŋ］也说“肺痨”，肺结核。

绞肠痧［tɕiɔ$^{53}_{35}$·tʂ‘aŋ ʂa^{44}］肠梗阻。

羊毛疔［iaŋ^{53}·mɔ tiŋ^{44}］急性肠胃炎。

盲肠炎［maŋ^{53}tʂ‘aŋ^{53}iæ̃^{44}］阑尾炎。

伤寒［ʂaŋ^{44}·xæ̃］霍乱。

瘟疫［vəŋ^{44}·i］流行病。

黄疸病［xuaŋ^{53}tæ̃$^{53}_{35}$·piŋ］黄疸型肝炎。

羊羔风［iaŋ^{53}·kɔ fəŋ^{44}］癫痫。

惊风［tɕiŋ^{44}fəŋ^{44}］小儿病。

天花［t‘iæ̃^{44}xua^{44}］

水痘子［ʂuei$^{53}_{35}$·təu·tsɿ］

疹子［tʂəŋ$^{53}_{35}$·tsɿ］

痔疮［tʂʅ^{13}tʂ‘uaŋ^{44}］

老鼠疮［lɔ^{53}·tʂ‘u·tʂ‘uaŋ］淋巴结核。

风湿疙瘩［fəŋ^{44}·ʂʅ kɯ^{13}·tə］荨麻疹。

鸡皮疙瘩［ʨi^{44} ·p‘i kɯ^{13} ·tə］

臭根子［ʈʂ‘əu^{13} ·kəŋ ·tsɿ］狐臭。

痈罐罐［yŋ^{44}kuæ̃$^{53}_{35}$ ·kuæ̃］缺碘引起的大脖子病。

痄腮［ʈʂa^{13}sæ̃^{44}］扁桃体肿大或腮腺大。

瘊子［xəu^{53} ·tsɿ］疣的通称。

老年斑［lɔ$^{53}_{35}$ ·niæ̃ pæ̃^{44}］

粉刺［fəŋ$^{53}_{35}$ ·ʦ‘ɿ］

痣［ʈʂʅ^{13}］皮肤上生的青色、红色、黑褐色的斑痕或小疙瘩。

记［ʨi^{13}］人体上生来就有的深颜色的斑痕。

害眼［xɛ^{13}iæ̃^{53}］红眼病。

沙眼［ʂa^{44}iæ̃^{53}］

近觑眼［ʨiŋ^{13} ·ʨ‘y iæ̃^{53}］近视眼。

老花眼［lɔ^{53}xua^{44}iæ̃^{53}］

夜盲眼［ie^{13}maŋ$^{53}_{35}$ ·iæ̃^{53}］

耳背［a$^{53}_{35}$ ·pei］听力减退。

虫牙［ʈʂ‘uŋ^{53} ·ia］龋齿。

火牙［xuɤ$^{53}_{35}$ ·ia］

（二）治疗卫生

医院［i^{44} ·yæ̃］

病房［piŋ^{13}faŋ^{53}］

医官［i^{44} ·kuæ̃］医生。

先生［ɕiæ̃^{44} ·səŋ］医生。

请医官［ʨ‘iŋ^{53}i^{44} ·kuæ̃］请医生到家里看病。

瞧病［ʨ‘iɔ^{53} ·piŋ］看病。

覒病［mɔ^{44} ·piŋ］看病。

号脉［xɔ^{13}mia^{13}］诊脉。

开方子［k‘ɛ^{44}faŋ^{44} ·tsɿ］开药方子。

抓药［ʈʂua^{44}ye^{13}］

偏方［p‘iæ̃^{44}faŋ^{44}］民间流行的单方。俗语：偏方气死名医。

汤药［t‘aŋ^{44} ·ye］

丸药［væ̃^{53} ·ye］

药沫子［ye^{13}mɤ^{13} ·tsɿ］

药引子［ye^{13}iŋ$^{53}_{35}$ ·tsɿ］

扎针［tʂa^{13}tʂəŋ^{44}］针灸。

拔火罐子［pa^{13}xuɤ$^{53}_{35}$kuæ̃ ·tsɿ］

贴膏药［t‘ie^{13}kɔ^{44} ·ye］

种花［tʂuŋ^{13}xua^{44}］种牛痘，接种牛痘疫苗。

艾灸［ɛ^{13}tɕəu^{53}］

开刀［k‘ɛ^{44}tɔ^{44}］动外科手术。

药锅锅［ye^{13}kuɤ^{44} ·kuə］煎药的砂锅。

碾槽［tiæ̃$^{53}_{35}$ ·ts‘ɔ］中药铺里碾药的铁槽。

火罐子［xuɤ$^{53}_{35}$ ·kuæ̃ ·tsɿ］

姜窝窝［tɕiaŋ^{44}vɤ^{44} ·və］捣药或家庭捣调料的用具。

除四害，讲卫生［tʂ‘u^{53}sɿ^{13}xɛ^{13}tɕiaŋ$^{53}_{35}$ ·vei ·səŋ］

十四 亲属

（一）长辈

爷爷［ie^{53} ·ie］祖父。

奶奶［nɛ$^{53}_{35}$ ·nɛ］祖母。

外爷爷［vɛ^{13}ie^{53} ·ie］外祖父。

外奶奶［vɛ^{13}nɛ$^{53}_{35}$ ·nɛ］外祖母。

姑爷爷［ku^{44}ie^{53} ·ie］

姑奶奶［ku^{44}nɛ$^{53}_{35}$ ·nɛ］

姨爷爷［i^{53}ie^{53} ·ie］

姨奶奶［i^{53}nɛ$^{53}_{35}$ ·nɛ］

舅爷爷［tɕiəu^{13}ie^{53} ·ie］

舅奶奶［tɕiəu^{13}nɛ$^{53}_{35}$·nɛ］

爹［tie^{44}］也叫“达达”或“爸爸”，也说“老爹”。

妈［ma^{44}］也说“老妈”。

大爹［ta^{13}tie^{44}］伯父。

大妈［ta^{13}ma^{44}］伯母。

叔叔［ʂu^{13} ʂu^{13}］也称“爸爸”。

新妈妈［ɕiŋ^{44}ma^{44}·ma］婶娘，叔叔的配偶。

娘娘［niaŋ^{44}·niaŋ］一般指未婚的姑姑。

姑妈［ku^{44}·ma］结婚后的姑姑。

姑爹［ku^{44}tie^{44}］姑妈的配偶。

姨爹［i^{53}·tie］姨妈的配偶。

姨妈［i^{53}·ma］

舅舅［tɕiəu^{13}·tɕiəu］舅父。

舅妈［tɕiəu^{13}·ma］舅母。

外父［vɛ^{13}·fu］也说“岳父”或“老丈人”。

外母［vɛ^{13}·mu］也说“岳母”或“丈母娘”。

（二）平辈

两口子［liaŋ^{53}·k'əu·tsɿ］夫妻。

婆也［p'ɤ^{53}·ie］妻子。

汉子［xæ̃^{13}·tsɿ］丈夫。

弟兄［ti^{13}ɕyŋ^{44}］哥哥和弟弟的统称。

哥哥［kɤ^{44}·kə］

弟弟［ti^{13}ti$^{13}_{44}$］

兄弟［ɕyŋ^{44}·ti］

嫂嫂［sɔ$^{53}_{35}$·sɔ］

弟妻子［ti^{13}tɕ'i^{44}·tsɿ］当面说“弟媳妇”。

姊妹［tsɿ$^{53}_{35}$mei^{13}］也说“姊儿妹子”，俗语：姊儿妹子，各锁柜子，哥儿弟兄，各奔前程。

姐姐［tɕie$^{53}_{35}$·tɕie］俗语：“一个姐姐半个娘，三个姐姐比人强。”

姐夫 [tɕie$^{53}_{35}$ ·fu] 姐姐的配偶。

妹妹 [mei$^{53}_{35}$ ·mei]

妹夫 [mei$^{53}_{35}$ ·fu] 妹妹的配偶。

堂兄弟 [t‘aŋ^{53}ɕyŋ^{44} ·ti]

堂姊妹 [t‘aŋ^{53}tsɿ$^{53}_{35}$mei^{13}]

表兄 [piɔ$^{53}_{35}$ ·ɕyŋ]

表弟 [piɔ$^{53}_{35}$ ·ti]

表姐 [piɔ^{53}tɕie^{53}]

表妹 [piɔ$^{53}_{35}$ ·mei]

内兄 [nuei^{13}ɕyŋ^{44}] 也叫“大舅子”。

内弟 [nuei^{13}ti^{13}] 也叫“小舅子”。

大姨子 [ta^{13} ·i ·tsɿ] 妻姐。

小姨子 [ɕiɔ$^{53}_{35}$ ·i ·tsɿ] 妻妹。

大伯子 [ta^{13}pei^{44} ·tsɿ] 夫兄。

小叔子 [ɕiɔ$^{53}_{35}$ ·ʂu ·tsɿ] 夫弟。

大姑子 [ta^{13}ku^{44} ·tsɿ] 夫姐。

小姑子 [ɕiɔ$^{53}_{35}$ ·ku ·tsɿ] 夫妹。

（三）晚辈

娃子 [va^{53} ·tsɿ] 儿子

儿媳妇 [a^{53}ɕi^{13} ·fu] 儿子的配偶。

女儿 [nyər^{53}]

大女儿 [ta^{13} ·nyər]

二女儿 [a^{13} ·nyər]

老疙瘩 [lɔ$^{53}_{35}$ ·kɯ ·tə] 指最小的女儿或儿子。

老儿子 [lɔ^{53}a^{53} ·tsɿ] 小儿子。

老女儿 [lɔ^{53}nyər^{53}] 小女儿。

侄儿子 [tʂʅ^{13}a^{13} ·tsɿ]

侄儿媳妇 [tʂʅ^{13}a^{13}ɕi^{13} ·fu]

侄女儿 [tʂʅ^{13}nyər^{44}]

侄女婿［tʂʅ^{13}ny$^{53}_{35}$ ·ɕy］

外甥［vɛ^{13}səŋ^{13}］

外甥女儿［vɛ^{13} ·səŋ nyər^{53}］

孙子［suŋ^{44} ·tsɿ］也说"孙娃子"。

孙女儿［suŋ^{44}nyər^{53}］

孙媳妇［suŋ^{44}ɕi^{13} ·fu］

孙女婿［suŋ^{44}ny^{13} ·ɕy］

外孙子［vɛ^{13}suŋ^{44} ·tsɿ］

外孙女儿［vɛ^{13}suŋ^{44}nyər^{53}］

重孙子［tʂ'uŋ^{53} ·suŋ ·tsɿ］也说"重重子，曾孙"。

嫡里子［ti^{13} ·li ·tsɿ］父辈以下，第六代，玄孙。

哒拉子［ta^{44} ·la ·tsɿ］父辈以下第七代。

亲戚［tɕ'iŋ^{44} ·tɕ'i］也说"亲亲"。

亲家［tɕ'iŋ^{13}tɕia^{13}］儿女亲戚。

亲家母［tɕ'iŋ^{13} ·tɕiə mu^{53}］也说"女亲家"。

担挑［t'iɔ$^{53}_{35}$ ·tæ̃］文化人说"连襟"。

哥们［kɤ^{44} ·məŋ］男性平辈之间的称呼，朋友之间的称呼。

姐们［tɕie$^{53}_{35}$ ·məŋ］女性平辈之间的称呼，朋友之间的称呼。

辈历［pei^{13}li^{13}］辈分。

排行［p'ɛ^{53}xaŋ^{53}］平辈中长幼排列次序。

十五　人品职业

（一）人品

圣人［ʂəŋ^{13} ·ʐəŋ］

众人［tʂuŋ^{13} ·ʐəŋ］大众。

男人［næ̃^{53} ·ʐəŋ］

女人［ny$^{53}_{35}$ ·ʐəŋ］

娃娃［va^{53} ·va］

老先生［lɔ^{53}ɕiæ̃^{44} ·səŋ］尊称。

老爷子［lɔ^{53}ie^{53} ·tsɿ］①长辈。②尊称。

老伴［lɔ^{53}pæ̃^{13}］

老婆子［lɔ^{53} ·p‘ə ·tsɿ］

老汉［lɔ^{53} ·xæ̃］

光棍［kuaŋ^{44} ·kuŋ］未婚或丧妻的男人。

寡妇［kua$^{53}_{35}$ ·fu］失去丈夫的女人。

讨吃［t‘ɔ$^{53}_{35}$ ·tʂ‘ʅ］①要饭的②说人小气。

叫化子［tɕiɔ^{13}xua^{44} ·tsɿ］

城里人［tʂ‘əŋ^{53} ·ni ʐəŋ^{53}］城市人。

乡下人［ɕiaŋ^{44} ·ɕia ʐəŋ^{53}］也“庄户人”。

本地人［pəŋ^{53} ·ti ʐəŋ^{53}］

外路人［vɛ^{13} ·lu ʐəŋ^{53}］外乡人，旧时对外地人的贬称。

生人［səŋ^{44}ʐəŋ^{53}］

熟人［ʂu^{13}ʐəŋ^{53}］

外人［vɛ^{13}ʐəŋ^{53}］

自己人［tsɿ^{13} ·tɕi ʐəŋ^{53}］也说“自家人”。

背郎锅［pei^{44} ·laŋ kuɤ^{44}］罗锅。

背锅子［pei^{44} ·kuə ·tsɿ］

罗圈腿［luɤ^{53} ·tɕ‘yæ̃ t‘uei^{53}］

倒脚子［tɔ^{13}tɕye^{13}tsɿ^{13}］脚面内外倾斜的人。

瘸子［tɕ‘ye^{53} ·tsɿ］

豁豁嘴［xuɤ^{44} ·xuə uei^{53}］兔唇。

塌鼻子［t‘a^{13}pi^{13} ·tsɿ］

秃子［t‘u^{13} ·tsɿ］

麻子［ma^{53} ·tsɿ］俗语：一脸的麻点，一肚子的心眼。

聋子［luŋ^{53} ·tsɿ］

哑巴［ia$^{53}_{35}$ ·pa］

瞎子［ɕia^{13} ·tsɿ］

傻子［ʂa$^{53}_{35}$ ·tsɿ］智力低下的人。

滕子［t'əŋ$^{53}_{35}$ ·tsɿ］智力低下的人。

懵憽［məŋ^{44} ·suŋ］骂人话。

骗子［p'iæ̃^{13} ·tsɿ］

贼娃子［tsɿ^{53} ·va ·tsɿ］小孩。

剪绺子［tɕiæ̃^{53} ·liəu ·tsɿ］小偷。

（二）职业

土匪［t'u^{53}fei^{44}］

工匠［kuŋ^{44} ·tɕiaŋ］

匠人［tɕiaŋ^{13}ʐəŋ^{13}］手工艺人。

手艺人［ʂəu$^{53}_{35}$ ·i ʐəŋ^{53}］靠技艺维持生活的人，俗语：慌乱年，饿不死手艺人。

木匠［mu^{13} ·tɕiaŋ］木工。

铁匠［t'ie^{13} ·tɕiaŋ］打铁的。

泥水匠［mi^{53} · ʂuei ·tɕiaŋ］建筑工人。

画匠［xuaŋ^{13} ·tɕiaŋ］

油漆工［iəu^{53} ·tɕ'i kuŋ^{44}］

银匠［iŋ^{53} ·tɕiaŋ］

铜匠［t'uŋ^{53} ·tɕiaŋ］

锢露匠［ku^{13}lu^{13} ·tɕiaŋ］锢缸、钉碗、补锅的匠人。

鞋匠［xɛ^{53} ·tɕiaŋ］也说“钉鞋的”。

裁缝［ts'ɛ^{53} ·fəŋ］

待诏［tɛ^{13}tʂɔ^{13}］剃头匠。

长工［tʂ'aŋ^{53} ·kuŋ］

短工［tuæ̃$^{53}_{35}$ ·kuŋ］

大工［ta^{13} ·kuŋ］

小工子［ɕiɔ$^{53}_{35}$ ·kuŋ ·tsɿ］也叫“普工”。

包工头［pɔ^{44} ·kuŋ ·t'əu］

牙行［ia^{53} ·xaŋ］买卖市的说合人，现在叫“经纪人”。

脚户［tɕye^{13}xu^{13}］拉牲口搞运输的人。

船匠［tʂ'uæ̃^{53} ·tɕiaŋ］

篷子匠［pæ̃^{53} ·tsɿ ·tɕiaŋ］划篷子的人。

厨子［tʂ'u^{53} ·tsɿ］

当差的［taŋ^{44}tʂ'ɛ^{44} ·ti］

掌柜的［tʂaŋ$^{53}_{35}$ ·kuei ·ti］①买卖行里主事的。②丈夫。③兄长。

行家［xaŋ^{53} ·tɕia］内行人。

力巴手［li^{13} ·pa · ʂəu］外行人。

庄稼人［tʂaŋ^{44} ·tɕia ·ʐəŋ］农民。

庄户人［tʂaŋ^{44} ·xu ·ʐəŋ］

车把式［tʂə^{44} ·pa · ʂʅ］赶车的。

买卖人［mɛ$^{53}_{35}$ ·mɛ ·ʐəŋ］商人。

摊贩［t'æ̃^{44}fæ̃^{44}］

货郎子［xu^{44} ·laŋ ·tsɿ］挑担子卖东西的人。

老板［lɔ^{53}pæ̃^{53}］

老板娘［lɔ^{53}pæ̃^{53}niaŋ^{53}］

出家人［tʂ'^{13}tɕia^{44}ʐəŋ^{53}］

和尚［xɤ^{53} · ʂaŋ］

阴阳［iŋ^{44} ·iaŋ］道教徒。

尼姑［ni^{53} ·ku］出家的女性。

神婆子［ʂəŋ^{53} ·p'ə ·tsɿ］顶神的巫婆。

神官［ʂəŋ^{53}kuæ̃^{44}］顶神的男巫师，也说"神汉"。

十六　社会、礼仪、风俗

（一）社会交际

你好［ni^{53}xɔ^{53}］

好着呢吗［xɔ$^{53}_{35}$ ·tʂə ·ni ·ma］问候的话。

好着呢［xɔ$^{53}_{35}$ · ʈʂə · ni］答话。

请进［tɕʻiŋ$^{53}_{35}$tɕiŋ^{13}］

请坐［tɕʻiŋ$^{53}_{35}$tsuɤ^{13}］

不客气［pu^{13}kʻɤ^{13}tɕʻi^{44}］

应酬［iŋ^{13}ʈʂʻəu^{13}］

看人［kʻæ̃^{13}ʐəŋ^{53}］也说“觋人”。

招待［ʈʂɔ^{44} · tɛ］也说“招呼”。

款待［kʻuæ̃$^{53}_{35}$tɛ^{13}］亲切优厚的招待。

待承［tɛ^{13} · ʈʂʻəŋ］招待、看待。

客气［kʻɤ^{13}tɕʻi^{13}］

待客［tɛ^{13}kʻɤ^{13}］招待客人。

礼行［li$^{53}_{35}$ · ɕiŋ］①礼款。②礼金，礼物。

人情［ʐəŋ^{53}tɕʻiŋ^{53}］①人的感情、情面、托人情。②礼节，应酬。③礼金，礼物、送人情。

请客［tɕʻiŋ$^{53}_{35}$ · kʻə］

男客［næ̃^{53} · kʻə］

女客［ny$^{53}_{35}$ · kʻə］

上岗子［ʂaŋ^{13}kaŋ$^{53}_{35}$ · tsɿ］上座。

主客［ʈʂu$^{53}_{35}$ · kʻə］重要客人。

陪客［pʻei^{53} · kʻə］主人请来陪伴客人的人。

酒席［tɕiəu$^{53}_{35}$ · ɕi］请客或者聚餐用的酒和整桌的菜。

入席［ʐu^{13}ɕi^{13}］

就座［tɕiəu^{13}tsuɤ^{13}］坐到席位上。

上桌［ʂaŋ^{13}tsʻɛ^{13}］

倒酒［tɔ^{13}tɕiəu^{53}］

请酒［tɕʻiŋ^{53}tɕiəu^{53}］

敬酒［tɕiŋ^{13}tɕiəu^{53}］有礼貌的请人喝酒。

干杯［kæ̃^{44}pei^{44}］也说“干了”。

（二）婚丧嫁娶

婚事［xuŋ^{44} · ʂʅ］也说“亲事”。

提亲［t‘i^{53}tɕ‘iŋ^{44}］

说媒［ʂuɤ^{13}mei^{53}］受男方或女方家委托向对方提议结亲，媒人给人介绍婚姻，也说“保媒”。

媒婆子［mei^{53} ·p‘ə ·tsɿ］媒人。

男方［næ̃^{53}faŋ^{44}］

女方［ny^{53}faŋ^{44}］

相亲［ɕiaŋ^{44}tɕ‘iŋ^{44}］男女双方见面。

定亲［tiŋ^{13}tɕ‘iŋ^{44}］男方择吉日，请女方父母到家里认亲家，赠送礼物，也说“订婚”。

好日子［xɔ$^{53}_{35}$ ·ʐʅ ·tsɿ］

彩礼［ts‘e^{53} ·li］

成亲［tʂ‘əŋ^{53}tɕ‘iŋ^{44}］结婚。

娶亲［tɕ‘y^{53}tɕ‘iŋ^{44}］男方请花车到女方家迎娶新娘，也叫“迎亲”。

迎亲［iŋ^{53}tɕ‘iŋ^{44}］

送亲［suei^{13}tɕ‘iŋ^{44}］女方请亲眷送新娘。

压轿［ia^{13}tɕiɔ^{13}］

喜钱［ɕi$^{53}_{35}$ ·tɕ‘iæ̃］

包份子［pɔ^{44}fəŋ^{13} ·tsɿ］

离娘钱［li^{53}niaŋ^{53} ·tɕ‘iæ̃］

妆新［tʂuaŋ^{44}ɕiŋ^{44}］新郎新娘入洞房后互相陪伴，共度新婚。

铺床［p‘u^{44}tʂuaŋ^{53}］

嫁妆［tɕia^{13}tʂuaŋ^{44}］女方出嫁时，娘家准备的被褥、家具、生活电器及其他物品。

出嫁［tʂ‘u^{13}tɕia^{13}］

新郎［ɕiŋ^{44}laŋ^{53}］

新娘［ɕiŋ^{44}niaŋ^{53}］也叫“新媳妇”或“新姐姐”。

拜天地［pɛ^{13}t‘iæ̃^{44} ·ti］新郎新娘举行的婚礼仪式，也叫“拜堂”。

洞房［tuŋ^{13}faŋ^{53}］新婚夫妇的新房。

闹洞房［nɔ^{13}tuŋ^{13}faŋ^{53}］新婚夜晚，男女老少到新房逗耍新人。

摆席［pɛ$^{53}_{35}$·ɕi］用酒菜宴请参加婚礼的人。

喜酒［ɕi^{53}tɕiəu^{53}］结婚宴席上的酒品。

礼钱［li$^{53}_{35}$·tɕ'iæ̃］参加婚礼的人送的贺喜钱。

出礼［tʂ'u^{13}li^{53}］送礼钱。

礼单［li^{53}tæ̃^{44}］收礼的单子。

回门［xuei^{53}məŋ^{53}］结婚第二天新郎新娘回娘家。

站娘家［tʂæ̃^{13}niaŋ^{53}·tɕia］"站八站七"，新婚后在婆家住八天，娘家住七天。

离婚［li^{53}xuŋ^{44}］

改嫁［kɛ$^{53}_{35}$·tɕia］女方再嫁。

续弦［ɕy^{13}ɕyæ̃^{53}］男方再娶。

丧事［saŋ^{44}·ʂʅ］也说"白事"。

人完了［zəŋ^{53}væ̃^{53}·lə］死了。

孝子［ɕiɔ^{13}tsɿ^{53}］亡人的儿孙。

灵堂［liŋ^{53}·t'aŋ］停灵柩，放骨灰盒或设置死者遗像、灵位，供人吊唁的厅堂。

入殓［zu^{13}liæ̃^{13}］把死者放入棺材里。

棺材［kuæ̃^{44}·ts'ɛ］入殓亡人的木质器物。

灵［liŋ^{53}］灵柩、灵位或灵堂。

守灵［ʂəu^{53}liŋ^{53}］守护灵堂和灵柩。

破孝［p'ɤ^{13}ɕiɔ^{13}］分发孝帽、孝衣或白布。

戴孝［tɛ^{13}ɕiɔ^{13}］死者的亲属或亲戚在一定时间内穿孝服、戴孝帽，或者在衣袖上戴黑纱，发辫上扎白绳等对死者表示哀悼。

孝帽子［ɕiɔ^{13}·mɔ·tsɿ］白布缝制的临时性帽子。

孝衫［ɕiɔ^{13}·ʂæ̃］孝衣。

鞔鞋［mæ̃^{53}xɛ^{53}］鞋面缝上白布。

念经［niæ̃^{13}tɕiŋ^{44}］请阴阳或道士诵读经文。

消夜［ɕiɔ^{44}ie^{13}］殡葬前一天晚上，祭奠亡人，请吹鼓手奏哀乐，融家祭、客祭于一体，使祭祀活动达到高潮。

出殡［tʂʻu^{13}piŋ^{13}］将死者灵柩送往墓地。

送葬［suŋ^{13}tsaŋ^{13}］

下葬［ɕia^{13}tsaŋ^{13}］将棺椁放入墓穴中，填土、圆坟，殡葬结束。

圆坟［yæ̃^{53}fəŋ^{53}］

过七［kuɤ^{13}tɕʻi^{13}］有头七、二七……七七。吴忠地区特别重视“五七”，五七要念经。

周年［tʂəu^{44}niæ̃^{53}］死者满一年进行祭祀。

坟堰［fəŋ^{53} ·iæ̃］坟堆。

（三）诞生礼

生养［səŋ^{44}iaŋ^{53}］生儿育女。

有喜了［iəu^{53}ɕi$^{53}_{35}$ ·lə］怀小孩。

害娃娃［xɛ^{13}va^{53} ·va］害口，妊娠反应。

养娃娃［iaŋ^{53}va^{53} ·va］生小孩，也说“生娃娃”。

临产［liŋ^{53}tʂʻɛ^{53}］快到预产期。

接生［tɕie^{13}səŋ^{44}］助产。

生了［səŋ^{44} ·lə］生产了。

衣胞［i^{44} ·pɔ］也说“胞胎”。

铰脐带子［tɕiɔ^{53}tɕʻi^{53} ·tɛ ·tsɿ］

坐月子［tsuɤ^{13}ye^{13} ·tsɿ］

过满月［kuɤ^{13}mæ̃$^{53}_{35}$ ·ye］婴儿出生一个月所做的庆典活动，也说“做满月”。

头首子［tʻəu^{53}ʂəu^{13} ·tsɿ］头胎。

双双子［ʂuaŋ$^{44}_{13}$ ·ʂuaŋ ·tsɿ］双胞胎，也说“双羔子”。

送汤［suŋ^{13}tʻaŋ^{44}］孩子生下来第七天亲戚朋友前来看望送礼物。

生日［səŋ^{44} ·ʐʅ］

过寿［kuɤ^{13}ʂəu^{13}］也叫“做寿”或“祝寿”。

拜寿［pɛ^{13}ʂəu^{13}］子女，亲友对寿星进行祝贺。

（四）祭祀鬼神

供桌［kuŋ^{13}tʂuɤ^{13}］放着贡品的桌子，也说“桌”。

供品［kuŋ^{13} piŋ^{53}］也说“供样”，供样主要指“小馒头”和祭品。

上供［ʂaŋ^{13}kuŋ^{13}］

蜡［la^{13}］蜡烛

香［ɕiaŋ^{44}］

表［piɔ^{53}］黄表纸。

长明灯［tʂ‘aŋ^{53}miŋ^{53}təŋ^{44}］经久不息的灯烛。

磬［tɕ‘iŋ^{13}］古乐器。

木鱼子［mɤ^{44}y^{44} ·tsɿ］木制乐器。

神龛［ʂəŋ^{53}kɛ^{44}］供奉神像的一种木制雕刻物。

神主子［ʂəŋ^{53} ·tʂu ·tsɿ］神位的灵牌。

祠堂［ts‘ʅ^{53} ·t‘aŋ］祭祀的堂屋。

念经［niæ̃^{13}tɕiŋ^{44}］诵读经文。

布施［pu^{13} ʂʅ^{44}］捐献钱财。

僧衣［səŋ^{44}i^{44}］和尚穿的衣服。

道袍［tɔ^{13}pɔ$^{53}_{35}$］道士穿的袍子。

庙会［miɔ^{13}xuei^{13}］

烧香［ʂɔ^{44}ɕiaŋ^{44}］点香，也说“香”。

许愿［ɕy$^{53}_{35}$ ·yæ̃］讲迷信的人对神或佛祈求时的许诺。

还愿［xuæ̃^{53}yæ̃^{13}］求过神的人实践对神许下的诺言。

老天爷［lɔ^{53}t‘iæ̃^{44}ie^{53}］

玉皇［y^{13} ·xuaŋ］也叫“玉皇大帝”。

龙王爷［luŋ^{53} ·vaŋ ie^{53}］神话传说中在水中统领水族的王，掌管云雨。

财神爷［ts‘ɛ^{53} · ʂəŋ ie^{53}］迷信中指掌管财富的神，道教中指赵公明。

土地爷［t‘u$^{53}_{35}$ ·ti ie^{53}］迷信中指掌管土地的神。

灶老爷［tsɔ^{13} ·lɔ ie^{53}］迷信的人在锅灶处供奉的神，也叫“灶君”。

关老爷［kuæ̃^{44} ·lɔ ie^{53}］指三国时期的关羽，迷信中称为“武财神”。

山神［ʂæ̃^{44} · ʂəŋ^{53}］掌管山川的神。

神［ʂəŋ^{53}］宗教指天地万物的创造者和统治者，迷信的人指神仙。

佛［fɤ^{53}］①佛陀的简称。②佛教徒称修行圆满的人。

菩萨［p‘u^{53} · sa］佛教供奉的神。

八仙［pa^{13}ɕiæ̃^{44}］道教神仙。

阎王爷［iæ̃^{53} · vaŋ ie^{53}］主管阴界的神。

判官［p‘æ̃^{13} kuæ̃$^{44}_{13}$］迷信传说中在阎王手下管生死簿的人。

小鬼［ɕiɔ^{53} · kuei］迷信指鬼神的差役。

大仙［ta^{13}ɕiæ̃^{44}］即“神仙”

迷信［mi^{53} · ɕiŋ］信仰神仙念经等。

十七　教育、文体活动

（一）教育

学校［ɕye^{13}ɕiɔ^{13}］

中学［tʂuŋ^{44} · ɕye］

小学［ɕiɔ$^{53}_{35}$ · ɕye］

幼儿园［iəu^{13}a^{53}yæ̃^{53}］

学费［ɕye^{13}fei^{13}］

勤工俭学［tɕiŋ^{53}kuŋ^{44}tɕiæ̃$^{53}_{35}$ɕye^{13}］

义务教育［i^{13} · vu tɕiɔ^{13} · y］

教室［tɕiɔ^{13} ʂʅ^{13}］

上课［ʂaŋ^{13} · k‘ə］

下课［ɕia^{13} · k‘ə］

讲台［tɕiaŋ^{53}t‘ɛ^{53}］

黑板［xɯ^{13}p‘æ̃^{53}］

讲桌［tɕiaŋ$^{53}_{35}$ ·tʂuə］

教鞭［tɕiɔ^{13} ·piæ̃］

粉笔［fəŋ$^{53}_{35}$ ·pi］

板擦［pæ̃$^{53}_{35}$ts‘a^{13}］也说“黑板擦”或“擦子”。

课本［k‘ɤ^{13}pəŋ^{53}］

讲义［tɕiaŋ$^{53}_{35}$ ·i］

教案［tɕiɔ^{13}æ̃^{13}］

本子［pəŋ$^{53}_{35}$ ·tsɿ］是“笔记本”、“作业本”的统称。

点名册［tiæ̃^{53}miŋ^{53}ts‘ɤ^{13}］

记分册［tɕi^{13}fəŋ^{44}ts‘ɤ^{13}］

课程表［k‘ɤ^{13} ·tʂ‘əŋ piɔ^{53}］

铅笔［tɕ‘iæ̃^{44} ·pi］

钢笔［kaŋ^{44} ·pi］

毛笔［mɔ^{53} ·pi］

墨水［mia^{13} ʂuei^{53}］

墨汁［mia^{13}tʂʅ^{13}］

砚台［iæ̃^{13}t‘ɛ^{53}］

描红［miɔ^{53}xuŋ^{53}］

写仿［ɕie^{53}faŋ^{53}］

识字［ʂʅ^{13}tsɿ^{13}］

背书［pei^{13} ʂu^{44}］

预习［y^{13}ɕi^{13}］

复习［fu^{13}ɕi^{13}］

仪器［i^{53} ·tɕ‘i］

招生［tʂɔ^{44}səŋ^{44}］

报名［pɔ^{13}miŋ^{53}］

考试［k‘ɔ$^{53}_{35}$ · ʂʅ］

考场［k‘ɔ^{53}tʂ‘aŋ^{53}］

监考［tɕiæ̃^{44}k‘ɔ^{53}］

阅卷［ye^{13}tɕyæ̃^{13}］

满分［mæ̃^{53}fəŋ^{44}］

及格［tɕi^{13}kɤ^{13}］

零分［liŋ^{53}fəŋ^{44}］也说“零蛋”。

考上了［kʻɔ$^{53}_{35}$ · ʂaŋ ·lə］

发榜［fa^{13}paŋ^{53}］

毕业［pi^{13}ie^{13}］

文凭［vəŋ^{53} ·piŋ］

放假［faŋ^{13}tɕia^{13}］

暑假［ʂu^{53}tɕia^{13}］

寒假［xæ̃^{53}tɕia^{13}］

请假［tɕʻiŋ^{53}tɕia^{13}］

（二）体育

操场［tsʻɔ^{44}tʂʻaŋ^{53}］

锻炼［tuæ̃^{13}liæ̃^{13}］

体操［tʻi^{53}tsʻɔ^{44}］

篮球场［læ̃^{53} ·tɕiəu tʂʻaŋ^{53}］

打球［ta^{53}tɕʻiəu^{44}］

赛球［sɛ^{13}tɕʻiəu^{44}］

篮球［læ̃^{53} ·tɕʻiəu］

排球［pʻɛ^{53} ·tɕʻiəu］

足球［tsu^{13}tɕʻiəu^{44}］

乒乓球［piŋ^{44} ·paŋ tɕiəu^{44}］

羽毛球［y^{53}mɔ^{53}tɕʻiəu^{44}］

壳郎球［kʻɤ^{44} ·laŋ tɕʻiəu^{44}］

跳高［tʻiɔ^{13}kɔ^{44}］

跳远［tʻiɔ^{13}yæ̃^{53}］

跨栏［kʻua^{13}læ̃^{53}］

赛跑［sɛ^{13}pʻɔ^{53}］

竞走［tɕiŋ^{13}tsəu^{53}］

单杠［tæ̃^{44}kaŋ^{13}］

双杠［ʂuaŋ^{44}kaŋ^{13}］

高低杠［kɔ^{44}ti^{44}kaŋ^{13}］

跳厢［t'iɔ^{13}ɕiaŋ^{44}］

木马［mu^{13}ma^{53}］

吊环［tiɔ^{13}xuæ̃^{53}］

拔河［pa^{13}xɤ^{53}］

跳绳［t'iɔ^{13} ʂəŋ^{53}］

铅球［tɕ'iæ̃^{44}tɕ'iəu^{44}］

铁饼［t'iɤ^{13}piŋ^{53}］

标枪［piɔ^{44}tɕ'iaŋ^{44}］

举重［tɕy$^{53}_{35}$tʂuŋ^{13}］

游泳［iəu^{53}yŋ^{53}］

（三）文娱活动

跳皮筋［t'iɔ^{13}p'i^{53}tɕiŋ^{44}］

打沙包［ta^{53} ʂa^{44}pɔ^{44}］

藏蒙蒙［ts'aŋ^{53}məŋ^{44} ·məŋ］即"捉迷藏"。

丢手巾［ tiəu^{44} ʂəu$^{53}_{35}$ ·tɕiŋ ］丢手绢。

抓拐［tʂua^{44}kuɛ^{53}］也说"抓羊拐"。

吃子子［tʂʅ^{13}tsɿ^{53} ·tsɿ］一种游戏。

滑溜板［xua^{53}liəu^{13}pæ̃^{53}］

打秋千［ta^{53}tɕ'iəu^{44}tɕ'iæ̃^{44}］

踢毽子［t'iɔ^{13}tɕiæ̃^{13} ·tsɿ］

放风筝［faŋ^{13}fəŋ^{44} ·tsəŋ］

打扑克［ta^{53}p'u^{53} ·k'ə］

下象棋［ɕia^{13}ɕiaŋ^{13}tɕ'i^{53}］

走方［tsəu^{53}faŋ^{44}］

跳棋［t'iɔ^{13}tɕ'i^{53}］

军旗［tɕyŋ^{44}tɕ'i^{53}］

围旗 [vei^{53}tɕʻi^{53}]

打麻将 [ta^{53}ma$^{53}_{35}$tɕiaŋ^{13}]

翻跟头 [fæ̃^{44}kəŋ^{44} ·tʻəu]

打倒立 [ta^{53}tɔ^{13}li^{13}]

打拐 [ta^{53}kuɛ^{53}] 也说“盘腿顶牛”。

耍刀 [ʂua^{53}tɔ^{44}]

耍枪 [ʂua^{53}tɕʻiaŋ^{44}]

打老牛 [ta^{53}lɔ^{53}niəu^{53}] 即“打陀螺”。

耍龙灯 [ʂua^{53}luŋ^{53}təŋ^{44}]

跑旱船 [pʻɔ^{53}xæ̃^{13}tʂʻuæ̃^{53}]

扭秧歌 [niəu^{53}iaŋ^{44} ·kə]

踹高跷 [tʂʻuɛ^{53}kɔ^{44} ·tɕʻiɔ]

耍狮子 [ʂua^{53}ʂʅ^{44} ·tsɿ]

打腰鼓 [ta^{53}iɔ^{44}ku^{53}]

跳舞 [tʻiɔ^{13}vu^{53}]

放礼花 [faŋ^{13}li^{53}xua^{44}]

放鞭炮 [faŋ^{13}piæ̃^{44}pʻɔ^{13}]

自乐班子 [tsɿ^{13}luɤ^{13}pæ̃^{44} ·tsɿ]

唱秦腔 [tʂʻaŋ^{13}tɕʻiŋ^{53}tɕʻiaŋ^{44}]

灯影子 [təŋ^{44} ·iŋ ·tsɿ] 也说“影子”。

演员 [iæ̃^{53}yæ̃^{53}] 旧称戏子。

十八 动作行为

（一）一般动作

起床 [tɕʻi^{53}tʂʻuaŋ^{53}]

洗脸 [ɕi^{53}liæ̃^{53}]

刷牙 [ʂua^{13}ia^{53}]

梳头［su^{44}t‘əu^{53}］

扫地［sɔ^{53}ti^{13}］

吃早饭［ʈʂ‘ʅ^{13}tsɔ$^{53}_{35}$·fæ̃］

上班［ʂaŋ^{13}pæ̃^{44}］

站着［ʈʂæ̃^{13}·ʈʂə］

坐着［ʦuɤ^{13}·ʈʂə］

蹲着［tuŋ^{44}·ʈʂə］

散步［sæ̃^{13}pu^{13}］

跑步［p‘ɔ$^{53}_{35}$·pu］

跌倒［tie^{13}tɔ^{53}］也说“绊倒”“摔倒”。

滑倒［xua^{53}tɔ^{53}］

栽倒［tsɛ^{44}tɔ^{53}］

打盹［ta^{53}tuŋ^{53}］也说“打瞌睡”。

睡觉［ʂuei^{13}ʨiɔ^{13}］

躺下［t‘aŋ$^{53}_{35}$·ɕiə］

趄下［ʨ‘ie^{13}·ɕiə］

爬下［p‘a^{53}·ɕiə］

魇住了［iæ̃$^{53}_{35}$·ʈʂu·lə］

落枕了［luɤ^{13}ʂəŋ^{13}·lə］

打呼噜［ta^{53}·xu·lu］

拾掇［ʂʅ^{13}·tuə］

打折［ta$^{53}_{35}$·ʦə］收拾，整理。

提溜［ti^{44}·liəu］①提起来。②把人抓起来。

丢了［tiəu^{44}·lə］

找着了［ʈʂɔ$^{53}_{35}$ʈʂuɤ^{53}·lə］答话。

找着了没有［ʈʂɔ^{53}ʈʂuɤ^{53}·lə mu^{13}iəu^{53}］问话。

码起来［ma^{53}·tɕ‘i·lɛ］也说“摞起来”或“堆起来”。

提水［t‘i^{53}ʂuei^{53}］

做饭［tsuɤ^{13}fæ̃^{13}］也说“煮饭”。

洗锅［ɕi^{53}kuɤ^{44}］

抹灶［ma^{13}tsɔ^{13}］

打扫卫生［ta^{53} ·sɔ vei^{13}səŋ^{44}］

（二）心理活动

感觉［kæ̃$^{53}_{35}$ ·tɕye］

知道［tʂʅ^{44} ·tɔ］

知不道［tʂʅ^{44} ·pu tɔ^{13}］也说不知道。

懂了［tuŋ$^{53}_{35}$ ·lə］

明白了［miŋ^{53}pɛ^{13} ·lə］也说“知道了”。

认得［ʐəŋ^{13}tæ̃^{13}］也说［ʐəŋ^{13}tɤ^{13}］。

认不得［ʐəŋ^{13} ·pu tæ̃^{13}］也说［ʐəŋ^{13} ·pu tɤ^{13}］。

估摸［ku^{44} ·mə］估计。

觉摸［tɕye^{44} ·mə］感觉。

揣摩［tʂ‘uɛ$^{53}_{35}$ ·mə］

掂量［tiæ̃^{44} ·liaŋ］

动心思［tuŋ^{13}ɕiŋ^{44} ·sɿ］

动脑子［tuŋ^{13}nɔ$^{53}_{35}$ ·tsɿ］也说“动脑筋”。

思谋［sɿ^{44} ·mu］思考。

谋略［mu^{53} ·lyə］

打主意［ta^{53}tʂu^{53} ·i］

算计［suæ̃^{13} ·tɕi］

合计［xɤ^{13} ·tɕi］一块商量。

研究［iæ̃$^{53}_{35}$ ·tɕiəu］

盘算［pæ̃^{53} ·suæ̃］也说“打算”。

料定［liɔ^{13}tiŋ^{13}］也说“判定”。

相信［ɕiaŋ^{44}ɕiŋ^{13}］

疑心［i^{53}ɕiŋ^{44}］也说“怀疑”。

多心［tuɤ^{44}ɕiŋ^{44}］

小心［ɕiɔ^{53}ɕiŋ^{44}］

烦心［fæ̃^{53}ɕiŋ^{44}］

有主意［iəu^{53} ·tʂu ·i］
没主意［mu^{13} ·tʂu ·i］
害怕［xɛ^{13}p‘a^{13}］
担心［tæ̃^{44}ɕiŋ^{44}］
操心［ts‘ɔ^{44}ɕiŋ^{44}］
放心［faŋ^{13}ɕiŋ^{44}］
想念［ɕiaŋ$^{53}_{35}$niæ̃^{53}］
盼望［p‘æ̃^{13}vaŋ^{13}］
记住［tɕi^{13}tʂu^{44}］
忘了［vaŋ^{13} ·lə］也说“忘记了”。
嫉妒［tɕi^{13} ·tu］
生气［səŋ^{44}tɕ‘i^{13}］
心疼［ɕiŋ^{44}t‘əŋ^{53}］
喜欢［ɕi$^{53}_{35}$ ·xuæ̃］
得意［tɤ^{13}i^{13}］
稀罕［ɕi^{44} ·xæ̃］
讨厌［t‘ɔ$^{53}_{35}$ ·iæ̃］
不好意思［pu^{13}xɔ^{53} ·i ·sɿ］
罢意思［pa^{13}i^{13}sɿ^{44}］①不该放在心。②不好意思。
拉不开情面［la^{13} ·pu k‘ɛ^{44}tɕ‘iŋ^{53}miæ̃^{13}］也说“拉不下面子”。

（三）语言动作

扯磨［tʂ‘ɤ^{53}mɤ^{53}］也说“拉话”。
㕭一㕭［p‘iæ̃^{53} ·i ·p‘iæ̃^{53}］说一说。
㕭闲传［p‘iæ̃^{53}ɕiæ̃^{53}tʂ‘uæ̃^{53}］也说“㕭传子”。
闲扯［ɕiæ̃^{53}tʂ‘ɤ^{53}］
搭话［ta^{13}xua^{13}］从旁插话，或说话。
不言喘［pu^{13}iæ̃^{53} ·tʂ‘uɛ］也说“不吭气”。
接嘴［tɕie^{13}tsuei^{53}］接话。
打岔［ta^{53}tʂ‘a^{13}］

插嘴 [tʂʻa^{13}tsuei^{53}]

顶嘴 [tiŋ^{53}tsuei^{53}]

犟嘴 [tɕiaŋ^{13}tsuei^{53}]

吵嘴 [tʂʻɔ^{53}tsuei^{53}] 也说“吵架”。

争嘴 [tsəŋ^{44}tsuei^{53}] 争吵。也说“争吃”。

斗嘴 [təu^{13}tsuei^{53}]

嘀咕 [tʻi^{44} ·ku]

损 [suŋ^{53}] 讽刺谩骂别人。

数落 [suɤ$^{53}_{35}$ ·luə]

咕哝 [ku^{44} ·nuŋ]

耍嘴皮子 [ʂua^{53}tsuei^{53}pʻi^{53} ·tsɿ]

(四) 态度关系动作

叫 [tɕiɔ^{13}]

喊 [xæ̃^{53}]

喊叫 [xæ̃$^{53}_{35}$ ·tɕiɔ]

招呼 [tʂɔ^{44} ·xu]

答应 [ta^{13} ·iŋ]

吩咐 [fəŋ^{44}fu^{53}]

碰见 [pʻəŋ^{13}tɕiæ̃$^{13}_{11}$] 也说“遇见”。

串门 [tʂʻuɛ^{13}məŋ^{53}]

行礼 [ɕiŋ^{53}li^{53}]

敬礼 [tɕiŋ^{13}li^{53}]

鞠躬 [tɕy^{44}kuŋ^{44}]

告揖 [kɔ^{13}i^{13}] 也说“作揖”。

套近乎 [tʻɔ^{13}tɕiŋ^{13} ·xu] 也说“拉近乎”、“靠近乎”。

巴结 [pa^{44} ·tɕiə] 也说“溜沟子”或“拍马屁”。

奉承 [fəŋ^{13}tʂʻəŋ^{13}]

感谢 [kæ̃^{53}ɕie^{13}]

包涵 [pɔ^{44}xæ̃^{53}] 也说“担待”。

迁就［tɕʻiæ̃^{44}tɕiəu^{13}］

让服［ʐaŋ^{13}fu^{13}］

抱怨［pɔ^{13}yæ̃^{13}］也说“担怨”。

不对劲［pu^{13}tuei^{13} ·tɕiŋ］

不欱伙［pu^{13}kɤ^{13}xu^{53}］

说合说合［ʂuɤ^{13}xɤ^{44} ʂuɤ^{13}xɤ^{44}］劝说劝说，劝解。

气不平［tɕʻi^{13}pu^{13}piŋ^{53}］也说“气不过”。

抱打不平［pɔ^{13}ta^{53}pu^{13}piŋ^{53}］

找碴［tʂɔ^{53}tʂʻa^{53}］

挑刺［tʻiɔ^{44}tsʻɿ^{13}］

闹别扭［nɔ^{13}pie^{44} ·niəu］

找麻烦［tʂɔ^{53}ma^{44} ·fæ̃］

十九　性质、状态

（一）性质

大方［ta^{13}faŋ^{44}］

小气［ɕiɔ$^{53}_{35}$ ·tɕʻi］

实在［ʂʅ^{13}tsɛ^{13}］也说“实诚”。

厚道［xəu^{13}tɔ^{13}］

憨厚［xæ̃^{44} ·xəu］

滑头［xua^{53}tʻəu^{53}］

憨头憨脑［xæ̃^{44} ·tʻəu xæ̃^{44} ·nɔ］

歹［tɛ^{53}］也说“歹毒”［tɛ$^{53}_{35}$tu^{13}］。

机灵［tɕi^{44} ·liŋ］

拐［kuɛ^{53}］坏。

乖［kuɛ^{44}］也说“乖巧”。小孩听话、可爱。

麻溜［ma$^{53}_{35}$ ·liəu］

利洒［li^{13}sa^{44}］也说“利索”。

灵巧［liŋ^{53} ·tɕʻiɔ］

伶俐［liŋ^{53} ·li］

蠢笨［tʂʻuŋ$^{53}_{35}$ ·pəŋ］也说“笨”。

愣头［ləŋ^{13}tʻəu^{53}］

糊涂［xu^{13}tʻu^{44}］

马虎［ma$^{53}_{35}$ ·xu］

佯糊［iaŋ^{53} ·xu］马虎。

死心眼子［sɿ^{53}ɕiŋ^{44} ·iæ̃ ·tsɿ］

抠搜鬼［kʻəu^{44} ·səu kuei^{53}］小气。也说“抠抠子”。

老抠［lɔ^{53}kʻəu^{44}］小气。

细相［ɕi^{13}ɕiaŋ^{44}］过日子细致、节俭。

害羞［xɛ^{13}ɕiəu^{44}］

害臊［xæ̃^{13}sɔ^{13}］

脸厚［liæ̃$^{53}_{35}$ ·xəu］

不害臊［pu^{13}xɛ^{13}sɔ^{13}］也说“不害羞”。

调皮［tʻiɔ^{53}pʻi^{53}］也说“顽皮”。

胖［pʻaŋ^{13}］指人。也指物，如“胖肉”。

肥［fei^{53}］指肉或动物。

壮［tʂuaŋ^{13}］指身体强壮。也指肉肥“壮肉”。

瘦［səu^{13}］

好看［xɔ$^{53}_{35}$kʻæ̃^{13}］

漂亮［pʻiɔ^{13} ·liaŋ］

美观［mei^{53}kuæ̃^{44}］

俊［tɕyŋ^{13}］指人或花好看。

干净［kæ̃^{44} ·tɕiŋ］①指清洁②指人好看。

美［mei^{53}］

美气［mia$^{53}_{35}$ ·tɕi］

丑［tʂʻəu^{53}］也说“丑货郎”［tʂʻəu$^{53}_{35}$ ·xuə ·laŋ］。

丑疙瘩［tʂʻəu$^{53}_{35}$ ·kɯ ·tə］多用于小孩的昵称。

难看 [næ̃^{53}k‘æ̃^{13}]

寒碜 [xæ̃^{53} ·ts‘ei]

臭美 [tʂ‘əu^{13}mei^{53}]

随心 [suei$^{53}_{35}$ɕiŋ^{44}]

如意 [ʐu^{53}i^{13}]

称心 [tʂ‘əŋ^{44}ɕiŋ^{44}]

满意 [mæ̃$^{53}_{35}$i^{13}]

支格 [tʂʅ^{44} ·kə] 满意，称心如意，回民通用。

痛快 [t‘uŋ^{13}k‘uɛ^{13}]

舒坦 [ʂu^{44} ·t‘æ̃] 也说“舒服”。

难受 [næ̃^{53} ʂəu^{13}] 也说“不好受”。

憋屈 [pie^{44} ·tɕ‘y]

痒 [iaŋ^{53}]

刺挠 [ts‘ɤ^{13}nɔ^{13}]

胀 [tʂaŋ^{13}]

麻 [ma^{53}]

木 [mu^{13}]

麻木 [ma^{53}mu^{13}]

好 [xɔ^{53}]

坏 [xuɛ^{13}]

孬 [nɔ^{44}]

次 [ts‘ʅ^{13}] 不好。

差 [tʂ‘a^{44}] 也说“差尺”。

可以 [k‘ɤ$^{53}_{35}$ ·i] 也说“行呢”。

差不多 [tʂ‘a^{44} ·pu tuɤ^{44}]

不咋的 [pu^{13}tsa^{53} ·ti] ①不好。②不要紧。

不怎么样 [pu^{13}tsʅ^{13} ·mə iaŋ^{13}]

要紧 [iɔ^{13}tɕiŋ^{53}]

地道 [ti^{13}tɔ^{13}]

麻烦 [ma^{44} ·fæ̃] ①心烦②事情不好处理。

颇烦［pɤ^{44} ·fæ̃］心中烦乱、发愁、不好受。

热闹［ʐɤ^{13}nɔ^{13}］

红火［xuŋ^{53} ·xuə］

清静［tɕ'iŋ^{44} ·tɕiŋ］

僻静［p'i$^{53}_{35}$ ·tɕiŋ］

鼓［ku^{53}］突出，如“肚子鼓起来了”。

蔫［iæ̃^{44}］与鼓相对，气球蔫了。

软作［ʐuæ̃$^{53}_{35}$ ·tsuə］

濡流［ʐu^{53}liəu^{13}］饭菜软硬适合、可口。

硬［iŋ^{44}］

硬棒［iŋ^{13} ·paŋ］

稀［ɕi^{44}］

稠［tʂ'əu^{53}］

歪［vɛ^{44}］

斜［ɕie^{53}］

酸［suæ̃^{44}］

甜［t'iæ̃^{53}］①甘甜。②淡而无味。

苦［k'u^{53}］

辣［la^{13}］

咸［ɕiæ̃^{53}］

淡［tæ̃^{13}］

口轻［k'əu^{53}tɕ'iŋ^{44}］

口重［k'əu$^{53}_{35}$tʂuŋ^{13}］

香［ɕiaŋ^{44}］

臭［tʂ'əu^{13}］

（二）状态

多［tuɤ^{44}］

少［ʂɔ^{53}］

大［ta^{13}］

小［çiɔ^{53}］

老大不小［lɔ$^{53}_{35}$ ·ta pu^{13}çiɔ^{53}］

长［tʂ‘aŋ^{53}］

短［tuæ̃^{53}］

宽［k‘uæ̃^{44}］

窄［tsɤ^{53}］

高［kɔ^{44}］

低［ti^{44}］

贵［kuei^{13}］

贱［tçiæ̃^{13}］

薄［pɤ^{53}］

厚［xəu^{13}］

深［ʂəŋ^{44}］

浅［tç‘iæ̃^{53}］

矮［ɛ^{53}］

矬［ts‘uɤ^{53}］

厉害［li^{13}xɛ^{44}］

光溜［kuaŋ^{44} ·liəu］也说“光堂”或“光溜溜”。

贼亮［tsei^{53}liaŋ^{13}］

崭新［tʂæ̃^{53}çiŋ^{44}］

漆黑［tç‘i^{13}xɯ^{13}］也说“乌黑”。

稀溜刮当［çi^{44} ·liəu kua^{53} ·taŋ］

老远［lɔ^{53}yæ̃^{53}］

粗［ts‘u^{44}］

细［çi^{13}］

（三）颜色

红［xuŋ^{53}］

大红［ta^{13}xuŋ^{53}］

紫红［tsɿ$^{53}_{35}$ ·xuŋ］

朱红 [tʂu^{44} ·xuŋ]

粉红 [fəŋ$^{53}_{35}$ ·xuŋ]

桃红 [t‘ɔ^{53} ·xuŋ]

橘红 [tɕy^{13} ·xuŋ]

玫瑰红 [mei^{53} ·kuei xuŋ^{53}]

柳条红 [liəu$^{53}_{35}$ ·t‘iɔ xuŋ^{53}]

深红 [ʂəŋ^{44} ·xuŋ]

浅红 [tɕ‘iæ̃^{53} ·xuŋ]

黄 [xuaŋ^{53}]

杏黄 [xəŋ^{13}xuaŋ^{53}]

深黄 [ʂəŋ^{44}xuaŋ^{53}]

淡黄 [tæ̃^{13}xuaŋ^{53}]

橘黄 [tɕy^{13}xuaŋ^{53}]

蓝 [læ̃^{53}]

深蓝 [ʂəŋ^{44}læ̃^{53}]

浅蓝 [tɕ‘iæ̃^{53}læ̃^{53}]

天蓝 [t‘iæ̃^{44}læ̃^{53}]

白 [pia^{13}]

灰白 [xuei^{44}pia^{13}] 或 [xuei^{44}pɛ^{13}]

苍白 [ts‘aŋ^{44}pɛ^{13}]

乳白 [ʐu^{53}pɛ^{13}]

银白 [iŋ^{53}pɛ^{13}]

黑 [xɯ^{13}]

深黑 [ʂəŋ^{44}xɯ^{13}]

浅黑 [tɕ‘iæ$^{53}_{35}$ ·xɯ]

葱绿 [ts‘uŋ^{44}lu^{13}]

草绿 [ts‘ɔ$^{53}_{35}$ ·lu]

银灰 [iŋ^{53}xuei^{44}]

豆青 [təu^{13}tɕiŋ^{44}]

藏青 [tsaŋ^{13}tɕ‘iŋ^{44}]

鸭蛋青［ia^{13}tæ̃^{13}tɕ‘iŋ^{44}］

玫瑰紫［mei^{53} ·kuei tsɿ^{53}］

红丢丢［xuŋ^{53}tiəu^{44} ·tiəu］

黄巴巴［xuaŋ^{53}p‘ia^{13} ·p‘ia］

黄澄澄［xuaŋ^{53}təŋ^{44} ·təŋ］

黄蜡蜡［xuaŋ^{53}la^{13} ·la］

白蜡蜡［pia^{13}la^{13} ·la］

蓝湛湛［læ̃^{53}tʂæ̃^{13} ·tʂæ̃］

绿莹莹［lu^{13}iŋ^{44}iŋ^{44}］

白生生［pia^{13}səŋ^{44}səŋ^{44}］

白雀雀［pia^{13}tɕ‘ye^{53}tɕ‘ye^{53}］

圆丢丢［yæ̃^{53}tiəu^{44}tiəu^{44}］

圆溜溜［yæ̃^{53}liəu^{44}liəu^{44}］

红艳艳［xuŋ^{53}iæ̃^{44}iæ̃^{44}］

灰溜溜［xuei^{44}liəu^{44}liəu^{44}］

黑黝黝［xɯ^{13}iəu^{44}iəu^{44}］

贼叽叽［tsei^{53}tɕi^{13}tɕi^{13}］

光溜溜［kuaŋ^{44}liəu^{44}liəu^{44}］

黑洞洞［xɯ^{13}tuŋ^{53}tuŋ^{53}］

黑叽叽［xɯ^{13}tɕi^{53}tɕi^{53}］

水汪汪［ʂuei^{53}vaŋ^{44}vaŋ^{44}］

沉甸甸［tʂ‘əŋ^{53}tiæ̃^{44}tiæ̃^{44}］

水灵灵［ʂuei^{53}liŋ^{44}liŋ^{44}］

二十　方位

（一）上、下

上头［ʂaŋ^{13} ·t‘əu］

上边［ʂaŋ^{13} ·piæ̃］

高头［kɔ^{44} ·t‘əu］

顶上［tiŋ$^{53}_{35}$ · ʂaŋ］

以上［i^{53} ʂaŋ^{13}］

下头［ɕia^{13} ·t‘əu］

下边［ɕia^{13}piæ̃^{44}］

底下［ti$^{53}_{35}$ ·ɕia］

四下里头［sɿ^{13}ɕia^{13}li^{13} ·t‘əu］

两下呢［liaŋ$^{53}_{35}$ ·ɕia ·ni］也说［liaŋ$^{53}_{35}$ ·ɕiæ̃ ·ni］。

两帮个［liaŋ$^{53}_{35}$paŋ^{13} ·kə］两边、两半。

地上［ti^{13} · ʂaŋ］

地下［ti^{13} ·ɕiə］

(二) 里、外

里头［li$^{53}_{35}$ ·t‘əu］

外头［vɛ$^{53}_{35}$ ·t‘əu］

里边［li$^{53}_{35}$ ·piæ̃］

外边［vɛ$^{53}_{35}$ ·piæ̃］

里面［li$^{53}_{35}$ ·miæ̃］

外面［vɛ$^{53}_{35}$ ·miæ̃］

以里［i^{53}li^{53}］

以内［i^{53}nuei^{13}］

里里外外［li^{53} ·li vɛ^{13} ·vɛ］

开外［k‘ɛ^{44}vɛ^{13}］

往外［vaŋ^{13}vɛ^{13}］

(三) 前、后

前头［tɕ‘iæ̃^{53} ·t‘əu］

前边［tɕiæ̃^{53} ·piæ̃］

前面［tɕiæ̃^{53} ·miæ̃］

跟前［kəŋ^{44} ·tɕ‘iæ̃］或说［kəŋ^{44} ·tɕ‘iŋ］。

前后［tɕ‘iæ̃^{53}xəu^{13}］

前前后后［tɕ‘iæ̃^{53} ·tɕ‘iæ̃ xəu^{13} ·xəu］

后头［xəu^{13} ·t‘əu］

后边［xəu^{13} piæ̃^{13}］

后面［xəu^{13} ·miæ̃］

以后［i^{53}xəu^{13}］

往后［vaŋ^{13}xəu^{13}］

（四）东、西、南、北

东［tuŋ^{44}］

西［ɕi^{44}］

南［næ̃^{53}］

北［pia^{13}］或读［pɛ^{13}］

东南［tuŋ^{44}næ̃^{53}］

东北［tuŋ^{44}pɛ^{13}］

西南［ɕi^{44}næ̃^{53}］

西北［ɕi^{44}pɛ^{13}］

东边［tuŋ^{44} ·piæ̃］

东头［tuŋ^{44} ·t‘əu］

路东［lu^{13}tuŋ^{44}］

东面子［tuŋ^{44} ·miæ̃ ·tsɿ］

西边［ɕi^{44} ·piæ̃］

西头［ɕi^{44} ·t‘əu］也说“西头子”。

路西［lu^{13}ɕi^{44}］

西面子［ɕi^{44} ·miæ̃ ·tsɿ］

（五）左、右

左［tsuɤ^{53}］

左边［tsuɤ$^{53}_{35}$ ·piæ̃］

左面［tsuɤ$^{53}_{35}$ ·miæ̃］

右［iəu^{13}］

右边［iəu^{13}piæ̃^{13}］

右面［iəu^{13}miæ̃^{13}］

(六) 其他

中间［ʈʂuŋ^{44} ·tɕiæ̃］

当中［taŋ^{44}ʈʂuŋ^{44}］也说“正中”［ʈʂəŋ^{13}ʈʂuŋ^{44}］。

圪塄［kɯ^{13}lɔ^{13}］拐角。

附近［fu^{53}tɕiŋ^{13}］

中巴腰［ʈʂuŋ^{44} ·pa iɔ^{44}］

远处［yæ̃$^{53}_{35}$ ·ʈʂʻu］

近处［tɕiŋ^{13} ·ʈʂʻu］

呶点［nəu^{44} ·tiæ̃］也说“闹点”［nɔ^{44} ·tiæ̃］。

这塌塌［ʈʂʅ^{13} ·ta ·ta］

呶塌塌［nəu^{44}tə ·tə］

二十一　代词

(一) 人称代词

我［vɤ^{53}］

你［ni^{53}］

他［tʻɤ^{44}］也说［tʻa^{44}］。

我们［vɤ$^{53}_{35}$ ·məŋ］回民说“俺们”［æ̃^{53} ·mu］。

我们［vaŋ$^{53}_{35}$ ·məŋ］

你［ni^{53}］

你们［ni$^{53}_{35}$ ·mu］或说［ni^{53} ·mu］。

阿门［aŋ^{53} ·mu］

他［t'ɤ⁴⁴］
他们［t'aŋ⁴⁴ ·mu］
他们［t'a⁴⁴ ·mu］回民说［t'æ̃⁵³ ·mu］。
大家［ta¹³tɕia⁴⁴］也说［ta¹³ ·tɕie］。
大伙儿［ta¹³ ·xuər］
人家［ʐəŋ⁵³ ·tɕia］也说［ʐəŋ⁵³ ·tɕiə］。
别人［pie⁵³ ·ʐəŋ］
旁人［p'aŋ⁵³ ·ʐəŋ］
个家［kɤ¹³tɕie⁴⁴］
自家［tsɿ¹³tɕie⁴⁴］

（二）指示代词

这［tʂʅ¹³］
那［nɤ¹³］
这个［tʂʅ¹³kɤ⁴⁴］
那个［nɤ¹³ ·kə］
闹［nɔ⁴⁴］
呶［nəu⁴⁴］
那个［nɛ⁴⁴ ·kə］
闹个［nɔ⁴⁴ ·kə］
呶个［nəu⁴⁴ ·kə］
这阵子［tʂʅ¹³tʂəŋ⁴⁴ ·tsɿ］也说［tʂʅ¹³tʂəŋ¹³ ·tsɿ］。
那阵子［na¹³tʂəŋ⁴⁴ ·tsɿ］也说［nɛ¹³tʂəŋ⁴⁴ ·tsɿ］。
那会子［nɛ⁴⁴ ·xuə ·tsɿ］也说［na¹³xuɤ⁴⁴ ·tsɿ］。
这么［tʂʅ¹³ ·mu］
那么［na¹³ ·mu］
这样［tʂʅ¹³iaŋ⁴⁴］
那样［nɛ⁴⁴ ·iaŋ］

（三）疑问代词

谁［ʂuei⁵³］

什么［ʂʅ^{13}mɤ^{13}］
咋话［tsa^{53}xua^{13}］也说“咋了”。
怎么［tsəŋ^{13} ·mə］
怎样［tsəŋ^{13} ·iaŋ］
咋样［tsa^{53} ·iaŋ］
哪样［na^{13}iaŋ^{13}］
为啥［vei^{13} ʂa^{13}］
怎么样［tsəŋ^{13} ·mə iaŋ^{13}］

二十二 副词、介词等

（一）副词

早［tsɔ^{53}］
赶早［kæ̃^{53}tsɔ^{53}］
趁早［tʂʻəŋ^{13}tsɔ^{53}］
一早［i^{13}tsɔ^{53}］
从小［tsʻuŋ^{53}ɕiɔ^{53}］
自幼［tsɿ^{13}iəu^{13}］
将［tɕiaŋ^{44}］也说“刚［kaŋ^{44}］”。
才［tsʻɛ^{53}］
将才［tɕiaŋ^{44}tsʻɛ^{53}］也说“才将”［tsʻɛ^{53}tɕiaŋ^{44}］。
马上［ma$^{53}_{35}$ ʂaŋ^{13}］也说“马下”［ma$^{53}_{35}$ ɕia^{13}］。
马时［ma^{53} ʂʅ^{53}］立刻。
立刻［li^{13}kʻɤ^{13}］
正［tʂəŋ^{13}］
正好［tʂəŋ^{13}xɔ^{53}］
快［kʻuɛ^{13}］
将近［tɕiaŋ^{44}tɕiŋ^{13}］

全部［tɕʻyæ̃^{53}pu^{13}］

一共［i^{13}kuŋ^{13}］

总共［tsuŋ$^{53}_{35}$kuŋ^{13}］也说“统共”，“共总”。

一利［i^{13}li^{13}］

一齐［i^{13}tɕʻi^{53}］

部分［pu^{13}fəŋ^{13}］

差点［tʂʻa^{44}tiæ̃^{53}］

多数［tuɤ^{13} ·su］

少数［ʂɔ$^{53}_{35}$ ·su］

另外［liŋ^{13}vɛ^{13}］

单另［tæ̃^{44}liŋ^{13}］

分外［fəŋ^{13}vɛ^{13}］

额外［ɤ^{13}vɛ^{13}］

多亏［tuɤ^{44}kʻuei^{44}］

幸亏［ɕiŋ^{13}kʻuei^{44}］也说［ɕiŋ^{44} ·kʻuei］。

亏得［kʻuei^{44} ·tə］

恐怕［kʻuŋ^{53}pʻa^{13}］

也许［ie^{53}ɕy^{53}］也说“或许”［xuɤ^{13}ɕy^{53}］。

兴许［ɕiŋ^{44}ɕy^{53}］

顺便［ʂuŋ^{13}piæ̃^{13}］

罢［pa^{13}］相当于“别”。

胡来［xu^{53}lɛ^{53}］也说“胡成”。

差乎乎［tʂa^{44}xuɤ^{13} ·xuə］

（二）介词

把［pa^{13}］把书拿来。

对［tuei^{13}］他对我说。

到［tɔ^{13}］到北京来个电话。

往［vaŋ^{13}］往前走。

在［tsɛ^{13}］在上海住着呢。

从［tsʻuŋ^{53}］从吴忠来。

尕［ka^{53}］尕银川到吴忠。

顺［ʂuŋ^{13}］顺大路走。

搁［kɤ^{13}］搁哪儿来哈？

起［tɕʻi^{53}］起今儿你要好好上学呢。

头［tʻəu^{53}］头下午就赶完了。

照［tʂɔ^{13}］照着政策办事没错。

按照［æ̃^{13}tʂɔ^{13}］按照你的意思做。

叫［tɕiɔ^{13}］叫他快来。

让［ʐaŋ^{13}］让我想想。

用［yŋ^{13}］用毛笔写。

拿［na^{53}］拿铁锹挖。

搁［kɤ^{13}］搁盘子盛。

替［tʻi^{13}］替我做件事。

给［kɯ^{53}］给他写封信。

让［ʐaŋ^{13}］让他来我们家。

和［xɤ^{53}］和他上街。

连［liæ̃^{53}］别连我都不认得了。

向［ɕiaŋ^{13}］向他学习。

（三）拟声词及其他

咯吱［kɯ^{44}tʂʅ^{44}］

当啷［taŋ^{44}laŋ^{44}］

哗啦［xua^{44}la^{44}］

吸溜［ɕi^{44}liəu^{44}］

滋溜［tsɿ^{44}liəu^{44}］

咔嚓［kʻa^{44}tʂʻa^{44}］

轰隆［xu^{44}luŋ^{44}］

嘈［tɕʻɔ^{53}］呼语，用于不礼貌的呼语。

走［tsəu^{44}］呼语。

唉［ε^{44}］表示感叹。

喂［vei^{44}］呼唤语。

盎［aŋ^{44}］应答语。

嗯［əŋ^{44}］应答语。

哼［xəŋ^{53}］表示气愤。

嗷［ɔ^{13}］应答语。

啊呀［a^{13}·ia］表示惊奇。

啊哟喂［a^{13}iɔ^{13}vei^{53}］表示反感、不满。

呱呱怎［kua^{13}kua^{13}tʂei^{53}］表示惊奇、称颂。

呱三哟［kua^{44}sæ̃^{44}·iɔ］表示意外、称羡。也说“我的呱三哟”。

二十三　数量

（一）基数词

一［i^{13}］

二［a^{13}］

三［sæ̃^{44}］

四［sɿ^{13}］

五［vu^{53}］

六［lu^{13}］也读［liəu^{13}］

七［tɕ‘i^{13}］

八［pa^{13}］

九［tɕiəu^{53}］

十［ʂʅ^{13}］

百［pε^{13}］也说［pia^{13}］

千［tɕ‘iæ̃^{44}］

万［væ̃^{13}］

亿［i^{53}］

兆［tʂɔ^{13}］

京［tɕiŋ^{44}］

流沙河［liəu^{53} ʂa^{44} xɤ^{53}］最大的数目，表示无穷尽。

（二）序数词

第一［ti^{13}i^{13}］

第二［ti^{13}a^{13}］

第三［ti^{13}sæ̃^{44}］

初一［ts‘u^{44} ·i］

初二［ts‘u^{44}a^{13}］

初三［ts‘u^{44}sæ̃^{44}］

二百［a^{13}pɛ^{44}］也说［a^{13}pie^{44}］。

五万［vu$^{53}_{35}$ ·væ̃］

（三）量词

把［pa^{53}］一把韭菜。

笔［pi^{13}］一笔款子。

包［pɔ^{44}］一包糖。

盅子［tʂuŋ^{44} ·tsɿ］一盅子茶。

刀［tɔ^{13}］一刀纸。

匹［p‘i^{44}］一匹马。

脬［p‘ɔ^{44}］一脬尿。

碟子［tie^{13} ·tsɿ］一碟子菜。

根［kəŋ^{44}］一根针。

门［məŋ^{53}］一门亲戚。

封［fu^{44}］一封信。

副［fu^{44}］一副眼镜。

顿［tuŋ^{13}］一顿饭。

档［taŋ^{13}］这一档事罢提了。

条［t‘iɔ^{53}］一条裤子、一条蛇、一条床单、一条凳子、一条狗。

头［t'əu^{53}］一头牛、一头猪。

辆［liaŋ^{53}］一辆车。

领［liŋ^{13}］一领席子。

枝［tʂʅ^{44}］一枝花。

支［tʂʅ^{44}］一支烟。

桌［tʂuɤ^{44}］一桌席。

宗［tsuŋ^{44}］一宗买卖。

一档子［i^{13}taŋ^{13}·tsɿ］一档子田。

身［ʂəŋ^{44}］一身衣服。

绺子［liəu^{13}·tsɿ］一绺子头发。

桄子［kuaŋ^{13}·tsɿ］一桄子线。

号子［xɔ^{13}·tsɿ］一号子人，一号子货

疙瘩［kɯ^{13}tɤ^{44}］

嘟噜［tu^{44}·lu］一嘟噜葡萄。

爪［tʂua^{44}］一爪爪葡萄。

炷［tʂu^{44}］一炷香。

伙子［xuɤ$^{53}_{35}$·tsɿ］一伙子青草。

打［ta^{53}］一打铅笔。

捧［p'əŋ^{53}］一捧花生。

撮［tsuɤ^{53}］一撮土。

丝丝［sɿ^{44}·sɿ］指二指宽的条条。

捆［k'uei^{53}］一捆草。

二十四　回民常用词语①

道堂［tɔ$^{13}_{11}$·t'aŋ］同一教派许多寺坊的教民聚会的地方。

聚礼［tɕy$^{13}_{11}$·li^{53}］每逢主麻日、教民到清真寺聚集做礼拜。

① 刘世俊、李树俨：《吴忠市志·方言卷》，中华书局2000年版，第904—905页。

开学［k‘ɛ^{44} ·ɕye］被委派主持寺坊宗教活动的阿訇。

圣纪节［ʂən^{13} tɕi^{13} tɕie^{13}］回历三月为穆罕默德降生、归真的月份，穆斯林群众在该月任何一天都可过节，以志纪念。尔德、古尔帮、圣纪节为吴忠回民的三大节日。

认主［ʐən$^{13}_{11}$tʂu^{53}］承认真主是形象的，独一无二的。

拜主［pɛ$^{13}_{11}$tʂu^{53}］礼拜，有邦目达，撇诗尼、底可勒、沙目、呼夫坦共五番拜。

满贯［mæ̃$^{53}_{35}$kuæ̃^{13}］全家每年收支相抵，余额为600元以上者。

课［kuɤ^{13}］教律规定，满贯者须付出2.5%用于舍散。

赞主［tsæ̃$^{13}_{11}$tʂu^{53}］赞颂真主的功德。

诵经［suən$^{13}_{11}$tɕin^{44}］念诵《古兰经》。

口唤［k‘əu$^{53}_{35}$ ·xuæ̃］同意或任命某人去做某事。

割礼［kɤ$^{13}_{11}$li^{53}］回民男子割开生殖器的包皮。

宰［tsɛ^{53}］屠杀牲灵，如宰牛、宰羊、宰鸡、通常要请阿訇去宰。回民忌说“杀”。

壮［tʂuaŋ^{13}］牛羊肥胖。回民忌说“肥”。

无常［v^{53} ·tʂ‘aŋ］人去世，也说归真，完咧等。回民忌说“死”，“死”只能用于其他动物。

黑子［xɯ$^{13}_{11}$ ·tsɿ］猪。回民禁食猪肉，忌说“猪”字。

口到［k‘əu$^{53}_{35}$ ·tɔ］请吃。

油香［iəu^{53} ·ɕiaŋ］油饼子。

点香［tiæ̃^{53}ɕiaŋ^{44}］过圣纪节、过尔麦里时、要点香、诵经，不说“烧香”。

舍散［ʂɤ^{13}sæ̃^{13}］遇红白大事都要给亲朋散钱物，也称“散”。

慈悯［ts‘ɿ^{53} ·min］真主所给的恩典。

着水［tʂuɤ$^{13}_{11}$ ʂuei^{53}］洗浴埋体。

使得［ʂʅ$^{53}_{35}$ ·tia］可以做。

使不得［ʂʅ$^{53}_{35}$ ·pu ·tia］不可以做。

干办［kæ̃$^{13}_{11}$ ·pæ̃］行为。

叹向［t‘æ̃$^{13}_{11}$ ·ɕiaŋ］赞叹。

礼拜帽［li$_{35}^{53}$ ·pɛ mɔ^{13}］回民戴的白色圆顶帽，可视为回民的标志。长者也可戴黑色或灰色圆顶帽。

盖头［kɛ$_{11}^{13}$ ·tʻəu］回民已婚妇女的头巾。

吊罐［tiɔ$_{11}^{13}$kuæ̃^{13}］大净用具。

汤瓶［tʻaŋ^{44} ·pin］小净用具。

二十五　回民话里的阿拉伯语波斯语借词①

邦目达	晨礼，口语叫“早晨拜”。
邦克	召唤、通知教民来寺礼拜的一段经文。
板得	（真主的）奴仆、信徒。
比斯民俩	开始词，即做每件事都要求得安拉之命。
白俩	灾难、祸患。
白俩提	伊斯兰教历八月十五。
白俩克提	吉祥，喜庆。
百黑里	吝啬，小气。
别玛勒	疾病，生病。
潘扯闪潘	伊斯兰教历星期四（公历星期六）。
披拉罕	（亡人穿的）坎肩。
撇诗尼	晌礼，口语“中午拜”。
埋体	遗体，亡人。送埋体即殡葬。吴忠回族妇女把自己去世的丈夫讳称作“没咧的埋体”。
茅体	去世。
门摆勒	清真寺内楼梯形的宣讲台。
密哈尔拉比	清真寺正殿上方的壁龛。
密斯给尼	穷人。
麦勒欧儿尼	坏蛋。

① 刘世俊、李树俨：《吴忠市志·方言卷》，中华书局2000年版，第900—904页。

麦各苏德	意图、目的。
麦克鲁海	令人厌恶，受人谴责的事情。
麦赫里	财礼，聘金。
麦札子	虚假、作假。
麦萨里	（与宗教有关的）问题。
麦斯志德	清真寺。
穆巴拉克	吉祥如意。
穆民	信奉伊斯兰教的群众。
穆打里斯	讲课人，教师。
穆塔尔林	满拉，即在清真寺跟阿訇学习经文者。
姆拿非各	伪君子。
穆斯林	伊斯兰教的教民。
穆安津	宣礼员，伊斯兰教教职之一。
法蒂玛	伊斯兰教历六月十五日，法蒂玛节。
法提哈尔	《古兰经》的开端章。
法勒作	天命，主命；主命拜。
法伊代	好处，利益。
费达	赎金，吴忠回民去世后，在殡礼过程中举办的一种给亡人赎罪的仪式叫“转费达”。
瓦尔孜	讲经传教，劝谏世人。
瓦志布	当然的，规定的；当然拜。
卧里	品极高的人，圣人。
维他勒	奇数拜，即宵礼后举行的礼拜。
兀世塔得	（教授伊斯兰教经典的）老师。
无巴力	贫穷，可怜，无人疼爱。
务苏里	大净，即淋浴全身。
塔布	运送埋体到墓地去的木匣子，一般是清真寺公用的，又叫“塔布匣子”。
代斯塔勒	礼拜时戴的缠头巾。
底可勒	晡礼，口语叫“后晌拜”。

都闪潘	伊斯兰教历星期一（公历星期三）。
堵世蛮	仇人。
杜尔	祈祷。做祈祷叫“做杜尔”，念祈祷词叫“念杜尔”。
多孜害	火狱。
多斯提	朋友。
堆亚	世界，今生今世。
台斯比哈尔	赞颂词。
太突卧儿	附功拜。
太各洼	恪守教规；虔诚敬畏。
太各底勒	前定，即真主的安排。
太斯迷	赞举安拉之名的称谓句。念太斯迷，即念诵“奉普慈特慈的安拉之名”。
讨白	忏悔。吴忠回民自认为有罪时，念讨白以表示悔过自新；人去世前，请阿訇念讨白，以表示对一生的罪都进行了忏悔，可以安心离开人世。
讨菲各	（真主给人的）品格，秉性。
乃玛子	礼拜。虔诚的穆斯林每日要做五番（次）乃玛子，也叫五功。
奈夫斯	私欲。
乃海依	禁止。
尼卡哈尔	喜经。以前，在回族男女青年结婚仪式上由阿訇念尼卡哈尔来确定婚姻关系。现在，请阿訇念尼卡哈尔是宣读结婚证书并致祝贺词。
乃碎布	福气，运气。
乜贴	举意，心愿。
拉合买提	慈悯，恩惠。
勒苏里	真主的使者，钦差。

莱麦丹	伊斯兰教历九月。是月封斋。
来这布	伊斯兰教七月。是月二十七日为登宵节。
赖孜各	食物，生计。
罗哈儿	灵魂。
罗孜	封斋。伊斯兰教历九月为斋月，回民封斋。
隔尔德	方式、方法；原则。
盖德尔	伊斯兰教历九月二十七日，盖德尔节。
高目	寺坊上的群众。
给呀买提	复生。
古那海尔	罪恶，罪过。
古尔邦	宰牲节，也叫大尔德节。
拱北	在宗教方面有道义有影响的人物，如教主、著名阿訇等的坟墓。
止尔白	麦加的天房。
止菲勒	异教徒。
库夫勒	背离伊斯兰教的言行。
哈里发	宗教食物方面的继承人。
哈志	朝觐过麦加的回民。又叫“哈吉”。
哈儿笛斯	圣训，即穆罕默德的言行录。
哈俩里	合法的，许可的。
哈拉木	非法的，违禁的。
喝色得	妨忌。
号儿空	教律。
黑牙奈提	昧良心的，不道德的。
罕各	义务，责任。
罕志	去麦加朝圣，又叫“朝罕志”。
狠贼勒	猪，猪肉。回民忌说“猪”，或叫“狠贼勒”，或叫“黑子”。
呼夫坦	宵礼，口语叫“睡觉拜”。
胡大	真主。

呼图白	宣讲词。
护乃勒	优点，长处。
伙士	满意，同意。
格布里	愿意，同意。在婚礼上，阿訇问男女双方。你们愿意结为夫妻吗？双方用此回答。
格迪目	伊斯兰教派之一，当地称“老古”或“老教”。
卡幡	裹埋体布。
邪闪潘	伊斯兰教历星期二（公历星期四）。
者那孜	殡礼，葬礼。站者那孜，即在埋体前肃立默哀。
哲赫忍耶	伊斯兰教派之一，也叫“高念派”。
主麻	伊斯兰教在公历每星期五举行的一次集体礼拜的名称。
插哈勒闪潘	伊斯兰教教历星期三（公历星期五）。
沙目	昏礼，口语叫“落日拜”。
哈希德	媒人，介绍人。
舍希丹	为宗教而殉难者。
舍尔巴乃	伊斯兰教历八月。
筛海	有一定宗教修养的长者，老人。
稍麻	小寺。
闪潘	伊斯兰教历星期六（公历星期一）。
鼠迷	倒霉，丑陋。
则卡底	主谋，即按照主命付出的课税。
色俩目	穆斯林见面时候的问候语，相当于“您好”。
色白格	课程。
塞白卜	运气。
塞瓦布	回赐，感谢。
数勒	《古兰经》的某一章。
逊乃提	圣行。

热伊斯	哲赫忍耶教教主的代理人。
阿门	念诵《古兰经》首章后的诵语。意为："主啊，请允许我们的祈求吧！"
阿布代斯	小净。
阿赫勒提	来世、后世。
阿舒拉	伊斯兰教历一月十日，为伊斯兰教阿舒拉节。
阿斯麦	宇宙，天空。
艾谋勒	命令。
奥拉得	赞主词。
安拉	真主，可简称主，又称安拉乎。
尔布	缺点，过失。
尔德	尔德，费图尔的简称，即伊斯兰教历十月一日为开斋节，也叫小尔德节。
尔林	（经学方面的）学问、水平。
尔麦里	举动，行为。
二各里	智慧，悟性。
阿訇	清真寺里主持教务教授伊斯兰宗教经典的人。
尔札布	（真主的）惩罚。
伊布利斯	魔鬼。
伊玛目	掌教，领拜人。
伊玛尼	信仰。
伊赫瓦尼	伊斯兰教教派之一，又叫新兴教。
伊札布	（由阿訇书写的）结婚证书。（现已废止）
伊斯俩目	伊斯兰。
亚勒	同伴，同学。
耶克闪潘	伊斯兰教历星期日（公历星期二）。
爷给尼	信念，意志。
耶提目	孤儿。

第七章

吴忠话的语法特点

一　词类

吴忠话词类与普通话基本一致，有少数词类特色比较明显。本章主要谈谈代词、趋向动词、副词、语气词等。

（一）代词

1. 人称代词

吴忠话人称代词，单数表达形式是：我［vɤ^{53}］、你［ni^{53}］、他［t‘ɤ^{44}］（也说［t‘a^{44}］）。复数表达形式是在单数形式后面加复数词尾“们”［məŋ^{51}］。

“们”重读时为［məŋ^{53}］，但一般都轻读为［·mu］或元音脱落后为［·m］。复数第一人称说“我们［vɤ$^{53}_{35}$ ·mu］”或“卬们［aŋ$^{53}_{35}$ ·mu］”。复数第二人称说“你们”［ni^{53} ·mu］或［ni$^{53}_{35}$ ·mu］。复数第三人称说“他们［t‘a^{44} ·mu］”或“怹们［taŋ^{44} ·mu］”。

值得关注的是吴忠话里“卬们、你们、他们”做定语时，不仅可以表示复数，还可以表示单数。如：“卬们老婆子今儿上北京了。”“你们老汉从地呢回来了。”“他们儿媳妇生了个胖儿子”等。

吴忠话里单数第二人称没有敬称“您”。旁称用“旁人”［p‘aŋ^{53} · ʐ̩əŋ］”，别称用“别［pie^{53}］”、“别们［pie^{53} · mu］”、“别家［pie^{53} ·tɕie］”。

人称代词在句中主要做主语和宾语。例如：

我去覭覭［$vɤ^{53}_{35}k'ɯ^{13}mɔ^{44}$ ·mɔ］。

你要找他［$ni^{53}pa^{13}tʂɔ^{53}t'a^{44}$］。

我们早就干完了［$vɤ^{53}_{35}$ ·mu $tsɔ^{53}_{35}tɕiəu^{13}kæ̃^{13}væ̃^{53}$ ·lə］。

你们没有寻到他们吗［ni^{53}_{35} ·mu $mu^{13}iou^{53}$ $ɕiŋ^{13}tɔ^{13}t'a^{44}$ ·mu ·ma］。

人称代词的复数形式做定语时，要将表示复数语法的词尾“们”去掉，用语音变化的形式来表达领属关系。如：

卬妈［$aŋ^{53}ma^{44}$］，您姐姐［$t'aŋ^{44}tɕie^{53}_{35}$ ·tɕie］等。

2. 指示代词

吴忠话里的指示代词有表示近指的和远指的。

表示近指的代词是“这”。“这”有［$tʂʅ^{13}$］、［$tʂɤ^{13}$］和［$tʂei^{13}$］几种读音。

表示远指的代词有“那”和“呶”。“那”有［$nɤ^{13}$］、［nei^{13}］两种读音。“呶”可以有［$nəu^{44}$］和［$nɔ^{44}$］两种读音。读［$nɔ^{44}$］时也可以写作“闹”字。

远指代词“呶”发音的长短不同可以区分距离或时间的远近。如：

（1）麻烦你把呶个铁锨取来。

（2）王家村子在呶……呢呢。

（3）关马湖在呶……呢呢。

（4）呶……会子，诸葛亮还在卧龙岗住着呢。

其中第一句话中“呶”发音较短，表示铁锨离说话人较近；第二句话中“呶”发音稍长，表示王家村子距离稍远；第三句话中“呶”的发音很长，表示离关马湖的距离很远。第四句话中“呶”的发音也很长，表示诸葛亮那时的时间离现在已经非常久远了。

又如，有人在利通区问：“上桥在哪里呢？”回答说：“在呶点呢！”这句话中的“呶”音发得比较短，因为上桥离市区很近。如询问：“马家湖在哪里呢？”回答则说：“在呶……里呢！”因为马家湖离市区还有几十里路程，距离很远。

3. 疑问代词

吴忠话里，普通话常用的“谁”、“什么”、“哪儿”、“多少”、

“怎样”等疑问代词也都使用，但还有一些比较特殊的疑问代词。如：

啥［sa53］、啥家伙［sa53tɕia44 ·xuə］。

咋［tsa53］、咋样［tsa53 iaŋ13］、咋话［tsa53 xua13］、咋话了［tsa53xua13 ·lə］、咋的［tsa53ti13］。

□［tsua53］、□去呢［tsua53k‘ɯ13 ·ni］（干啥去呢）。

其中，“啥”即“什么”。经常用在动词后面，如“做啥?”、“吃啥?”、“喝啥?”、“为啥?”等。“啥”做疑问代词既可以代表物，也可以代表人。如：“这是个啥物件?”、“他是个啥人嘛? 咋那么牛气。”

“咋”同“怎么”经常用在动词或一些词组前面。如“咋办?”、“咋说的?”、“咋回事儿?”；“咋样”同“怎样”、“怎么样”，多用在句末。如“他这个人咋样?”、“群众对他的反映咋样?”；“咋样”不仅表示疑问，还可用于夸耀。如“咋样！我说的不错吧！”、“咋样！我这几年工作有成绩吧！”；“咋话”表示反问和责问。如“咋话，这件事办得不对吗?”、“咋话，这是我的错吗?”；“咋的”相当于“怎么样”。如“咋的，这家羊杂碎好吧?”“咋的，我没说错吧?”这类句式常以反问的语气来明确说的内容，“的”一般不读轻声，需要重读。“咋的”说作［tsa13ti13］或［tsa13ti53］。“□”是“做啥”的合音词。

（二）趋向动词

吴忠话里的趋向动词除使用普通话里的“上、下、进来、出去、起来、上来、下去”等词之外，还常使用“开、去、走”等。

吴忠话里的“开［k‘ɛ44］”、“去［k‘ɯ13］”、“走［tsəu53］”经常用于动词和形容词后，在表示趋向的同时，还具有“开始态”的语法意义。对动作、行为、性状变化的时态给予补充说明。如：

汽车开开了我再走。［tɕ‘i13tʂ‘ɤ44k‘ɛ44 ·k‘ɛ ·lə vɤ53tsɛ13tsəu53］。

说开了容易做开了难。［ʂuɤ13 ·k‘ɛ ·lə yŋ53i13tsuɤ13 ·k‘ɛ ·lə næ̃53］。

麦子黄开了。［mia13 ·tsɿ xuaŋ53 ·k‘ɛ ·lə］。

茉莉花香开了。［mɤ13 ·li xua44ɕiaŋ44 ·k‘ɛ lə］。

你给我把钱拿走。[ni^{53}kɯ^{53}vɤ^{53}pa^{13}tɕ‘iæ̃^{53}na^{53} tsəu^{53}]！

把箱子搬着里屋走。[pa^{13}ɕiaŋ^{44} ·tsɿ pæ̃^{44} ·tʂə li$^{53}_{35}$vu^{13} ·litsəu^{53}]。

贼娃子摸走了小马的二百钱。[tsei^{53} ·va ·tsɿ mɤ^{13} ·tsəu ·lə ɕiɔ^{53} ma$^{53}_{35}$ ·ti a^{13}pia^{13}tɕ‘iæ̃^{53}]。

我们帮他盖房子走。[vɤ^{53} ·mu paŋ^{214}t‘a^{13}kɛ^{13}faŋ^{53} ·tsɿ ·tsəu]。

把菜端上走。[pa^{13}ts‘ɛ^{13}tuæ̃^{44} ʂaŋ^{13} ·tsəu]。

把娃娃搁下走。[pa^{13}va^{53} ·va kɤ^{13}ɕia^{13} ·tsəu]。

破坏去容易建设去难。[p‘ɤ^{13}xuɛ^{13} ·k‘ɯ yŋ^{53}i^{13}tɕiæ̃^{13} ʂɤ^{13} ·k‘ɯ næ̃^{53}]（破坏容易，建设就难了）。

樱桃好吃栽树去难。[iŋ^{44}t‘ɔ^{53}xɔ$^{53}_{35}$tʂ‘ʅ^{13}tsɛ^{44} ʂu^{13} ·k‘ɯ næ̃^{33}]。（樱桃好吃，栽树开了就难了）。

（三）副词

1. 程度副词

普通话表程度的副词“最、极、大、非常、特别”等，吴忠话里也用。此外还有一些比较特殊的程度副词，如“忒、怪、偌死老、咂、咂活、歹、歹活、死、零干、完勒、不得了、些微”等。

忒［t‘ei^{13}］表示极高的程度，相当于普通话里的“极、特别”。如“这个人忒坏了。”“那个人忒不像话了。”

怪［kuɛ^{13}］表示程度高，相当于普通话里的“很”。如“这朵花怪好看的。”“那个人怪有意思。”“这块布怪结实的。”

偌死老［ʐɤ^{13}sɿ^{53}lɔ^{53}］表示程度极高，相当于普通话里的“特别”。如“这一袋子米偌死老重的，让那个老奶奶咋拿到楼上呢？”“这一截子路偌死老远的，走了半天子工夫。”

些微［ɕye^{13}vei^{44}］表示重度轻微。如：“这个桌子些微大一点就好了。”“那件衣服些微窄一点就合体了。”

以上程度副词常用在形容词或动词前做状语。

“咂、咂活、歹、歹活、死、零干、完勒、不得了”等副词多用在形容词后面做补语（详见“补语表示法”）。

2. 时间副词

吴忠话里的时间副词和普通话相比，有一部分差别比较大。举例如下：

将将［tɕiaŋ^{44}tɕiaŋ^{44}］即“刚刚”，表示时间极短，而且带有一定热情的感情色彩。如：“你们大爹将将来，正吃饭着呢。”“小刘将将走，你快撵。”

马时［ma^{53} ʂʅ^{53}］同于“马上”或“马下”，表示立刻。如：“印们马时走，已经三点了，到火车站还要买票呢。”“这些子钱是个大数目，你马时要谁也拿不出来。”

第头［ti^{13} ·t‘əu］最初，刚开始。如：“第头别不愿意，妈的好说歹说这才通了口。”“吴忠市第头种枸杞的少，现在越来越多了。”

而根［a^{53}kəŋ^{44}］而今，现在。“而根和以前不一样了，东西多了，想吃啥都有呢。”　“过去什么样，而根什么样，吴忠变化大歹了。”

早呢［tsɔ$^{53}_{35}$ ·ni］以前，也说“早已”，表示时间早就发生了。如：“早呢别还常来呢，这两年忙顾不上了。”“早呢张寡妇黄酒质量好，现在不行了。”“这个东西，早已农贸市场上就有卖的呢。”

时不时［ʂʅ^{53} ·pu ʂʅ^{53}］不时，偶尔、经常。如：“人老了容易觉得孤单，你们时不时要去看给起呢。”　“二娃子，时不时还送两个钱呢。”

3. 情态副词

吴忠话里有几个情态副词比较特殊，如“怪道、跌故意意、跌故子、巴故子、推故子”等，具体如下：

怪道［kuɛ^{13}tɔ^{13}］怪不得、难怪。表示以后知道原委，醒悟过来。如：“老王住院了？怪道他这两天没来上班。”“我说为啥对我这么好，怪道干下错事了。”

跌故意意［tie^{13}ku^{13}i^{13} ·i］故意。如：“那个人跌故意意找事着呢。”“娃娃跌故意意闹人呢。”

跌故子［tie^{13}ku^{13}tsɿ^{13}］故意、伪装或找理由。如：“小明不想走，跌故子有病了。”“小刘走路一拐一拐的，我当是有毛病了，谁知别跌故子装着呢。”

巴故子［pa^{13}ku$^{13}_{11}$ ·tsɿ］特意。如：“我大老远的，巴故子看你来了。”“我巴故子请你着呢，你不了推辞。”

推故子［tuei^{44} ·ku ·ʦɿ］特意推辞。如：“别推故子有病呢，没来开会。”“老汉不愿意参加侄儿的婚礼，推故子走北京呢。”

4. 语气副词

吴忠话里有些表示肯定、否定、反问、估测语气的副词比较有特色。具体如下：

瞎好［xa^{13}xɔ^{53}］无论如何。经常和“不”“也”配合使用，表示肯定语气。如：“这个娃娃就喜欢在家呢，瞎好不上幼儿园。”“小王心气高，瞎好不愿意念中专，一定要考个大学呢。”

好歹［xɔ^{53}tɛ^{53}］怎么也。常和“不”、“也”、“都”等配合使用，表示肯定语气。如：“别好歹不愿意在农村待，出去打工去了。”“娃娃好歹也要让上学念书，有个文化。”

好［xɔ^{53}］、好是［xɔ^{53} · ʂʅ］表示反问语气，相当于普通话里的“难道”，但和“难道”又有区别。普通话里的“难道”不能直接发问，要和别的词语或词组配合，而“好”、“好是”可以直接发问，而且发问的语气比较缓和。如：“我好不是厂里的职工吗？”“好是你不愿意到南方去上大学？”“老张好是回北京了？两年前早就回来了。”

想［ɕiaŋ^{53}］、想是［ɕiaŋ^{53} · ʂʅ］也表示反问语气，和上面“好、好是”用法相同。如：“小马想没来？”“小张想是娶了个研究生婆姨？”

罢［pa^{13}］表示否定语气，相当于普通话里的“不要”。如：“你罢说！”“你罢来。”“你罢胡闹了。”“你罢把娃娃拼上那么高。”

保不住［pɔ$^{53}_{35}$ ·pu tʂu^{13}］说不定，表示估测语气，可以用在陈述句和疑问语句中，也可以单独使用。如：“这个娃娃不好好吃饭，保不住有啥毛病了。”“雨下得这么大，老李来不了了吧？保不住。”

（四）其他词类

1. 介词

吴忠话里有些介词与普通话不同，主要有“赶”、“赶到”、“生”、“以生”、“头”、“头到”、“搁”、“给”、“把”等，具体如下：

赶［kæ̃⁵³］到……时候，表示时间。如：“赶上午九点钟你来，再的时候不在家。”“赶开春我把种子、化肥早就预备下了。”

赶到［kæ̃⁵³ tɔ¹³］等到……时候，表示时间，语气比“赶”缓和。如：“赶到我来，老马把开会用的材料都打好了。”“赶到火车快开了，小李才慌慌张张地跑上站台。”

生［ka⁵³］从。这个词有音有义而无形，可写作同音字“生”或“尕”。表示时间、处所、方向等。如：“生北京来的火车上，人坐得满满的。”“生过年以后，天气越来越暖和了。”“生那个小路子上走，大路不通了。”

以生［i⁵³ ka⁵³］自从，表示时间。如：“以生上学，这个娃娃懂事多了。”“以生断了奶，又不好好吃饭，娃娃瘦了。”

头［t‘əu⁵³］等……时候，表示时间，也写作“投”。如：“头我下班了，老妈把饭早都煮好了。”“投抱上孙子，我也就该退休了。”

头到［t‘əu⁵³tɔ¹³］等到……时候（表示时间）也写作“投到”。如：“头到把田呢麦子割完，天都擦黑子了。”“今年投到过五月端午，稻秧都早插完了。”

搁［ka¹³］用、拿。表示方式。如：“你拉下那么多的账，搁啥还呢。”“没有车，搁啥往回拉打下的粮食呢。”

给［kɯ⁵³］为、替；向、对。表示对象。如：“你给我拿着书，我给老师交作业走。”“你都给儿子说了些啥吗，今天一天不高兴的。”

把［pa¹³］将、对，表示方式、对象。如：“把你就批评了，不服气咋呢？”“看把你着急的。”“你把别疼爱的，别根本不领情。”

2. 助词

吴忠语里有几个非常有特点的句末助词，举例如下：

无［vu⁵³］、无鬼［vu⁵³kuei⁵³］等、等等。表示列举或列举未尽。“这是个用功娃娃，从早到晚就是念书、写字、做作业无，又不跟别的娃娃和哄着耍么。”“那一家子养了个现世宝，没有个正干的，一天光喝酒、耍赌、打架无鬼。”

巴唏［·pa·ɕi］……之类，也是表示列举的助词。如：“你从街上回来动了买上把韭菜，好调个饭巴唏。”“你这么大的人了，在家呢也帮着大人担个水、扫个院子、干个活巴唏。”

3. 呼唤感叹词

吴忠语里常用的呼唤应答和感叹有下面几个：

嗒［ʦa^{53}］呼语，常用于对小辈。如：“嗒，你干啥着呢。”“嗒，娃娃你过来，我跟你说个话。”

盎［aŋ^{44}］应答语。如：“小韩，明天上班来早些。盎！知道了。”

啊呦喂［a^{13}iɔ^{13}vei^{53}］表示不满。如：“啊呦喂！离了你还想办不成事了。”

呱呱怎［kua^{13}kua^{13}ʦei^{53}］表示惊讶、称颂。如：“呱呱怎！给我给了这么大的西瓜。”

呱三哟［kua^{44}sæ̃^{44}·iɔ］表示意外。如：“我的呱三哟，下这么大的雨，你还看我来了。”

二 词缀

吴忠话里的一部分词是词根上面附加词缀构成的。吴忠话里的词缀除普通话里常用的“老、初、第、子、头、者、性、家、子”等此外，还有一些比较有特色的词缀。诸如“日、巴、子、手”等，这些词缀大部分和单音节词组合，不仅使单音节词多音节化，具有了音节和谐、韵律生动的特点，而且还使词语在理性意义的基础上具有了特殊的感情色彩，起到了加深程度、缓和语气和更加生动形象的作用。吴忠话词缀按照附加部位的不同，具体分述如下：

（一）前缀

日［ʐʅ^{13}］常和形容词、动词组合，构成的词语多带有贬义的色彩。如：

日能［ʐʅ^{13}nəŋ^{53}］逞能　　日赖［ʐʅ^{13}lɛ^{13}］耍赖

日鬼［ʐʅ^{13}kuei^{53}］捣鬼　　日怪［ʐʅ^{13}kuɛ^{13}］奇怪

日眼［ʐʅ^{13}iæ̃^{53}］看不惯　　日心［ʐʅ^{13}ɕiŋ^{44}］恶心

以上为形容词

日弄［ʐʅ^{13}nuŋ^{13}］愚弄人　　日嗟［ʐʅ^{13}tɕye^{44}］训斥人

日哄［ʐʅ^{13}xuŋ^{53}］哄人　　日诓［ʐʅ^{13}xuaaŋ^{13}］诓骗人

日白［ʐʅ^{13}pia^{13}］说谎话　　日踏［ʐʅ^{13}t‘a^{13}］糟蹋

以上为动词

圪［kɯ^{13}］常和名词、动词、形容词组合，构成的词语多具有形感和动感色彩。如：

圪垯［kɯ^{13}·tə］块状物　　圪棱［kɯ^{13}ləŋ^{13}］土棱子

圪节［kɯ^{13}tɕie^{13}］骨节　　圪粱［kɯ^{13}liaŋ^{53}］高梁

圪丁［kɯ^{13}tiŋ^{13}］硬茧　　圪针［kɯ^{13}tʂəŋ^{44}］突起痕

以上为名词

圪逶［kɯ^{13}vei^{13}］移动　　圪晃［kɯ^{13}xuaŋ^{13}］晃动

圪抖［kɯ^{13}təu^{53}］发抖　　圪吵［kɯ^{13}tʂ‘ɔ^{53}］小声吵

圪登［kɯ^{13}təŋ^{13}］心跳　　圪喽［kɯ^{13}ləu^{13}］逗痒痒

以上为动词

圪乍乍［kɯ^{13}tʂa^{13}·tʂa］难听刺耳的声音

圪抖抖［kɯ^{13}təu$^{53}_{35}$·təu］身体发抖、打战的样子

圪能能［kɯ^{13}nəŋ$^{53}_{35}$·nəŋ］动作不稳的样子

圪哼哼［kɯ^{13}xəŋ^{13}·xəŋ］病人呻唤的样子

圪叽叽［kɯ^{13}tɕi^{13}·tɕi］掉泪或踏泥水的样子

圪㤘㤘［kɯ^{13}tʂəu$^{53}_{35}$·tʂəu］人矜持的样子

以上为形容词

偌［ʐɤ^{13}］指做前缀经常构成形容词。有加深性质、状态、程度的作用。如：

偌大［ʐɤ^{13}ta^{13}］这么大　　偌高［ʐ　^{13}kɔ^{44}］这么高

偌远［ʐɤ^{13}yæ̃^{53}］这么远　　偌长［ʐɤ^{13}tʂ‘aŋ^{53}］这么长

偌重［ʐɤ^{13}tʂuŋ^{13}］这么重　　偌厚［ʐɤ^{13}xəu^{13}］这么厚

（二）中缀

吴忠话构成中缀的词语有“巴”［·pa］。用“巴”构成的词语韵

律生动，也有舒缓语气词的作用。如：

精巴鬼［tɕiŋ^{44} ·pa kuei^{53}］即“精灵鬼”

力巴家［li^{13} ·pa tɕia^{13}］外行

肋巴骨［lia^{13} ·pa ku^{13}］肋骨

干巴树［kæ̃^{44} ·pa ʂu^{13}］干枯了的树

脚巴心［tɕyə^{13} ·pa ɕiŋ^{44}］脚心

（三）后缀

吴忠话常见的后缀有“子、头、活、乎”等，其中“子”缀构成灵活、多样，使用最为广泛。

子［·tsɿ］，吴忠语里带儿尾的词比较少，普通话带儿尾的词，在吴忠话里大都能够附加后缀“子”。单音节语素、后面可以直接加后缀“子”；双音节和多音节语素或重叠语素后面也可以加后缀“子”构词；甚至多音节语素后的音节重叠也可以加“子”字构词。具体情况如下：

1. “子”字使用叠音的是做名词词缀。如：

铺子［p‘u^{13} ·tsɿ］商店　　招子［tʂɔ^{44} ·tsɿ］旧时招牌

戥子［təŋ$^{53}_{35}$ ·tsɿ］小秤　　票子［p‘iɔ$^{53}_{35}$ ·tsɿ］纸币

簰子［p‘ɛ^{53} ·tsɿ］水上交通工具　　碗子［væ̃$^{53}_{35}$ ·tsɿ］茶碗

馓子［sæ̃^{13} ·tsɿ］油炸食品　　核子［xu^{53} ·tsɿ］果核

钱庄子［tɕ‘iæ̃^{53}tʂuaŋ ·tsɿ］旧时“银行”的称谓

钢镚子［kaŋ^{44}pəŋ^{13} ·tsɿ］硬币

推车子［tuei^{44} ·tʂ‘ə ·tsɿ］旧时独轮小车

麦穗子［mia^{13}suei^{13} ·tsɿ］麦穗

澡堂子［tsɔ^{53}t‘aŋ^{53} ·tsɿ］洗浴场所

电蹦子［tiæ̃^{13}pəŋ^{44} ·tsɿ］电动自行车

剃头挑子［t‘i^{13}t‘əu^{53}t‘iɔ^{44} ·tsɿ］剃头匠人的担子

对门襟子［tuei^{13}mu^{13}tɕiŋ^{44} ·tsɿ］中间开缝的衣襟

街门楼子［kɛ^{44} ·məŋ ləu^{53} ·tsɿ］临街的门楼

讨吃花子［t‘ɔ$^{53}_{35}$ ·tʂ‘ʅ xua^{44} ·tsɿ］乞丐

鸡窝炉子［tɕi^{44}vɤ^{44}lu^{53} · tsɿ］一种旧式地炕火炉

烟锅嘴子［iæ̃^{44}kuɤ^{44}tsuei$^{53}_{35}$ · tsɿ］点烟杆上的烟嘴

2. 单音节形容词语素后附加“子”缀，可以构成双音节名词。有表人的、也有表物的。如：

胖子［p'aŋ^{13} · tsɿ］胖人　　瘦子［səu^{13} · tsɿ］瘦人

高子［kɔ^{44} · tsɿ］高个儿　　矮子［ɛ^{13} · tsɿ］矮个儿

黑子［xɯ^{13} · tsɿ］回民对猪的称呼　　亮子［liaŋ^{13} · tsɿ］皮彩幕布

3. “子”缀做重叠式动词词缀，表示动作行为具有短暂和尝试的语法意义。如：

走走子［tsəu$^{53}_{35}$ · tsəu · tsɿ］走一会儿

站站子［tʂæ̃^{13} · tʂæ̃ · tsɿ］站一会儿

坐坐子［tsuɤ^{13} · tsuə · tsɿ］坐一会儿

等等子［təŋ^{53} · təŋ · tsɿ］等一会儿

转转子［tʂuæ̃^{13} · tʂuæ̃ · tsɿ］转一会儿

覒覒子［mɔ^{44} · mɔ · tsɿ］看一会儿

耍耍子［ʂua$^{53}_{35}$ · ʂua · tsɿ］耍一会儿

说说子［ʂuɤ^{13} · ʂuə · tsɿ］说一会儿

笑笑子［ɕiɔ^{13} · ɕiɔ · tsɿ］笑一会儿

尝尝子［tʂ'aŋ^{53} · tʂ'aŋ · tsɿ］尝一点儿

吃吃子［tʂ'ʅ^{13} · tʂ'ʅ · tsɿ］吃一点儿

4. 人或动物名称后面附加“子”缀，或附加“娃子”、“儿子”构成名词，这类词具有小称或带喜爱的感情色彩。如：

爹老子［tie^{44} · lɔ · tsɿ］　　娘母子［niaŋ^{53} · mu · tsɿ］

男娃子［næ̃^{53} · va · tsɿ］　　丫头子［ia^{44} · t'əu · tsɿ］

大伯子［ta^{13}pɛ^{44} · tsɿ］　　小叔子［ɕiɔ$^{53}_{35}$ · ʂu · tsɿ］

马驹子［ma^{53} · tɕ'y · tsɿ］　　牛犊子［niəu^{53} · tu · tsɿ］

麻雀子［ma^{53} · tɕ'iɔ · tsɿ］　　燕唧子［iæ̃^{13}tɕi^{13} · tsɿ］

狗娃子［kəu$^{53}_{35}$ · va · tsɿ］　　猪娃子［tʂu^{44} · va · tsɿ］

鸡娃子［ti^{44} · va · tsɿ］　　鹅娃子［ɤ^{53} · va · tsɿ］

鸭儿子［ia^{13}a$^{53}_{35}$ · tsɿ］　　鸽儿子［k^{13}a$^{53}_{35}$ · tsɿ］

5. 指物的名词重叠后加“子”缀，具有小指和表示喜爱的感情色彩。如：

褂褂子［kua^{13}kua$^{13}_{11}$ ·tsɿ］　　裤裤子［k‘u^{13}k‘u$^{13}_{11}$ ·tsɿ］

桌桌子［tʂu^{13}tʂu$^{13}_{11}$ ·tsɿ］　　碟碟子［tie^{13}tie$^{13}_{11}$ ·tsɿ］

人人子［ʐəŋ^{53}ʐəŋ$^{53}_{35}$ ·tsɿ］　　书书子［ʂu^{44} ʂu^{44} ·tsɿ］

风风子［fəŋ^{44}fəŋ^{44} ·tsɿ］　　雨雨子［y$^{53}_{35}$y^{53} ·tsɿ］

6. 表数量的量词重叠后加“子”缀，语义上不表示历数的语法意义，而具有小称的功能。如：

“一排排子房子。”不是一排又一排，而是只有一排房子。

“一群群子羊。”不是一群又一群，而是只有一群羊。

“一把把子韭菜。”不是一把又一把，而是只有一把韭菜。

“一袋袋子枸杞子。”不是一袋又一袋，而是只有一袋枸杞子。

7. 表示大小、长短、轻重、深浅、薄厚等单音节量度形容词，重叠后带“子”缀，前面加上“这么”“那么”等指示代词，有往小说的意思。如：

“这么大大子的个娃娃。”是不太大的娃娃。

“那么高高子的个楼房。”是不太高的楼房。

“这么短短子的个棒子。”是棒子太短了。

“这么厚厚子的个被子。”是被子太薄了。

8. “正、反、偏、斜、直、立、倒、顺、横、趄”等单音形容词，重叠后加“子”缀，只能做状语，表示动作的方式或情态。如：

皮袄反反子穿上像个啥？

身子斜斜子转过来照镜子。

把娃娃顺顺子抱上喂奶。

今儿的风趄趄子刮着呢。

我天天赶早倒倒子走着锻炼呢。

你把木头杆子横横子担上搭衣服。

9. 活［·xuə］“活”多附着在单音助词，形容词语素后面，构成形象、舒缓的双音节词。如：

忙活［maŋ^{53} ·xuə］　　热活［ʐɤ^{13} ·xuə］

搅活 [tɕiɔ$^{53}_{35}$ ·xuə]　　扯活 [tʂ‘ɤ$^{53}_{35}$ ·xuə]

近活 [tɕiŋ^{13} ·xuə]　　搧活 [ʂæ̃^{44} ·xuə]

虚活 [ɕy^{44} ·xuə]　　多活 [tu^{44} ·xuə]（什么时候）

10. 㞞 [suŋ^{53}] 经常和形容词语素组合构成名词。"㞞"本为"庸贱"之义，所以构成的词语都有贬义，经常用为骂人话。如：

囊㞞 [naŋ^{44} ·suŋ]　　爬㞞 [p‘a^{53} ·suŋ]

傻㞞 [ʂa^{53} ·suŋ]　　愣㞞 [ləŋ^{13} ·suŋ]

懵㞞 [məŋ^{44} ·suŋ]　　幐㞞 [t‘əŋ$^{53}_{35}$ ·suŋ]

穷㞞 [tɕ‘yŋ^{53} ·suŋ]　　脏㞞 [tsaŋ^{44} ·suŋ]

懒㞞 [læ̃^{53} ·suŋ]　　瞎㞞 [xa^{13} ·suŋ]

坏㞞 [xuɛ^{13} ·suŋ]　　拐㞞 [kuɛ^{53} ·suŋ]

11. 呇 [·tɕ‘iəu]、呇子 [·tɕ‘iəu ·tsɿ] "呇"，《说文解字》释为"高气也"，有傲气逼人、叱责、命令意味，文化浅薄的人经常使用。如：

来呇 [lɛ^{53} ·tɕ‘iəu]　　去呇 [k‘ɯ^{13} ·tɕ‘iəu]

输呇 [ʂu^{44} ·tɕ‘iəu]　　苦呇 [k‘u$^{53}_{35}$ ·tɕ‘iəu]

来呇子 [lɛ^{53} ·tɕ‘iəu ·tsɿ]　去呇子 [k‘ɯ^{13} ·tɕ‘iəu ·tsɿ]

走呇子 [tsəu^{53} ·tɕ‘iəu ·tsɿ]　输呇子 [ʂu^{44} ·tɕ‘iəu ·tsɿ]

用后缀"呇"和"呇子"构成形容词时，还可以加上语气词"了"、"的"等，使该词所表示的性质、状态得以加强。如：

大呇了 [ta^{13} ·tɕ‘iəu ·lə]　　小呇了 [ɕiɔ^{53} ·tɕ‘iəu ·lə]

阔呇了 [k‘uɤ^{13} ·tɕ‘iəu ·lə]　输呇了 [ʂu^{44} ·tɕ‘iəu ·lə]

硬呇子的 [iəŋ^{13} ·tɕ‘iəu ·tsɿ ·ti]

冷呇子的 [ləŋ^{53} ·tɕ‘iəu ·tsɿ ·ti]

酸呇子的 [suæ̃^{44} ·tɕ‘iəu ·tsɿ ·ti]

苦呇子的 [ku^{53} ·tɕ‘iəu ·tsɿ ·ti]

用后缀"呇"和"呇子"构成动词时，后面还有加上语气词"了"、"吧"等，表达陈述、命令、请求、催促等方面的意义。如：

撂呇了 [liɔ^{13} ·tɕ‘iəu ·lə]　　佴呇了 [a^{53} ·tɕ‘iəu ·lə]

扔呇了 [ʐəŋ^{44} ·tɕ‘iəu ·lə]

跑㕭子了［p‘ɔ$^{53}_{35}$ ·tɕ‘iəu ·tsɿ ·lə］

算㕭子了［suæ̃^{44} ·tɕ‘iəu ·tsɿ ·lə］

干㕭子吧［kæ̃^{13} ·tɕ‘iəu ·tsɿ ·pa］

耍㕭子吧［ʂua^{53} ·tɕ‘iəu tsɿ ·pa］

三　重叠式

吴忠话里的重叠形式比较丰富，有 AA 式、AAB 式、ABB 式、ABA 式、AA 子 B 式等。具体分述如下：

1. AA 式。AA 式有指人的，有指物的，一般都带有亲昵意味，因此不管指人还是指物，描述的都是人们所喜爱的事物。如：

叔叔［ʂu^{13} · ʂu^{13}］也称“爸爸”　娘娘［niaŋ^{44} ·niaŋ］未婚姑姑

娃娃［va^{53} ·va］小孩　重重［tʂ‘uŋ ·tʂ‘uŋ］重孙

花花［xua^{44} ·xua］油炸小食品　房房［faŋ^{53} ·faŋ］

锅锅［kuɤ ·kuə］　碗碗［væ̃$^{53}_{35}$ ·væ̃］

盆盆［p‘əŋ^{53} ·p‘əŋ］　罐罐［kuæ̃^{13} ·kuæ̃］

盅盅［tʂuŋ^{44} ·tʂuŋ］　碟碟［tie^{13} ·tie］

2. AAB 式。AAB 式前面两个字叠音后修饰后面的字，主要指事物的性质、状态等，形象生动地状物，使人们更好地了解事物的特征。如：

呱呱鸡［kua^{13} ·kua ·tɕi］　咕咕等［ku^{44} ·ku təŋ^{53}］斑鸠

麻麻亮［ma^{53} ·ma ·liaŋ］　回回寺［xuei^{53} ·xuei ·sɿ］清真寺

芨芨绒［tɕi^{53} ·tɕi ʐuŋ^{53}］　辣辣英［la^{13} ·la ·iŋ］一种野菜

黄黄菜［xuaŋ^{53} ·xuaŋ ·ts‘ɛ］　豁豁嘴［xu^{13} ·xuə tsuei^{53}］

把把糖［pa^{13} ·pa t‘aŋ^{53}］　罐罐茶［kuæ̃^{13} ·kuæ̃ tʂ‘a^{53}］

3. ABB 式。ABB 式是由名词、动词、形容词等附加叠音词缀构成的，多为形容词，也有部分名词。如：

红丢丢［xuŋ^{53}tiəu^{44} ·tiəu］　黄澄澄［xuaŋ^{53}təŋ^{44} ·təŋ］

蓝湛湛［læ^{53}tʂæ̃^{13} ·tʂæ̃］　绿英英［lu^{13}iŋ^{44} ·iŋ］

白生生［pia^{13}səŋ^{44} ·səŋ］　圆丢丢［yæ̃^{53}tiəu^{44} ·tiəu］

贼叽叽［tsei^{53}tɕi^{13} ·tɕi］　沉甸甸［ʈʂəŋ^{53}tiæ̃^{44} ·tiæ̃］

水灵灵［ʂuei^{53}liŋ^{44} ·liŋ］　黑咚咚［xɯ^{13}tuŋ^{53} ·tuŋ］

旋风风［ɕyæ̃^{13} ·fəŋ fəŋ^{13}］　蒜窝窝［suæ̃^{13}vɤ^{44} ·və］

喜虫虫［ɕi$_{35}^{53}$ʈʂ'uŋ^{53} ·ʈʂ'uŋ］　燕唧唧［iæ̃^{13}tɕi^{53} ·tɕi］

苞秫秫［pɔ^{44}ʈʂ'u^{55} ·ʈʂ'u］

藏蒙蒙［ts'aŋ^{53}məŋ^{44} ·məŋ］捉迷藏

4. ABA 式。ABA 式根据 A 和 B 词性的不同可以分为几个不同的类型，具体如下：

官向官［kuæ̃^{44}ɕiaŋ^{13}kuæ̃^{44}］　民向民［miŋ^{53}ɕiaŋ^{13}miŋ^{53}］

脚打脚［tɕye^{13}ta$_{35}^{53}$tɕye^{13}］　话赶话［xua^{13}kæ̃^{53}xua^{13}］

以上 A 为名词，B 为动词

明打明［miŋ^{53}ta$_{35}^{53}$miŋ^{53}］　实打实［ʂʅ^{13}ta^{53}ʂʅ^{13}］

硬碰硬［iŋ^{13}p'əŋ^{13}iŋ^{13}］　随当随［suei^{53}taŋ^{13}suei^{53}］

以上 A 为形容词，B 为动词

羞不羞［ɕiəu^{44} ·pu ɕiəu^{44}］　臊不臊［sɔ^{13} ·pu sɔ^{13}］

动不动［tuŋ^{13} ·pu tuŋ^{13}］　头巴头［t'əu^{53} ·pa t'əu^{53}］

侘巴侘［ʈʂ'a^{13} ·pa ʈʂ'a^{13}］　瞎不瞎［xia^{13} ·pu xia^{13}］（坏不坏）

以上 A 是名动、动词、形容词，B 是中缀

5. 四音节叠音词。吴忠话有 AABB 式、ABBC 式、AACC 式，具体如下：

前前后后［tɕ'iæ̃^{53}tɕ'iæ̃^{53}xəu^{13} ·xəu］

里里外外［li^{53} ·li vɛ$_{35}^{53}$ ·vɛ］

苞秫秫田［pɔ^{44}ʈʂ'u^{53} ·ʈʂ'u tiæ̃^{53}］玉米田

冰须须子［piŋ^{44}ɕy^{44} ·ɕy ·sɿ］细长的冰溜

太阳爷爷［t'ɛ^{13}iaŋ^{53}ie^{53} ·ie］

月亮牙牙［ye^{13}liaŋ^{13}ia^{53} ·ia］

四　几种特殊的语法形式

(一)“着［·tʂə］”的多种用法

吴忠方言中的轻声“着［·tʂə］”在不同的语言环境中表现出不同的词性，具体情况如下：

1.“着［·tʂə］”在普通话中放在动词或形容词的后面表示动作、性质的性状，一般称为动态助词，吴忠方言中也有这种用法，例如：

吃着碗里，瞅着锅里。tʂʻʅ^{13} ·tʂə vã^{53} ·li，tʂʻəu^{53} ·tʂə kuɤ^{44} ·li.

开着窗子睡觉凉快得很。kʻɛ^{44} ·tʂə tʂʻuaŋ^{44} ·tsʅ ʂuei^{13} tɕiɔ^{13} liaŋ^{53} kʻuɛ^{13} ·ti xəŋ^{53}.

怀里抱着小的，心里想着老的。xuɛ^{53} ·li pɔ^{13} ·tʂə ɕiɔ$^{53}_{35}$ ·ti，ɕiŋ^{44} ·li ɕiaŋ$^{53}_{35}$ ·tʂə lɔ$^{53}_{35}$ ·ti.

2. 做趋向动词使用，用在动词后表示动作行为的实现，相当于普通话中的“上”或者“起来”。例如：

走着半里路就到了。tsəu$^{53}_{35}$ ·tʂə pã^{13}li$^{53}_{35}$lu^{13}tɕiəu^{13}tɔ^{13} ·lə.

顶多花着十块钱嘛。tiŋ^{53}tuɤ^{44}xua^{44} ·tʂə ʂʅ^{13}kʻuɛ^{13}tɕʻiã^{53} ·ma.

说着没完没了了。ʂuɤ^{13} ·tʂə mu^{13}vã^{53}mu^{13}liɔ$^{53}_{35}$ ·lə.

3. 做介词，表示方向，组成介词词组用于动词后面做处所补语，相当于普通话的“到”、“在”。例如：

你搁着冰箱里去。ni^{53}kɤ^{13} ·tʂə piŋ^{44}ɕiaŋ^{44} ·li ·kʻɯ.

凤凰落着鸡窝里了。fəŋ^{13}xuaŋ$^{53}_{35}$luɤ^{13} ·tʂə tɕi^{44}vɤ^{44} ·li ·lə.

写着纸上，说着嘴上。xiə$^{53}_{35}$ ·tʂə tʂʅ$^{53}_{35}$ · ʂaŋ，ʂuɤ^{13} ·tʂə tsuei$^{53}_{35}$ · ʂaŋ.

4. 做结构助词，用在动词后面的结果补语和可能补语之前，相当于普通话的“得”，例如：

气着手都抖开了。tɕʻi^{13} ·tʂə ʂəu^{53}təu^{44} təu$^{53}_{35}$ ·kʻɛ ·lə.

屋里穷着叮当响。vu^{13} ·li tɕ‘iŋ^{53} ·tʂə tiŋ^{44}taŋ^{44}ɕiaŋ^{53}.

累着上气接不着下气。luei^{13} ·tʂə ʂaŋ^{13}tɕ‘i^{13} tɕiə^{13} pu^{13} tʂuɤ^{53} ɕia^{13} tɕ‘i^{13}.

5. 可以用在陈述句或祈使句末尾做语气词，细分有以下四种用法：

（1）表示命令或嘱咐，例如：

你先缓着。ni^{53}ɕiæ̃^{44}xuæ̃$^{53}_{35}$ ·tʂə .

你悄着，好好听别说。ni^{53}tɕ‘iɔ^{44} ·tʂə ，xɔ^{53} ·xɔ t‘iŋ^{44}pia^{53} ʂuɤ^{13}.

你先罢说，等他说完了着。ni^{53} ɕiæ̃^{44} pa^{53} ʂuɤ^{13}，təŋ^{53} t‘ə^{44} ʂuɤ^{13} væ̃^{53} ·lə ·tʂə.

（2）表示警告，往往跟在名词或代词宾语后面，例如：

你小心你着！ni^{53}ɕiɔ^{53}ɕiŋ^{44}ni$^{53}_{35}$ ·tʂə!

你放你个二十四个心着！ni^{53}faŋ^{13}ni$^{53}_{35}$ ·kə a^{13} ʂʅ^{53}sɿ^{13} ·kə ɕiŋ^{44} ·tʂə!

进了商店，小心溜贼子着。tɕiŋ^{13} ·lə ʂaŋ^{44}tiæ̃^{13}，ɕiɔ^{53}ɕiŋ^{44}liəu^{13} tsei^{53} ·tsɿ ·tʂə!

（3）相当于“啊、呀、哇、哪”等语气词。

我才不敢着。vɤ^{53}ts‘ɛ^{53}pu^{13}kæ̃$^{53}_{35}$ ·tʂə.

小心门上有狗着。ɕiɔ^{53}ɕiŋ^{44}məŋ^{53} · ʂaŋ iəu^{53}kəu$^{53}_{35}$ ·tʂə.

娃娃不爱跟你走着。va^{53} ·va pu^{13}ɛ^{13}kəŋ^{44}ni^{53}tsəu$^{53}_{35}$ ·tʂə.

（4）相当于普通话“再说吧”的意思。

等厂长来了着。təŋ^{53}tʂ‘aŋ^{53}tʂaŋ^{53}lɛ^{53} ·lə ·tʂə.

叫我把地翻完了着。tɕiɔ^{13}vɤ^{53}pa^{13}ti^{13}fæ̃^{44}væ̃^{53} ·lə ·tʂə.

你给我做好了着。ni^{53}kɯ^{13}vɤ^{53}tsuɤ^{13}xɔ$^{53}_{35}$ ·lə ·tʂə.

（二）动态表示法

吴忠话的动态表示法是多种多样的，除了像普通话那样，在动词、形容词后附加“着、了、过”之外，还可以在动词、形容词后附加成分或状态词来表示动作行为进行过程中的某种状态。吴忠话里的动态有起始态、持续态、完成态、结束态、经历态、回复态、承接态等。具体如下：

1. 起始态。吴忠话起始态有三种表示法。

(1) 动词、形容词+开［·k‘ɛ］表示动作行为的开始。如：

你走开了到家呢来一趟。

枸杞子红开了多请几个帮工的。

大果子熟开了再来印们家。

回开家了让买上两瓶银川白酒。

(2) 动词、形容词+动［·tuŋ］表示动作行为变化的开始。如：

肚子饿动了先啃上两口馍馍。

回动银川了把娃娃领回来。

天气冷动了多加上件衣服。

去动北京了看看你妹妹。

(3) 动词、形容词+待［·tɛ］表示动作行为变化的开始。如：

娃娃哭待了买上个糖果子哄给起。

麦子黄待了稻子就出穗呢。

跑待长跑了先做做准备活动。

给妈写待信了替我问候上几句。

2. 持续态。吴忠话表示动作行为正在进行或者某种状态仍在持续，采用动词或形容词+着［·ʈʂə］、着呢［·ʈʂə·ni］的形式来表达。如：

大米干饭鱼肉汤，吃着吃着想爹娘。

老王红着脸承认错误。

门开着呢，请进吧！

老奶奶好着呢，放心吧！

3. 完成态。吴忠话表示动作行为的完成状态，主要用动词、形容词+了［lə］来表达；还有一种特殊的表达方式是用“头［t‘əu^{53}］或“头到［t‘əu^{53}·tə］”加在动词（形容词）或同类词组的前面来表达。如：

吃了［ʈʂ‘·lə］　　喝了［xɤ^{13}·lə］　　来了［lɛ^{53}·lə］

红了［xuŋ^{53}·lə］　　黑了［xɯ^{13}·lə］　　老了［lɔ$^{53}_{35}$·lə］

昨天头他来会议早就结束了。

我今年头到去北京已经是深秋了。

头你开学田呢的活也不忙了。

头到国庆节天气也不太热了。

其中，两个例句是用这种表达形式陈述将要发生的事情，是将来完成态。

4. 结束态。吴忠话动词后面加“罢［pa^{13}］、了［·lə］、完［vã^{53}］、”等表示动作行为的结束状态。具体如下：

干罢［kã^{13}pa^{13}］　吃罢［tʂ‘ʅ^{13}pa^{13}］　说罢［ʂuɤ^{13}pa^{13}］

喝了［xɤ^{13}·lə］　唱了［tʂ‘aŋ^{13}·lə］　写了［ɕie$^{53}_{35}$·lə］

做完［tsuɤ^{13}vã^{53}］　看完［k‘ã^{13}vã^{13}］　读完［tu^{13}vã^{53}］

5. 经历态。吴忠话动词（形容词）后加“过”来表达动作行为变化曾经进行。这与普通话的表示法是一样的。如：

来过［lɛ^{53}·kuə］　去过［tɕ‘y^{13}·kuə］

吃过［tʂ‘ʅ^{13}·kuə］　红火过［xuŋ^{53}·xuə·kuə］

安静过［ã^{44}tɕiŋ^{53}·kuə］　来过吴忠［lɛ^{53}·kuə·vu^{53}tʂuŋ^{44}］

到过银川［tɔ^{13}·kuə iŋ^{53}tʂ‘uã^{44}］

6. 承接态。吴忠话用“现［ɕyã^{13}……ɕyã^{13}……］”的格式加在两个动词（或形容词）前面表示两个动作行为处于互相承接的状态之中。如：

现趸现卖。［ɕyã^{13}tuŋ^{53}ɕyã^{13}mɛ^{13}］.

现来现吃。［ɕyã^{13}lɛ^{53}ɕyã^{13}tʂ‘ʅ^{13}］.

现吃现做。［ɕyã^{13}tʂ‘ʅ^{13}ɕyã^{13}tsuɤ^{13}］.

米现吃现碾。［mi^{53}ɕyã^{13}tʂ‘ʅ^{13}ɕyã^{13}niã^{53}］.

猪现宰现卖。［tʂu^{44}ɕyã^{13}tsɛ^{53}ɕyã^{13}mɛ^{13}］.

媳妇现说现娶。［ɕi^{13}fu^{13}ɕyã^{13}ʂuɤ^{13}ɕyã^{13}tɕ‘y^{53}］.

7. 回复态。吴忠话表示动作行为因某种原因中断后又回复到原来的进行状态上时，在动词前面加“照［tʂɔ^{13}］、照乎［tʂɔ^{13}·xu］”来表示。如：

客人走了，我们照说我们的。［k‘a^{13}ʐəŋ$^{53}_{35}$tsəu$^{53}_{35}$·lə，vɤ^{53}·mu tʂɔ^{13}ʂuɤ^{13}vɤ^{53}·mu·ti］.

政策落实了，我照乎回到原单位了。[ʈʂəŋ^{13} tsʻɤ^{13} luɤ^{13} ʂʅ^{13} ·lə, vɤ^{53}ʈʂɔ^{13} ·xu xuei^{53}tɔ^{13}yæ̃^{53}tæ̃^{44}vei^{13} ·lə] .

(三) 补语表示法

吴忠话里，除了用“很、极了”等词语做程度补语外，还经常用“完勒、零干、咂、死、了”等词语放在形容词（动词）后，表示程度的加深。具体分述如下。

完勒 [væ^{53} ·lə] 吴忠话里有时用“完勒”加在形容词后做补语，表示程度加深。如：

这个娃娃心疼完勒。　　我今儿高兴完勒。

小张和小王像完勒。　　那个人奸顽完勒。

吴忠话里的“完勒”表示程度加深虽然和普通话中的“很”相当，但只能用在形容词或一些动词之后作补语，而不能放在前面作状语。同时在补充和被补充词语之间不使用结构助词“得”。

“零干”有两种读音，分别读为 [liŋ^{53} ·kæ̃] 和 [liŋ^{13}kæ̃^{53}]。表示程度加深时读 [liŋ^{53} ·kæ̃]，如：

今儿把你苦零干了。　　娃娃一天了没吃饭，饿零干了。

小三叫流氓打零干了。　　花放在太阳底下，晒零干了。

“零干”读 [liŋ^{13}kæ̃^{53}] 时，表示行为动作已经结束，或者没有他人及杂事的缠绕。如：

田里的活总算干零干了。　　工作接交零干了。

人都走完了，屋里零干多了。　　我退休后一天零干得很。

死 [sɿ^{53}]、咂 [tsa^{44}]、歹 [tɛ^{53}] 在吴忠话里多用于形容词做补语，表示程度的加深，表达一定感情色彩，同时还带有一定修饰色彩。这些词做补语时，一般后面要加语气词“了”，有的添加“活”。如：

失笑死了。　　窝囊死了。　　后悔死了。　　恶心死了。

美咂了。　　热咂了。　　美咂活了。　　热咂活了。

坏歹了。　　冷歹了。　　坏歹活了。　　冷歹活了。

（四）“把”字句

“把”在吴忠话里有两种读音：读［pa^{53}］时，做动词和量词，如“把门”；读［pa^{13}］时，做名词、介词和语气词，如“刀把”“把书拿上”“把你能的”。本书这里所讨论的“把”字句，只指读音为［pa^{13}］的介词和语气词。吴忠话里的“把”字句大致可分以下几类，分别举例说明。

1. 处置式。处置式是用“把”将及物动词的受事宾语组成介词词组，在句中做状语的句子。这里的“把”有明显的处置意味，和普通话中的“把”字句基本相同。如：

王老师把我叫到办公室批评了一顿。

奶奶把孙子惯坏了。

你把书拿来了没有？

小李把这盆玫瑰花养的真好啊！

2. 活用式。活用式是将“把”字活用为“拿”或“对”等组成介词词组做对象状语的句子。如：

家呢谁都怕我呢，就是把孙子没办法。（拿孙子）

领导把我好得很。（对我）

你把他太当回事了。（拿他）

3. 情态式。情态式是在陈述对象之前用“把”来表达藐视、责怪、致使等感情意味的句子。如：

把个老鼠还怕啥呢。

把呶点钱还算个啥东西。

把个小科长还有啥了不起的呢。

以上表达渺视。

挣了两个钱，把你能的。

官还没当上，把他就觉不着的。

把他想得美，结果落了一场空。

以上表达责怪。

今儿个把我吃得太饱了。

你可把我想坏了。

背了一天麻袋，把我可累咂了。

以上表达致使。

4. 强调式。强调式即在陈述对象前，用“把”字来加强语气。如：

把他妈的，你还欺负到我头上了。

把他也太小心了。

把你定定的，这件事上少插嘴。

把你还想咋呢，莫必打架呢吗？

五 语法例句

（一）陈述句

1. 你姓吴，我也姓吴，阿们两个都姓吴。

ni^{35}ɕiŋ^{13}vu^{53}，vɤ^{53}iə^{35}ɕiŋ^{13}vu^{53}，aŋ^{53} ·mu liaŋ^{13} ·kɤ təu^{44}ɕiŋ^{13}vu^{53}.

2. 这件事从来没人对我说过。

ʈʂʅ^{13} ·tɕiæ̃ ʂʅ^{13}ʦʻuŋ^{53}lɛ^{53}mu^{13}ʐəŋ^{53}tuei^{13}vɤ^{13} ʂuɤ^{13} ·kuɤ.

3. 这个赶那个好。

ʈʂʅ^{13} ·kɤ kæ̃^{53}nɤ^{13} ·kɤ xɔ^{53}.

4. 那个没这个好。

nei^{44} ·kə mu^{13}ʈʂʅ^{13} ·kə xɔ^{53}.

5. 小黄正和一个朋友呱嗒着呢。

ɕiɔ^{53}xuaŋ^{53}ʈʂəŋ^{13}xɤ^{53}i^{13} ·kə pʻəŋ^{53} ·iəu kua^{44} ·ta ·ʈʂə ·ni.

6. 我走街上呢。

vɤ^{53}ʦəu^{53}kɛ^{44} · ʂaŋ ·ni.

7. 铁锹在那点呢，不在这呢。

tʻie^{13}tɕʻiɔ^{44}ʦɛ^{13}nei^{44}tiæ̃^{53} ·ni，pu^{13}ʦɛ^{13}ʈʂʅ^{13} ·ni.

8. 不是那么个干法，要这么个干呢。

pu^{13} ʂʅ^{13}nɤ^{13}mu^{13} ·kə kæ̃^{13}fa^{13}，iɔ^{13}tʂʅ^{13} mu^{13} ·kə kæ̃^{13} ·ni.

9. 用不了那么多，只要这么点就行了。

yŋ^{13}pu^{13}liɔ^{53}nɤ^{13} ·mu tuɤ^{44}，tʂʅ^{53}iɔ^{13}tʂʅ^{13} ·mu tiæ̃^{53} tɕiəu^{13}ɕiŋ^{53} ·lə.

10. 老马估摸着也就是三十多岁。

lɔ^{53}ma^{53}ku^{44} ·mu ·tʂʅ ie^{35}tɕiəu^{13} ʂʅ^{13}sæ̃^{44} · ʂʅ tuɤ^{44}suei^{13}.

11. 我能拿动呢，他拿不动。

vɤ^{53}nəŋ^{53}na^{53}tuŋ^{13}ni^{13}，t‘ɤ^{44}na^{53}pu^{13}tuŋ^{13}.

12. 他说了好多遍。

t‘ɤ^{44} ʂuɤ^{13} ·lə xɔ^{53}tuɤ^{44}piæ̃^{13}.

13. 你先去，阿们迟些子再去。

ni^{53}ɕiæ̃^{44}k‘ɯ^{13}，aŋ^{53} ·mu tʂ‘ʅ^{53} ·ɕie ·tsɿ tsɛ^{13}kɯ^{13}.

14. 坐着吃赶站着吃好。

tsuɤ^{13}tʂʅ^{44}tʂ‘ʅ^{13}kæ̃^{53}tʂæ̃^{13}tʂʅ^{13}tʂ‘ʅ^{13}xɔ^{53}.

15. 这个能吃，那个不能吃。

tʂʅ^{13} ·kə nəŋ^{53}tʂ‘ʅ^{13}，nɛ^{13} ·kə pu^{13} nəŋ^{53}tʂ‘ʅ^{13}.

16. 这是他的笔，那是我的笔。

tʂʅ^{13} ʂʅ^{44}t‘ə^{44} ·ti pi^{13}，nɛ^{44} ʂʅ^{44}vɤ^{13} ·ti pi^{13}.

17. 不管你去不去，反正我是要去呢。

pu^{13} kuæ̃^{53} ni^{53}k‘ɯ^{13} ·pu k‘ɯ^{13}，fæ̃^{13}tʂəŋ^{13}vɤ^{35} ʂʅ^{13}iɔ^{13}k‘ɯ^{13}ni^{44}.

18. 现走现说

ɕyæ̃^{13}tsəu^{53}ɕyæ̃^{13} ʂuɤ^{13}.

19. 节走节远了，节说节多了。

tɕie^{13}tsəu^{35}tɕie^{13}yæ̃^{13} ·lə，tɕie^{13} ʂuɤ^{13}tɕie^{13}tuɤ^{44} ·lə.

20. 看书的看书着呢，写字的正写字着呢。

k‘æ̃^{13} ʂu^{44} ·ti k‘æ̃^{13} ʂu^{44} ·tʂʅ ·ni，ɕi^{35}tsɿ^{13} ·ti tʂəŋ^{13}ɕi^{35}tsɿ^{13} ·tʂʅ ·ni。

（二）疑问句

1. 我该来呢还是不该来呢？

vɤ^{53}kɛ^{44}lɛ^{53}ni^{44}xæ̃^{53} ʂʅ^{13}pu^{13}kɛ^{44}lɛ^{53}ni^{44}？

2. 他愿说不愿说？

t‘ɤ^{44}yæ̃^{13} ʂuɤ^{13}pu^{13}yæ̃^{13} ʂuɤ^{13}？

3. 他想去呢还是不想去呢？

t‘ɤ^{44}ɕiaŋ^{53}k‘ɯ^{13}ni^{44}xæ̃^{53} · ʂʅ pu^{13}ɕiaŋ^{53}k‘ɯ^{13}ni^{44}？

4. 你能来不能来啥？

ni^{53}nəŋ^{53}lɛ^{53}pu^{13}nəŋ^{53}lɛ^{53} ʂa^{53}？

5. 还有饭呢没啥？

xɛ^{53}iəu^{35}fæ̃^{13} ·ni mu^{13} ʂa^{53}？

6. 你去没去过北京是？

ni^{53}k‘ɯ^{13}mu^{13}k‘ɯ^{13} · kuə pia^{13}tɕiŋ^{44} ʂʅ^{53}？

7. 你认不认得老王？

ni^{53}ʐəŋ^{13}pu^{13}ʐəŋ^{13}tɤ^{44}lɔ^{53}vaŋ^{53}？

8. 这个大，那个小，这两个到底哪个好啥？

tʂʅ^{13} ·kə ·ta，nei^{44} ·kə ɕiɔ^{53}，tʂʅ^{13}liaŋ^{13} ·kə tɔ^{13}ti^{44} na^{13} ·kə xɔ$^{53}_{35}$ · ʂa？

9. 老张去哪呢了啥？

lɔ^{53}tʂaŋ^{44}k‘ɯ^{13}na^{13} ·ni ·lə ʂa^{53}？

10. 你去哪呢了啥？

ni^{53}k‘ɯ^{13}na^{13} ·ni ·lə ʂa^{53}？

11. 他今年多大岁岁了？

t‘ɤ^{44}tɕiŋ^{44}niæ̃^{53}tuɤ^{44}ta^{13}suei^{13}suei^{13} ·lə ？

12. 这个东西有多重是？

tʂʅ^{13} ·kə tuŋ^{44} ·ɕi iəu^{53}tuɤ^{44}tʂuŋ^{13} ʂʅ^{44}？

13. 能拿动吗？

nəŋ^{53}na^{53}tuŋ^{13} ·ma？

14. 他吃了饭了，你吃了没？

t‘ɤ^{44}tʂ‘ʅ^{13} ·lə fæ̃^{13} ·lə，ni^{35}tʂ‘ʅ^{13} ·lə mɤ^{13}？

15. 好得很，是不？

xɔ^{35} ·ti xəŋ^{53}， ʂʅ^{13}pu^{13}？

16. 学生啥时候开学呢？

ɕye^{13}səŋ^{44} ʂa^{13} ʂʅ^{53}xəu^{13}k‘ɛ^{44} ɕye^{13} ·ni？

17. 你们家在哪呢呢啥？

ni^{53} ·mu tɕia^{44}tsɛ^{13} na^{13} ·ni ni^{44} ʂa^{53}？

18. 人来了没来啥？

ʐəŋ^{53}lɛ^{53} ·lə mu^{13}lɛ^{53} ʂa^{53}？

19. 看电影呢还是看电视呢啥？

kæ̃^{13}tiæ̃^{13}iŋ^{13} ·ni xæ̃^{53} ·ʂʅ kæ̃^{13}tiæ̃^{13} ʂʅ^{13} ·ni ʂa^{53}？

20. 你□（做啥）呢啥？

ni^{53}tsua^{53} ·ni ʂa^{53}？

（三）祈使句

1. 时辰不早了，趁早走吧！

ʂʅ^{53}tʂʻəŋ^{13}pu^{13}tsɔ^{13} ·lə，tʂʻəŋ^{13}tsɔ^{53}tsəu^{35} ·pa！

2. 你头呢走吧！阿们停会子再去！

ni^{53}tʻəu^{53} ·ni tsəu^{35} ·pa！ aŋ^{53} ·mu tʻəŋ^{13}xuei^{13}tsɿ^{13}tsɛ^{13}kʻɯ^{13}！

3. 给我拿本书！

kɯ^{13}vɤ^{53}na^{53}pəŋ^{13} ʂu^{44}！

4. 好好走，罢跑！

xɔ^{53}xɔ^{53} ·tsəu，pa^{13}pʻɔ^{53}！

5. 来，闻闻这朵花香不！

lɛ^{13}，vəŋ^{53} ·vəŋ tʂʅ^{13}tuɤ^{44}xua^{44}ɕiaŋ^{44} pu^{13}！

6. 小赵，来给我帮个忙！

ɕiɔ^{13}tʂɔ^{13}，lɛ^{53} kuɤ^{53}paŋ^{44} ·kə maŋ^{53}！

7. 快去！赶紧走！罢把事情耽误了！

kʻuɛ^{13} kʻɯ^{13}！ kæ̃^{53}tɕiŋ^{53}tsəu^{53}！ pa^{13}pa^{13} ʂʅ^{13}tɕʻiŋ^{53}tæ̃^{44}vu^{13} ·lə！

8. 我非得去！不去不行。

vɤ^{53}fei^{44}tei^{13}kʻɯ^{13}！ pu^{13}kʻɯ^{13}pu^{13}ɕiŋ^{53}。

9. 请你给阿们再说一遍！

tɕʻiŋ^{53}ni^{53}kɯ^{53}aŋ^{53} ·mu tsɛ^{13} ʂuɤ^{13}i^{13}piæ̃^{13}！

10. 快把老李请来！

kʻuɛ^{13}pa^{13}lɔ^{53}li^{53}tɕiŋ^{53}lɛ^{53}！

11. 你把毛笔借给我一支！

ni^{35}pa^{13}mɔ^{53}pi^{13}tɕie^{13}kɯ^{44}vɤ^{53}i^{13}tʂʅ^{44}!

12. 你生这么个□（干、做），罢生那么个□（干、做）！

ni^{53}ka^{53}tʂʅ^{13} ·mu ·kə k'ɯ^{13}, pa^{13}ka^{53}nɤ^{13}mu^{13} ·kə k'ɯ^{13}!

13. 闹个人是个顽闲鬼，罢招识他！

nɔ^{44} ·kə ʐəŋ^{53} ʂʅ^{13} ·kə væ̃^{44}ɕiæ̃^{44} kuei^{53}, pa^{13} tʂɔ^{44} · ʂʅ t'ɤ^{44}!

14. 营生干掉了给娃娃吃高高（奶）！

iŋ^{53} ·səŋ kæ̃^{13}tiɔ^{13} ·lə kɯ^{53}va^{53} ·va tʂ'ʅ^{13}kɔ^{53} ·kɔ!

15. 罢吵了，赶紧去医院看看！

pa^{13}tʂ'ɔ^{35} ·lə, kæ̃^{53}tɕiŋ^{53}k'ɯ^{13}i^{44}yæ̃^{13}k'æ̃^{13} ·k'æ̃!

（四）感叹句

1. 你瞧，老马家的庄稼长得多壮是！

ni^{53}tɕ'iɔ^{53}, lɔ^{53}ma^{35} ·ti tʂuaŋ^{44} ·tɕie tʂaŋ^{13} ·ti tuɤ^{44} tʂuaŋ^{13} ʂʅ^{13}!

2. 这个姑娘心疼（漂亮）得很！

tʂʅ^{13}kɤ^{44}ku^{44} ·niaŋ ɕiŋ^{44} ·təŋ ·ti xəŋ^{53}!

3. 你看，那娘母俩干得多利洒！

ni^{53}k'æ̃^{13}, nə^{13}niaŋ^{53} ·mu lia^{53}kæ̃^{13} ·tɤ ·tuɤ^{44}li^{13}sa^{44}!

4. 哼！看把你能的还了得呢！

xəŋ^{53}! k'æ̃^{13}pa^{13}ni^{53}nəŋ^{53} ·ti xæ̃^{13}liɔ^{13}tei^{13} ·ni!

5. 他说的美咂了！

t'a^{44} ʂuɤ^{13} ·ti mei^{53}tsa^{44} ·lə!

6. 妙得很！

miɔ^{13} ·ti xəŋ^{53}!

7. 美得很！

mia^{53} ·ti xəŋ^{53}!

8. 这个嘎子劲大得很！

tʂʅ^{13} ·kə ka^{53} ·tsɿ tɕiŋ^{13}ta^{13} ·ti xəŋ^{53}!

9. 别家子可有钱着呢！

pie^{53}tɕia^{53} ·tsɿ k'ɤ^{13}iəu^{53}tɕ'iæ̃^{53} ·tʂʅ ·ni!

10. 他们婆姨不给他做饭吃啊!

t‘ɤ^{13} ·mu p‘ɤ^{53} ·i pu^{13}kɯ^{53}t‘ɤ^{44}ʦuɤ^{13}fæ̃^{13}ʈʂ‘ʅ^{13} ·a!

11. 这个嘎子真是个愣头!

ʈʂʅ^{13} ·kə ka^{53} ·ʦɿ ʈʂəŋ^{44} ʂʅ^{13} ·kə ləŋ^{13}t‘əu^{53}!

12. 老李向来不把婆姨搁在心呢!

lɔ^{53}li^{53}ɕiaŋ^{13}lɛ^{53}pu^{13}pa^{13}p‘ɤ^{53} ·i kɤ^{13}ʦɛ^{13}ɕiŋ^{44} ·ni!

第八章

语料标音

一　俗语

饱汉子不知饿汉子饥

pɔ^{53}xæ̃^{13} ·tsɿ pu^{13}tʂʅ^{44}vɤ^{13}xæ̃^{13} ·tsɿ tɕi^{44}

鼻子大了把嘴压住了

pi^{13} ·tsɿ ta^{13} ·lə pa^{53}tsuei^{53}ia^{44}tʂu^{13} ·lə

不怕不识货，但怕货比货

pu^{13}p‘a^{13}pu^{13} ʂʅ^{13}xuɤ^{13}，tæ̃^{44}p‘a^{13}xuɤ^{13}pi^{53}xuɤ^{13}

成群的养驴没骑的

tʂ‘əŋ^{53}tɕ‘uŋ^{53} ·ti iaŋ^{53}ly^{53}mu^{13}tɕ‘i^{53} ·ti

吃的皇粮，打的坐枪

tʂ‘ʅ^{13} ·ti xuaŋ^{53}liaŋ^{53}，ta^{53} ·ti tsuɤ^{13}tɕ‘iaŋ^{44}

出口让三先，女人、娃娃和老汉

tʂ‘u^{13}k‘əu^{53}ʐaŋ^{13}sæ̃^{44}ɕiæ̃^{44}，ny$^{53}_{35}$ʐəŋ$^{53}_{35}$ va^{53} ·va xɤ^{53}lɔ$^{53}_{35}$xæ̃^{13}

初来乍到，摸不着锅灶

ts‘u^{44}lɛ^{53}tʂa^{13}tɔ^{13}，mɤ^{44}pu^{13}tʂuɤ^{53}kuɤ^{44}tsɔ^{13}

打人不打脸，骂人不揭短

ta^{53}ʐəŋ^{53}pu^{13}ta^{53}liæ̃^{53}，ma^{13}ʐəŋ^{53}pu^{13}tɕie^{13}tuæ̃^{53}

大汉吃犁，腔板子硬

ta^{13}xæ̃^{13}tʂ‘ʅ^{13}li^{53}，tɕ‘iaŋ^{44}pæ̃$^{53}_{35}$ ·tsɿ iŋ^{13}

点眼不犯，眼边子挤烂

tiæ̃^{53}iæ̃^{53}pu^{13}fæ̃^{13}，iæ̃^{53}piæ̃^{44} ·tsɿ tɕi$^{53}_{35}$læ̃^{13}

儿子成了溜溜球，丫头烫的卷卷头，媳妇子吃预了，老两口苦干了

a^{53} ·tsɿ tʂ'əŋ^{53} ·lə liəu^{44}liəu^{44}tɕ'iəu^{53}，ia^{44} ·t'əu t'aŋ^{13} ·ti tɕyæ̃$^{53}_{35}$tɕyæ̃^{53} t'əu^{53}，ɕi^{53} ·fu ·tsɿ tʂ'ʅ^{13}xæ̃^{44} ·lə，lɔ^{53}liaŋ^{53} ·k'əu k'u^{53}kæ̃^{44} ·lə

饭热三遍没人吃，话说三遍没人听

fæ̃^{13}ʐɤ^{13}sæ̃^{44}piæ̃^{13}mu^{13}ʐəŋ^{53}tʂʅ^{13}，xua^{13} ʂuɤ^{13}sæ̃^{44}piæ̃^{13}mu^{13}ʐəŋ^{53} t'iŋ^{44}

饭能抢的吃，话不能抢的说

fæ̃^{13}nəŋ^{53}tɕ'iaŋ$^{53}_{35}$ ·ti tʂ'ʅ^{13}，xua^{13}pu^{13}nəŋ^{53}tɕ'iaŋ$^{53}_{35}$ ·ti ʂuɤ^{13}

废铜烂铁纸片片，卖掉就成了钱卷卷

fei^{13}t'uŋ^{53}læ̃^{13}t'ie^{13}tʂʅ^{53}p'iæ̃^{13} ·p'iæ̃，mɛ^{13}tiɔ^{13}tɕiəu^{13}tʂ'əŋ^{53} ·lə tɕ'iæ̃^{53} tɕyæ̃$^{53}_{35}$ ·tɕyæ̃

干啥的把啥干，犁田的把牛喊

kæ̃^{13} ʂa$^{53}_{35}$ ·ti pa^{13} ʂa^{53}kæ̃^{13}，li^{53}t'iæ̃^{53} ·ti pa^{13}niəu^{53}xæ̃^{53}

隔行如隔山

kɤ^{13}xaŋ^{53}ʐu^{53}kɤ^{13} ʂæ̃^{44}

隔手不拉账

ka^{13} ʂəu^{53}pu^{13}la^{44}tʂaŋ^{13}

狗不嫌家穷，儿不嫌母丑

kəu^{53}pu^{13}ɕiæ̃^{53}tɕia^{44}tɕ'yŋ^{53}，a^{53}pu^{13}ɕiæ̃^{53}mu^{53}tʂ'əu^{53}

锅盖揭得早了，漏了气

kuɤ^{44}kɛ^{13}tɕiə^{13} ·ti tsɔ$^{53}_{35}$ ·lə，ləu^{13} ·lə tɕ'i^{13}

好狗不咬上门的客

xɔ^{53}kəu^{53}pu^{13}iɔ^{53} ʂaŋ^{13}məŋ^{44} ·ti k'a^{13}

花处不花丢人呢，省处不省受穷呢

xua^{44}tʂ'u^{13}pu^{13}xua^{44}tiəu^{44}ʐəŋ^{53} ·ni，səŋ$^{53}_{35}$ tʂ'u^{13}pu^{13}səŋ^{53} ʂəu^{13} tɕ'yŋ^{53} ·ni

黄羊跳嶜子，各使各汉子

xuaŋ^{53}iaŋ^{53}t'iɔ^{13}tsæ̃^{53} ·tsɿ，kə^{13} ʂʅ^{53}kə^{13}xæ̃^{13} ·tsɿ

家有财不外露

tɕia^{44}iəu^{13}ts'ɛ^{53}pu^{13}vɛ^{13}ləu^{13}

家丑不可外扬

tɕia^{44}tʂʻəu^{53}pu^{13}kɤ^{53}vɛ^{13}iaŋ^{53}

家有一万，还有个凑手不便

tɕia^{44}iəu^{13}i^{13}væ̃^{13}，xɛ^{53}iəu^{13} ·kə tsʻəu^{13} ʂəu^{53}pu^{13}piæ̃^{13}

懒驴子上磨尿屎多

læ̃^{53}ly^{53} ·tsɿ ʂaŋ^{13}mɤ^{13}suei^{44} ʂʅ^{53}tuɤ^{13}

驴小屁多，人小计多

ly^{53}ɕiɔ^{53}pʻi^{13}tuɤ^{44}，ʐəŋ^{53}ɕiɔ^{53}tɕi^{13}tuɤ^{44}

萝卜快了不洗泥

luɤ^{53} ·pə kuɛ^{13} ·lə pu^{13}ɕi^{53}mi^{53}

瞒了一时，瞒不了一世

Mæ̃$^{53}_{35}$ ·lə i^{13} ʂʅ^{53}，mæ̃^{53}pu^{13} ·liɔ i^{13} ʂʅ^{13}

宁吃过头饭，不说过头话

niŋ^{53}tʂʻʅ^{13}kuɤ^{13}tʻəu^{53}fæ̃^{13}，pu^{13} ʂuɤ^{44}kuɤ^{13}tʻəu^{53}xua^{13}

牛头不烂，多费把柴火

niəu^{53}tʻəu^{53}pu^{13}læ̃^{13}，tuɤ^{44}fei^{13}pa^{13}tʂʻɛ^{53} ·xuə

起的早遇了个睡不着的

tɕʻi^{13} ·ti tsɔ^{53}y^{13} ·lə ·kə ʂuei^{13}pu^{13}tʂuɤ^{53} ·ti

人勤春来早

ʐəŋ^{53}tɕʻiŋ^{53}tʂʻuŋ^{44}lɛ^{53}tsɔ^{53}

人哄地皮，地哄肚皮

ʐəŋ^{53}xuŋ^{53}ti^{13}pʻi^{53}，ti^{13}xuŋ^{53}tu^{13}pi^{53}

人不学落后，锹不使生锈

ʐəŋ^{53}pu^{13}ɕye^{53}luɤ^{13}xəu^{13}，tɕʻiɔ^{44}pu^{13} ʂʅ^{53}səŋ^{44}ɕiəu^{13}

山里没树，苦豆子为王

ʂæ̃^{44} ·ni mu^{13} ʂu^{13}，kʻu$^{53}_{35}$təu^{13} ·tsɿ vei^{53}vaŋ^{53}

上路的饺子进门的面

ʂaŋ^{13}lu^{13} ·ti tɕiɔ^{35} ·tsɿ tɕiŋ^{13}məŋ^{53} ·ti miæ̃^{13}

神受香烟人受劝

ʂəŋ^{53} ʂəu^{13}ɕiaŋ^{44}iæ̃^{44}ʐəŋ^{53} ʂəu^{13}tɕʻyæ̃^{13}

娃娃嘴里掏实话

va^{53} ·va tsuei^{13} ·ni t‘ɔ^{44} ʂʅ^{13}xua^{13}

望山跑死马

vaŋ^{13} ʂæ̃^{44}p‘ɔ^{53}sɿ^{53}ma^{53}

为人之子，孝顺当先

vei^{53}ʐəŋ^{53}tʂʅ^{44}tsɿ^{53}，ɕiɔ^{13} ʂuŋ^{13}taŋ^{44}ɕiæ̃^{44}

误人子弟，如杀人的父兄

vu^{13}ʐəŋ^{53}tsɿ$^{53}_{35}$ti^{13}，ʐu^{53} ʂa^{44}ʐəŋ^{53} ·ti fu^{13}ɕyŋ^{44}

歇田如放账

ɕie^{44}tiæ̃^{53}ʐu^{53}faŋ^{13}tʂaŋ^{13}

心急喝不了热米汤

ɕiŋ^{44}tɕi^{13}xɤ^{44}pu^{13} ·liɔ ʐɤ^{13}mi$^{53}_{35}$t‘aŋ^{44}

新三年，旧三年，缝缝补补又三年

ɕiŋ^{44}sæ̃^{44}niæ̃^{53}，tɕiəu^{13}sæ̃^{44}niæ̃^{53}，fəŋ^{53} ·fəŋ pu^{53} ·pu^{53} iəu^{13}sæ̃^{44} niæ̃^{53}

雪地呢埋不住死人

ɕye^{13}ti^{13} ·ni mɛ^{53} ·pu ·tʂu tsɿ$^{53}_{35}$ʐəŋ^{53}

严是爱，松是害，不严光松会变坏

iæ̃^{53} ʂʅ^{13} ɛ^{13}，suəŋ^{44} ʂʅ^{13}xɛ^{13}，pu^{13}iæ̃^{53}kuaŋ^{44}suəŋ^{44}xuei^{13}piæ̃^{13}xuɛ^{13}

盐多了饭要咸，话多了不值钱

iæ̃^{53}tuɤ^{44} ·lə fæ̃^{13}iɔ^{13}ɕiæ̃^{53}，xua^{13}tuɤ^{44} ·lə pu^{13}tʂʅ^{13}tɕ‘iæ̃^{53}

一口吃不了个胖子，一锹挖不了个井

i^{13}k‘əu^{53}tʂʅ^{13} ·pu ·liɔ ·kə p‘aŋ^{13} ·tsɿ，i^{13}tɕ‘iɔ^{44}va^{44} ·pu ·liɔ ·kə tɕiŋ^{53}

一个巴掌拍不响

i^{13} ·kə pa^{44} ·tʂaŋ p‘ia^{13}pu^{13}ɕiaŋ^{53}

早起三光，迟起三慌

tsɔ^{53}tɕ‘i^{53}sæ̃^{44}kuaŋ^{44}，tʂ‘ʅ^{53}tɕ‘i^{53}sæ̃^{44}xuaŋ^{44}

二　歇后语

阿訇的箱子——盛经（成精）

a^{13}xuŋ^{53} ·ti ɕiaŋ^{44} ·ʦʅ——ʦʻəŋ^{53}ʨiŋ^{44}

阿訇上街——不问猪事（诸事）

a^{13}xuŋ^{53} ʂaŋ^{13}kɛ^{44}——pu^{13}vəŋ^{13}ʈʂu^{44} ʂʅ^{13}

安化人吃盖碗子茶——不知哪里开刀

æ̃^{44}xua^{13}ʐəŋ^{53}ʈʂʻʅ^{13}kɛ^{13}væ̃^{53} ·ʦʅ ʈʂʻa^{53}——pu^{13}ʈʂʅ^{44}na^{13} ·ni kʻɛ^{44}tɔ^{44}

案板盖井口——随方就圆

æ̃^{44}pæ$^{53}_{35}$kɛ^{13}ʨiŋ^{53}kʻəu^{53}——suei^{53}faŋ^{44}ʨiəu^{13}yæ̃^{53}

八十岁上嫁个卖面的——不图生养光图吃

pa^{13} · ʂʅ ʂuei^{13} ʂaŋ^{13}ʨia^{13} ·kə mɛ^{13}miæ̃^{35} ·ti ——pu^{13}tʻu^{53}səŋ^{44}iaŋ^{53}kuaŋ^{44} tʻu^{53}ʈʂʻʅ^{13}

八十三上得了个儿子——老疙瘩

pa^{13} · ʂʅ sæ̃^{44} · ʂaŋ tɤ^{13} ·lə kɤ^{13}a^{53} ·ʦʅ ——lɔ^{35}kɯ^{13}ta^{13}

八十岁盼儿子——没个指望

pa^{13} · ʂʅ suei^{13}pʻæ̃^{13}a^{53} ·ʦʅ ——mu$^{53}_{35}$ ·kə ʈʂʅ^{13}vaŋ^{13}

扳着屁沟上房——自己抬高自己

pæ̃^{44} ·ʈʂə pʻi^{13}kəu^{44} ʂaŋ^{13}faŋ^{53}——ʦʅ^{13}tɕi$^{53}_{35}$tɛ^{53}kɔ^{44}ʦʅ^{13}tɕi$^{53}_{35}$

半夜里偷香瓜——拣软的捏

pæ̃^{13}ie^{13} ·ni tʻəu^{44}ɕiaŋ^{44} ·kua——tɕiæ̃^{53}ʐuæ̃^{35} ·ti nie^{13}

半夜敲城门——找钉子碰

pæ̃^{13}ie^{13}tɕʻiɔ^{44}ʈʂʻəŋ^{53}məŋ^{53}——ʈʂɔ^{53}tiŋ^{44} ·tsʅ pʻəŋ^{13}

包子开花——露了馅子

pɔ^{44} ·tsʅ kɛ^{44}xua^{44}——ləu^{13} ·lə ɕiæ̃^{13} ·tsʅ

抱上石头打月亮——摸不着高低了

pɔ^{13} ʂaŋ^{13} ʂʅ^{13} ·tʻəu ta^{13}ye^{13}liaŋ^{13}——mɤ^{13}pu^{13} ·tsuə kɔ^{44}ti^{44} ·lə

抱着元宝跳河——舍命不舍财

pɔ^{13} ·ʈʂuə yæ̃^{53}pɔ^{53}tʻiɔ^{13}xɤ^{53}—— ʂɤ$^{53}_{35}$miŋ^{13}pu^{13} ʂɤ^{53}tsʻɛ^{53}

背上背斗骑驴——自己压自己

pei^{44} · ʂaŋ pei^{13} ·təu tɕʻi^{53}ly^{53}—tsʅ^{13}tɕi^{35}ia^{13}tsʅ^{13}tɕi$^{53}_{35}$

背上西瓜上刀山——生死不顾还要耍红仁

pei^{44} · ʂaŋ ɕi^{44}kua^{44} ʂaŋ^{13}tɔ^{44} ʂæ̃^{44}——səŋ^{44}sʅ^{53}pu^{13}ku^{13}xɛ^{53}iɔ^{13} ʂua^{53}

xuŋ^{53}ʐəŋ^{53}

背上口袋满街转——安得不量（良）的心

pei^{44} · ʂaŋ k‘əu$^{53}_{35}$tɛ^{13}mæ̃$^{53}_{35}$kɛ^{44}tʂuæ̃^{13}——æ̃^{44} ·ti pu^{13}liaŋ^{53} ·ti ɕiŋ^{44}

背上褡裢撵骆驼——撵上搭不上

pei^{44} · ʂaŋ ta^{13}liæ̃^{13}niæ̃^{53}luɤ^{13}tuɤ^{44}——niæ̃^{44} · ʂaŋ ta^{13}pu^{13} ʂaŋ^{13}

笨厨子做菜——荤素一锅煮

pəŋ^{13}tʂ‘u^{53} ·tsɿ tsuɤ^{13}ts‘ɛ^{13}——xuŋ^{44}su^{13}i^{13}kuɤ^{44}tʂu^{53}

鼻子上擦粉——一副奸相

pi^{13} ·tsɿ ʂaŋ^{13}ts‘a^{53}fəŋ^{53}——i^{13} ·fu tɕiæ̃^{44}ɕiaŋ^{13}

鼻子里出冷汗——暗伤风

pi^{13} ·tsɿ ·ni tʂ‘u^{44}ləŋ$^{53}_{35}$xæ̃^{13}——æ̃^{13} ʂaŋ^{44}fəŋ^{44}

闭着眼睛哼曲子——心里有谱

pi^{13} ·tʂuɤ iæ̃^{44} ·tɕiŋ xəŋ^{44}tɕ‘y^{13}tsɿ^{13}——ɕiŋ^{44} ·ni iəu^{53}p‘u^{53}

闭着眼睛撒网——瞎张罗

pi^{13} ·tʂuə iæ̃$^{53}_{35}$ ·tɕiŋ sa^{53}vaŋ^{53}——ɕia^{13}tʂaŋ^{44} ·luə

蝙蝠身上插鸡毛——你是什么鸟

p‘iæ̃^{44} ·fu ʂəŋ^{44} · ʂaŋ tʂ‘a^{13}tɕi^{44}mɔ^{53}——ni$^{53}_{35}$ · ʂʅ ʂəŋ^{13} ·mə niɔ^{53}

鞭稍上拴蛤蟆——经不起摔打

p‘iæ̃^{44} ʂɔ^{44} · ʂaŋ ʂuæ̃^{44}xa^{53} ·ma——tɕiŋ^{44} ·pu ·tɕ‘i ʂuɛ^{44}ta^{53}

病好了打医生——恩将仇报

piŋ^{13}xɔ^{44} ·lə ta^{53}i^{44}səŋ^{44}——əŋ^{44}tɕiaŋ^{44}tʂ‘əu^{53}pɔ^{13}

病女卖凉粉——人弱货软

piŋ^{13}ny^{53}mɛ^{13}liaŋ^{53}fəŋ^{53}——ʐəŋ^{53}ʐuɤ^{13}xuɤ^{13}ʐuæ̃^{53}

博物馆的展品——尽是老古董

pɤ^{53}vu^{13}kuæ̃$^{53}_{35}$ ·ti tʂæ̃^{53}p‘iŋ^{53}——tɕiŋ^{13} ʂʅ^{13}lɔ^{53}ku^{53}tuŋ^{53}

瘸子拜年——就地一歪

tɕ‘ye^{53} ·tsɿ pɛ^{13}niæ̃^{53}——tɕiəu^{13}ti^{13}i^{13}vɛ^{44}

财主家的狗——认富不认穷

ts‘ɛ^{53}tʂu^{53}tɕia^{44} ·ti kəu^{53}——ʐəŋ^{13}fu^{13}pu^{13}ʐəŋ^{13}tɕ‘yŋ^{53}

踩着鼻子上脸——步步欺人

ts‘ɛ$^{53}_{35}$ ·tʂuɤ pi^{13} ·tsʅ ʂaŋ^{13}liæ̃^{53}——pu^{13}pu^{13}tɕ‘i^{44}ʐəŋ^{53}

蚕豆就萝卜——嘎嘣干脆

ts‘æ̃^{53} ·tou tɕiəu^{13}luɤ^{53} ·pə——ka^{44}pəŋ^{44}kæ̃^{44}ts‘uei^{13}

苍蝇钻到瓶子里——前途光明出路不大

ts‘aŋ^{44} ·iŋ tsuæ̃^{44}tɔ^{13}p‘iŋ^{53} ·tsʅ ·ni——tɕ‘iæ̃^{53}t‘u^{53}kuaŋ^{44}miŋ^{53} tʂ‘u^{13}lu^{13}pu^{13}ta^{13}

苍蝇戴凉帽——人小面子宽

ts‘aŋ^{44} ·iŋ tɛ^{13}liaŋ^{53}mɔ^{13}——ʐəŋ^{53}ɕiɔ^{53}miæ̃^{13} ·tsʅ k‘uæ̃^{44}

草鸡叫鸣——胡称雄

ts‘ɔ^{53}tɕi^{44}tɕiɔ^{13}miŋ^{53}——xu^{53}tʂ‘əŋ^{44}ɕyŋ^{53}

草上的露水——见不得太阳

ts‘ɔ^{53} ʂaŋ^{13} ·ti lu^{13} ʂuei$^{53}_{35}$——tɕiæ̃^{13}pu^{13} ·tə t‘ɛ^{13}iaŋ^{53}

厕所墙上挂镰刀——吓唬拉屎的

ts‘ɤ^{13}suɤ^{53}tɕ‘iaŋ^{53} · ʂaŋ kua^{13}liæ̃^{53} ·tɔ——ɕia^{13} ·xu la^{13} ʂʅ^{53} ·ti

厕所里的石头——又臭又硬

ts‘ɤ^{13}suɤ^{53}ni^{53} ·ti ʂʅ^{13}t‘əu^{13}——iəu^{13}tʂ‘əu^{13}iəu^{13}iŋ^{13}

茶壶里煮元宵——有口倒不出

tʂ‘a^{53}xu^{53} ·ni tʂu^{53}yæ̃^{53}ɕiɔ^{44}——iəu^{53}k‘əu^{53}tɔ^{13}pu^{13}tʂ‘u^{13}

茶壶里煮饺子——有货倒不出来

tʂ‘a^{53}xu^{53} ·ni tʂu^{53}tɕiɔ$^{53}_{35}$tsʅ^{13}——iəu^{53}xuɤ^{13}tɔ^{13}pu^{13}tʂ‘u^{13}lɛ^{13}

拆掉房子放风筝——只顾风流不顾家

ts‘ɤ^{13}tiɔ^{13}faŋ^{13} ·tsʅ faŋ^{13}fəŋ^{44} ·tsəŋ——tʂʅ^{53}ku^{13}fəŋ^{44} liəu^{53}pu^{13}ku^{13}tɕia^{44}

抄化子睡碾盘——牌子要圆了

tʂ‘ɔ^{44}xuɤ^{13} ·tsʅ ʂuei^{13}niæ̃^{53}p‘æ̃^{53}——p‘ɛ^{53} ·tsʅ ʂua^{53}yæ̃^{53} ·lə

抄化子捏泥鸡——饿出来的见识

tʂ‘ɔ^{44}xuɤ^{13} ·tsʅ nie^{13}mi^{53}tɕi^{44}——vɤ^{13}tʂ‘u^{13}lɛ^{53} ·ti tɕiæ̃^{13} ʂʅ^{44}

炒面捏娃娃——熟人

tʂ‘ɔ$^{53}_{35}$miæ̃^{13}nie^{13}va^{53} ·va—— ʂu^{13}ʐəŋ^{53}

炒菜勺子掏耳朵——进不去

tʂ‘ɔ$^{53}_{35}$ts‘ɛ^{13} ʂuɤ^{13} ·tsʅ t‘ɔ^{44}a$^{53}_{35}$ ·tuə——tɕiŋ^{13}pu^{13} ·k‘ɯ

车走车路马走马路——各不相干

tɕy44tsəu53tɕy44 ·lu ma53tsəu53ma$^{53}_{35}$ ·lu——kɤ13pu13ɕiaŋ44kæ̃44

城墙上的麻雀——大炮震下的

tʂʻəŋ53tɕʻiaŋ53 ʂaŋ13 ·ti ma53 ·tɕʻiɔ——ta13pʻɔ13tʂəŋ13ɕia13 ·ti

吃上黄连对人说——诉苦

tʂʻʅ13 ʂaŋ13xuaŋ53liæ̃53tuei13ʐəŋ53 ʂuɤ13——su13kʻu53

吃上豆芽菜拉沙葱——里勾外连

tʂʻʅ13 ʂaŋ13təu13ia53tsʻɛ13la13 ʂa44tsʻuŋ44——li53kəu44vɛ13liæ̃53

吃上坷垃喝渠水——解心上的泥气

tʂʻʅ13 ʂaŋ13kʻɯ13lɤ44xɤ44tɕʻy53 ʂuei53——kɛ53ɕiŋ44 ʂaŋ13 ·ti mi53tɕʻi13

吃上柳条子拉漏勺——由肚子编的呢

tʂʻʅ13 ʂaŋ13liəu$^{53}_{35}$tʻiɔ13 ·tsʅ la13ləu13 ʂuɤ13——iəu53tu13 ·tsʅ piæ̃44 ·ti ·ni

吃上葱发言呢——话带辣味呢

tʂʻʅ13 ʂaŋ13tsʻuŋ44fa13iæ̃53 ·ni——xua13tɛ13la13vei13 ·ni

吃了韭菜拉沙葱——哩哩啦啦

tʂʻʅ13 ·lə tɕiəu13 ·tsʻɛ la13 ʂa53tsʻuŋ44——li44 ·li la44 ·la

吃了剩饭想点子——尽出馊主意

tʂʻʅ13 ·lə ʂəŋ13fæ̃13ɕiaŋ53tiæ̃13 ·tsʅ——tɕiŋ13tʂʻu44səu44tʂu$^{53}_{35}$ ·i

吃一看二眼观三——贪心不足

tʂʻʅ13i13kʻæ̃13a13iæ̃53kuæ̃44sæ̃44——tʻæ̃44ɕiŋ44pu13tsu13

出了澡堂进茶馆——里外涮

tʂʻu44 ·lə tsɔ53tʻaŋ53tɕiŋ13tʂʻa53kuæ̃53——li13vɛ13 ʂuæ̃13

出窑的砖——定型了

tʂʻu44iɔ53 ·ti tʂuæ̃44——tiŋ13ɕiŋ53 ·lə

厨子说梦话——哎哟我的肉

tʂʻu53 ·tsʅ ʂuɤ13məŋ13xua13——ɛ44iɔ44vɤ53 ·ti ʐəu13

穿上坎肩告揖——露两手

tʂʻuæ̃44 ʂaŋ13kʻæ̃53tɕiæ̃44kɔ44i13——ləu13liaŋ53 ʂəu53

穿新鞋走高道——不沾泥水

tʂʻuæ̃44ɕiŋ44xɛ53tsəu53kɔ44tɔ13——pu13tʂæ̃44mi53 ʂuei53

穿青衣骑黑驴——一样的皮毛

tʂʻuæ̃^{44}tɕiŋ^{44}i^{44}tɕʻi^{53}xɯ^{13}ly^{53}——i^{13}iaŋ^{13} ·ti pʻi^{53}mɔ^{53}

穿的孝衫拉的羊——白来白去

tʂʻuæ̃^{44} ·ti ɕiɔ^{13} ʂæ̃^{44}la^{44} ·ti iaŋ^{53}——pia^{13}lɛ^{53}pia^{13}kɯ^{13}

穿衣镜照人——原原本本

tʂʻuæ̃^{44}i^{44}tɕiŋ^{13}tʂɔ^{13}ʐəŋ^{53}——yuæ̃^{53}yuæ̃^{53}pəŋ^{13}pəŋ^{13}

吹口哨走夜路——嘴上不怕心里怕

tʂʻuei^{44}kʻəu^{13} ʂɔ^{13}tsəu^{53}ie^{13}lu^{13}——tsuei^{13} ʂaŋ^{13}pu^{13}pʻa^{13}
ɕiŋ^{44} ·ni pʻa^{13}

吹鼓手吃酒席——胀气饭

tʂʻuei^{44}ku^{53} ʂəu^{53}tʂʻʅ^{44}tɕiəu$^{53}_{35}$ɕi^{13}——tʂaŋ^{13}tɕʻi^{13}fæ̃^{13}

吹牛皮不犯法——大话由你说

tʂʻuei^{44}niəu^{53}pʻi^{53}pu^{13}fæ̃^{13}fa^{53}——ta^{13}xua^{13}iəu^{53}ni^{53} ʂuɤ^{13}

错吃了毒药——顿时傻了眼

tsʻuɤ^{13}tʂʻʅ^{13} ·lə tu^{13}ye^{13}——tuŋ^{53} ʂʅ^{53} ʂa$^{53}_{35}$ ·lə iæ̃^{53}

褡裢装水——从前心凉到后心

ta^{13}liæ̃^{53}tʂuaŋ^{44} ʂuei^{53}——tsʻuŋ^{53}tɕʻiæ̃^{53}ɕiŋ^{44}liaŋ^{53}tɔ^{13}xəu^{13}ɕiŋ^{44}

打肿脸充胖子——死要面子活受罪

ta^{53}tʂuŋ^{53}liæ̃^{53}tʂʻuŋ^{44}pʻaŋ^{13} ·tsɿ——sɿ^{53}iɔ^{13}miæ̃^{13} ·tsɿ xuɤ^{13} ʂəu^{13}tsuei^{13}

打上黑脸照镜子——自己吓唬自己

ta$^{53}_{35}$ ʂaŋ^{13}xɯ^{13}liæ̃^{53}tʂɔ^{13}tɕiŋ^{13}tsɿ^{13}——tsɿ^{13}tɕi^{53}ɕia^{13}xu^{53} tsɿ^{13}tɕi^{53}

打着灯笼偷鸡——明人不做暗事

ta$^{53}_{35}$ ·tʂuə təŋ^{44} ·luŋ tʻəu^{44}tɕi^{44}——miŋ^{53}ʐəŋ^{53}pu^{13}tsuɤ^{13}æ̃^{13} ʂʅ^{13}

打鱼的抽大烟——水里来火里去

ta^{53}y^{53} ·ti tʂʻəu^{44}ta^{13}iæ̃^{44}—— ʂuei$^{53}_{35}$ ·li lɛ^{53}xuɤ$^{53}_{35}$ ·ni kʻɯ^{13}

打蛇不死——必有后患

ta^{53} ʂɤ^{53}pu^{13}sɿ^{53}——pi^{13}iəu^{53}xəu^{13}xuæ̃^{13}

大路上的电线杆——靠边站

ta^{13}lu^{13} · ʂaŋ ·ti tiæ̃^{13}ɕiæ̃^{13}kæ̃^{44}——kʻɔ^{13}piæ̃^{44}tʂæ̃^{13}

大海里放鱼——各奔四方

ta^{13}xɛ$^{53}_{35}$ ·li faŋ^{13}y^{53}——kɤ^{13}pəŋ^{13}sɿ^{13}faŋ^{44}

大街上卖杂碎——提心吊胆

ta^{13}kɛ^{44} · ʂaŋ mɛ^{13}tsa$^{53}_{35}$suei^{13}——t‘i^{53}ɕiŋ^{44}tiɔ^{13}tæ̃^{53}

大腿上荡刀子——耍悬悬

ta$^{13}_{11}$t‘uei^{53} · ʂaŋ taŋ$^{53}_{35}$tɔ^{44} ·tsɿ—— ʂua^{53}ɕyæ̃^{53} ·ɕyæ̃

大丫头嫁汉子——头一回

ta$^{13}_{11}$ia^{44} ·t‘əu tɕia^{13}xæ̃^{13} ·tsɿ——t‘əu^{53}i^{13}xuei^{53}

大姑娘上轿——头一回

ta$^{13}_{11}$ku^{44} ·niaŋ ʂaŋ^{13}tɕiɔ^{13}——t‘əu^{53}i^{13}xuei^{53}

大姑娘说媒——口难张

ta$^{13}_{11}$ku^{44} ·niaŋ ʂuɤ^{44}mei^{53}——k‘əu^{53}næ̃^{53}tʂaŋ^{44}

大肚子搬砖——没放到心上

ta^{13}tu^{13} ·tsɿ pæ̃^{44}tʂuæ̃^{44}——mu^{13}faŋ^{13}tɔ^{13}ɕiŋ^{44} · ʂaŋ

大肚子婆姨抱坷垃——胡整

ta^{13}tu^{13} ·tsɿ p‘ɤ^{53}i^{13}pɔ^{13}k‘ɯ^{44} ·lə——xu^{53}tʂəŋ^{53}

大年三十看皇历——没时间了

ta$^{13}_{11}$niæ̃^{53}sæ̃^{44} ʂʅ^{13}k‘æ̃^{13}xuaŋ^{53}li^{13}——mu^{13} ʂʅ^{53}tɕiæ̃^{44} ·lə

大年三十晚上的案板——闲不了

ta$^{13}_{11}$niæ̃^{53}sæ̃^{44} ʂʅ^{13}væ̃$^{53}_{35}$ · ʂaŋ ·ti æ̃^{13}pæ̃^{13}——ɕiæ̃^{53}pu^{13}liɔ^{53}

大年初一的笤帚——动不得

ta$^{13}_{11}$niæ̃^{53}ts‘u^{44}i^{13} ·ti t‘iɔ^{53} ·tʂ‘u——tuŋ^{13}pu^{13} ·tə

大年初一喝米汤——过的不是年

ta$^{13}_{11}$niæ̃^{53}ts‘u^{44}i^{13}xɤ^{44}mi$^{53}_{35}$ ·t‘aŋ ——kuɤ^{13} ·ti pu^{13} ʂʅ^{13}niæ̃^{53}

戴着草帽子打伞——多此一举

tɛ^{13} ·tʂuə ts‘ɔ$^{53}_{35}$mɔ^{13} ·tsɿ ta^{53}sæ̃^{53}——tuɤ^{44}ts‘ɿ^{53}i^{13}tɕy^{53}

戴着草帽子亲嘴——差得太远

tɛ^{13} ·tʂuə ts‘ɔ$^{53}_{35}$mɔ^{13} ·tsɿ tɕiŋ^{44}tsuei^{53}——tʂ‘a^{44} ·tə t‘ɛ^{13}yæ̃^{53}

刀尖上跳舞——高兴不要命

tɔ^{44}tɕiæ̃^{44} · ʂaŋ t‘iɔ^{13}vu^{53}——kɔ^{44}ɕiŋ^{13}pu^{13}iɔ^{13}miŋ^{13}

稻草人救火——自身难保

tɔ^{13}ts‘ɔ$^{53}_{35}$ʐəŋ^{53}tɕiəu^{13}xuɤ^{53}——tsɿ^{13} ʂəŋ^{44}næ̃^{53}pɔ^{53}

稻田埂上磕头——盼稗子死

tɔ^{13}t‘iæ̃^{53}kəŋ^{53} ·ʂaŋ k‘ɤ^{44}t‘əu^{53}——p‘æ̃^{13}pɛ^{13} ·tsɿ sɿ^{53}

低标准的饭菜——连吹带喝

ti^{44}piɔ^{44}tʂuŋ^{53} ·ti fæ̃^{13}ts‘ɛ^{13}——liæ̃^{53}tʂ‘uei^{44}tɛ^{13}xɤ^{13}

电线杆上的呼噜子——瓷头

tiæ̃^{13}ɕiæ̃^{13}kæ̃^{44} ·ʂaŋ ·ti xu^{44}lu^{13} ·tsɿ——ts‘ɿ^{53}t‘əu^{53}

电线杆上晒衣服——好大的架子

tiæ̃^{13}ɕiæ̃^{13}kæ̃^{44} ·ʂaŋ ʂɛ^{13}i^{44} ·fu——xɔ^{53}ta^{13} ·ti tɕia^{13}tsɿ^{53}

店呢的臭虫——等的吃客呢

tiæ̃^{13} ·ni ·ti tʂ‘əu^{13}tʂ‘uŋ^{53}——təŋ^{53} ·ti tʂ‘ʅ^{13}k‘ɤ^{13} ·ni

吊死鬼拉风箱——死吹

tiɔ^{13} ·sɿ kuei^{53}la^{44}fəŋ^{44}ɕiaŋ^{44}——sɿ^{53}tʂ‘uei^{44}

吊死鬼扯眉眼——死不要脸

tiɔ^{13} ·sɿ kuei^{53}tʂ‘ɤ^{53}mei^{53}iæ̃^{53}——sɿ^{53}pu^{13}iɔ^{13}liæ̃^{53}

吊死鬼搽胭脂——死要面子

tiɔ^{13} ·sɿ kuei^{53}tʂ‘a^{53}iæ̃^{44} ·tʂʅ——sɿ^{53}iɔ^{13}miæ̃^{13} ·tsɿ

掉了毛的刷子——有板有眼

tiɔ^{13} ·lə mɔ^{53} ·ti ʂua^{13} ·tsɿ——iəu^{53}pæ̃^{53}iəu^{53}iæ̃^{53}

碟子舀水——一眼看透了

tiə^{13} ·tsɿ iɔ^{53} ʂuei^{53}——i^{13}iæ̃^{53}kæ̃^{13}t‘əu^{13} ·lə

丢了大坷垃抱小坷垃——盼头不小

tiəu^{44} ·lə ta^{13}kɯ^{13} ·la pɔ^{13}ɕiɔ^{53}kɯ^{13} ·la——p‘æ̃^{13}t‘əu^{53}pu^{13}ɕiɔ^{53}

东拉西扯论家常——说不完的废话

tuŋ^{44}la^{44}ɕi^{44}tʂ‘ɤ^{53}luŋ^{13}tɕia^{44} ·tʂ‘aŋ——suɤ^{44}pu^{13}væ̃^{53} ·ti fei^{13}xua^{13}

冬天的雪人——见了太阳就流汗

tuŋ^{44}t‘iæ̃^{44} ·ti ɕye^{13}ʐəŋ^{53}——tɕiæ̃^{13} ·lə t‘ɛ^{13}iaŋ^{53}tɕiəu^{13}liəu^{53}xæ̃^{13}

斗大的糜子——愣种

təu^{53}ta^{13} ·ti mi^{53} ·tsɿ——ləŋ^{13}tʂuŋ^{53}

豆芽菜搓绳子——太嫩

təu^{13}ia^{53}tʂʻɛ^{13}tsʻuɤ^{44} ʂəŋ^{53} ·tsɿ——tʻɛ^{13}nuŋ^{13}

豆芽菜烩豆腐——一窝一块

təu^{13}ia^{53}tʂʻɛ^{13}xuei^{13}təu^{13} ·fu——i^{13}vɤ^{44}i^{13}kʻuɛ^{53}

豆腐渣子上供——糊弄神仙

təu^{13} ·fu tʂa^{44} ·tsɿ saŋ^{13}kuŋ^{13}——xu^{13}nuŋ^{53} ʂəŋ^{53}ɕiæ̃^{44}

独眼龙看报纸——一目了然

tu^{13}iæ̃^{53}luŋ^{53}kʻæ̃^{13}pɔ^{13}tʂʅ^{53}——i^{13}mu^{13}liɔ^{53}ʐæ̃^{53}

肚脐眼里冒烟——腰（妖）气

tu^{13} ·tɕʻi iæ̃^{53} ·ni mɔ^{13}iæ̃^{44}——iɔ^{44} ·tɕʻi

肚脐眼呢打哈欠——一股子腰（妖）气

tu^{13} ·tɕʻi iæ̃^{53} ·ni ta^{53}xa^{44} ·tɕʻiæ̃—— i^{13}ku^{44} ·tsɿ iɔ^{44} ·tɕʻi

端上面盆打喷嚏——白弄一脸

tuæ̃^{44}saŋ^{13}miæ̃^{13}pʻəŋ^{53}ta^{53}pʻəŋ^{44} ·ti——pia^{13}nuŋ^{13}i^{13}liæ̃^{53}

躲过豺狼又碰上虎——一个比一个恶

tuɤ^{13} ·kuə tsʻɛ^{53}laŋ^{53}iəu^{13}pʻəŋ^{13} ʂaŋ^{13}xu^{53}——i^{13} ·kə pi^{53}i^{13} ·kə ɤ^{13}

剁了尾巴的狗——气得嗷嗷叫

tuɤ^{13} ·lə vi$^{53}_{35}$pə ·ti kəu^{53}——tɕi^{13} ·tə ɔ^{44}ɔ^{44}tɕiɔ^{13}

饿猫吃老鼠——连皮带骨一起吞

vɤ^{13}mɔ^{53}tʂʻʅ^{13}lɔ^{53} ·tʂʻu ——læ̃^{53}pʻi^{53}tɛ^{13}ku^{13}i^{13}tɕʻi^{53}tʻuŋ^{44}

耳朵上挂镰刀——好险

a^{13} ·tuɤ^{13} · ʂaŋ kua^{13}liæ̃^{53}tɔ^{44}——xɔ^{13}ɕiæ̃^{53}

两个贼娃子吹喇叭——一个坏调

liaŋ^{13} ·kə tsei^{53}va^{53} ·tsɿ tʂʻuei^{44}la^{13} ·pa——i^{13}kɤ^{13}xuɛ^{13}tiɔ^{13}

二杆子打铁——死砸

a^{13}kæ̃^{13} ·tsɿ ta^{53}tʻie^{13}——sɿ^{53}tsa^{13}

二月闹龙灯——不是要的时候

a^{13}ye^{13}nɔ^{13}luŋ^{53}təŋ^{44}——pu^{13} ʂʅ^{13} ʂua$^{53}_{35}$ ·ti ʂʅ^{53} ·xəu

二月的韭菜——头一茬

a^{13}ye^{44} ·ti tɕiəu^{13} ·tsʻɛ——tʻəu^{53}i^{13}tʂʻa^{53}

二分钱买了一车蒲毛——又轻又贱

a^{13}fəŋ^{44}tɕ‘iæ̃^{53}mɛ^{13} ·lə i^{13}tʂ‘ɤ^{44}p‘u^{53}mɔ^{53}——iəu^{13}tɕ‘iŋ^{44}iəu^{13}tɕiæ̃^{13}

二两面倒在夜壶里——难办

a^{13}liaŋ^{53}miæ̃^{13}tɔ^{13}tsɛ^{13}ie^{13}xu^{53} ·ni——næ̃^{53}pæ̃^{13}

发高烧吃浆子——满嘴的糊涂

fa^{13}kɔ^{44} ʂɔ^{44}tʂ‘ʅ^{13}tɕiaŋ^{13} ·tsɿ——mæ̃^{53}tsuei^{53} ·ti xu^{13} ·tu

帆布做龙袍——不是料子

fæ̃^{44}pu^{13}tsuɤ^{13}luŋ^{13}p‘ɔ^{53}——pu^{13} ʂʅ^{13}liɔ^{13} ·tsɿ

饭馆门上的犬——油狗

fæ̃^{13}kuæ̃^{53}məŋ^{53} ·ʂaŋ ·ti tɕ‘yæ̃^{53}——iəu^{53}kəu^{53}

放屁拉抽屉——没地方遮盖

faŋ^{13}p‘i^{13}la^{44}tʂ‘əu^{44} ·t‘i——mu^{13} ·ti ·faŋ tʂɤ^{44}kɛ^{13}

放了兔子使狗赶——费些狗的力气

faŋ^{13} ·lə t‘u^{13} ·tsɿ ʂʅ^{53}kəu^{53}kæ̃^{53}——fei^{13} ·ɕie kəu$^{53}_{35}$ ·ti li^{13}tɕ‘i^{13}

放树不带橛子——扎根

faŋ^{13} ʂu^{13}pu^{13}tɛ^{13}tɕye^{13} ·tsɿ—tʂa^{13}kəŋ^{44}

飞机上养孩子——高中生

fei^{44}tɕi^{44} ·ʂaŋ iaŋ^{53}xɛ^{53} ·tsɿ——kɔ^{44}tʂuŋ^{44}səŋ^{44}

飞机上生孩子——高产

fei^{44}tɕi^{44} ·ʂaŋ səŋ^{44}xɛ^{53} ·tsɿ——kɔ^{44}tʂ‘æ̃^{53}

飞机上挣口袋——装疯

fei^{44}tɕi^{44} ·ʂaŋ tsəŋ^{44}k‘əu$^{53}_{35}$tɛ^{13}——tʂuaŋ^{44}fəŋ^{44}

飞机上打电话——空谈

fei^{44}tɕi^{44} ·ʂaŋ ta$^{53}_{35}$tiæ̃^{13}xua^{13}——k‘uŋ^{44}t‘æ̃^{53}

飞机上落照片——丢人

fei^{44}tɕi^{44} ·ʂaŋ luɤ^{13}tʂɔ^{13}p‘iæ̃^{53}——tiəu^{44}ʐəŋ^{53}

飞蛾扑蜘蛛——自投罗网

fei^{44}ɤ^{53}p‘u^{13}tʂʅ^{44} ·tʂu——tsɿ^{13}t‘əu^{53}luɤ^{53}vaŋ^{53}

粪堆上种牡丹——好花底子臭

fəŋ^{13}tuei^{44} ·ʂaŋ tʂuŋ^{13}mu$^{53}_{35}$ · tæ̃——xɔ^{53}xua^{44}ti^{13} ·tsɿ tʂ‘əu^{13}

风箱板子做锅盖——受了冷气再受热气

fəŋ^{44}ɕiaŋ^{44}pæ̃^{13} ·tsɿ tsuɤ^{13}kuɤ^{44}kɛ^{13}——ʂəu^{13} ·lə ləŋ^{53} ·tɕʻi tsɛ^{13} ʂəu^{13} ʐə^{13} ·tɕʻi

风扇地下扇扇子——凉上加凉

fəŋ^{44} ʂæ̃^{13}ti^{13}ɕia^{13} ʂæ̃^{44} ʂæ̃$^{53}_{35}$ ·tsɿ——liaŋ^{53} ʂaŋ^{13}tɕia^{44}liaŋ^{53}

荞面包饺子——捏不严

tɕʻiɔ^{53} ·miæ̃ pɔ^{44}tɕiɔ^{13} ·tsɿ——niə^{13} ·pu iæ̃^{53}

伏天的狗——伸着舌头喘粗气

fu^{13}tʻiæ̃^{44} ·ti kəu^{53}——ʂəŋ^{44} ·tʂə ʂɤ^{53} ·tʻəu tʂʻuæ̃^{53}tsʻu^{44}tɕʻi^{13}

干滩上撒网——瞎张罗

kæ̃^{44}tʻæ̃^{44} · ʂaŋ sa^{53}vaŋ^{53}——ɕia^{13}tʂaŋ^{44} ·luə

干柴烧火——一点就着

kæ̃^{44}tʂʻɛ^{53} ʂɔ^{44}xuɤ^{53}——i^{13}tiæ̃^{53}tɕiəu^{13}tʂuɤ^{53}

赶车不拿鞭子——光拍马屁

kæ̃^{53}tʂʻɤ^{44}pu^{13}na^{53}piæ̃^{44} ·tsɿ——kuaŋ^{44}pɛ^{44}ma$^{53}_{35}$pʻi^{13}

擀面杖吹火——一窍不通

kæ̃^{53}miæ̃^{13}tʂaŋ^{13}tʂʻuei^{44}xuɤ^{53}——i^{13}tɕʻiɔ^{13}pu^{13}tʻuŋ^{44}

擀面杖捞饺子——搅浑一锅汤

kæ̃^{53}miæ̃^{13}tʂaŋ^{13}lɔ^{44}tɕiɔ$^{53}_{35}$ ·tsɿ——tɕiɔ^{53}xuəŋ^{53}i^{13}kuɤ^{44}tʻaŋ^{44}

高射炮打蚊子——大材小用

kɔ^{44} · ʂə pʻɔ^{13}ta^{53}vəŋ^{53} ·tsɿ——ta^{13}tsʻɛ^{53}ɕiɔ^{53}yŋ^{13}

高粱秆子夹粉条——光棍遇上了滑头

kɔ^{44} ·liaŋ kæ̃^{13} ·tsɿ tɕia^{13}fəŋ^{53}tʻiɔ^{53}——kuaŋ^{44}kuŋ^{13}y^{13} ʂaŋ^{13} ·lə xua^{53}tʻəu^{53}

割掉糜子看麻雀——心操到茬茬上了

kɤ^{44}tiɔ^{13}mi^{53} ·tsɿ kʻæ̃^{13}ma^{53} ·tɕʻiɔ——ɕiŋ^{44}tsʻɔ^{44}tɔ^{13}tʂʻa^{53} ·tʂʻa ʂaŋ^{13} ·lə

隔着黄河握手——差得远

kɤ^{13} ·tʂʅ xuaŋ^{53}xɤ^{53}vɤ^{13} ʂəu^{53}——tʂʻa^{44} ·ti yæ̃^{53}

公鸡戴帽子——冠（官）上加冠（官）

kuŋ^{44}tɕi^{44}tɛ^{13}mɔ^{13} ·tsɿ——kuæ̃^{44} ʂaŋ^{13}tɕia^{44}kuæ̃^{44}

公鸡掉在井里——喊破嗓子飞不起

kuŋ^{44}tɕi^{44}tiɔ^{13}tsɛ^{13}tɕiŋ$^{53}_{35}$ ·ni——xæ̃^{53}pɤ^{13}saŋ$^{53}_{35}$ ·tsɿ fei^{44}pu^{13}tɕʻi^{53}

公鸡头上一块肉——大小是个冠（官）

kuŋ^{44}tɕi^{44}t‘əu^{53} · ʂaŋ i^{13}k‘uɛ^{13}ʐəu^{13}——ta^{13}ɕiɔ^{53} ʂʅ^{13} ·kə kuæ̃^{44}

公公背上媳妇朝华山——出力不讨好

kuŋ^{44} ·kuŋ pei^{44} ʂaŋ^{13}ɕi$^{53}_{35}$ ·fu tʂ‘ɔ^{53}xua^{53} ʂæ̃^{44}——tʂ‘u^{44}li^{13}pu^{13}t‘ɔ^{53}xɔ^{53}

狗吃油渣——心汪（旺）

kəu^{53}tʂ‘ʅ^{13}iəu^{53}tʂa^{44}——ɕiŋ^{44}vaŋ^{44}

狗熊捉蚂蚱——瞎扑

kəu^{53}ɕyŋ^{53}tʂuɤ^{13}mia^{13} ·tʂa——ɕia^{13}pu^{13}

狗熊叼了个蒸馍——不吃不立

kəu^{53}ɕyŋ^{53}tiɔ^{44} ·lə ·kə tʂəŋ^{44} ·mə——pu^{13}tʂ‘ʅ^{13}pu^{13}li^{13}

狗吃羊肠子——夹吃带甩

kəu^{53}tʂ‘ʅ^{13}iaŋ^{53}tʂ‘aŋ^{53} ·tsɿ——tɕia^{13}tʂ‘ʅ^{13}tɛ^{13} ʂuɛ^{53}

狗顶竹门帘——露了一鼻子

kəu^{53}tiŋ^{53}tʂu^{13}məŋ^{53} ·liæ̃——ləu^{13} ·lə i^{13}pi^{13} ·tsɿ

狗吃抹布——心上汪的

kəu^{53}tʂ‘ʅ^{13}ma^{13} ·pu——xiŋ^{44} ʂaŋ^{13}vaŋ^{44} ·ti

狗吃花椒——气憋了

kəu^{53}tʂ‘ʅ^{13}xua^{44}tɕiɔ^{44}——tɕ‘i^{13}pie^{13} ·lə

狗戴棒榔——斜斜走

kəu^{53}tɛ^{13}paŋ^{13} ·laŋ——ɕie^{53} ·ɕie tsəu^{53}

狗头上的毛——长不了

kəu^{53}t‘əu^{53} ʂaŋ^{13} ·ti mɔ^{53}——tʂ‘aŋ^{53}pu^{13} ·liɔ

狗撵鸭子——呱呱叫

kəu^{53}niæ̃$^{53}_{35}$ia^{13} ·tsɿ——kua^{44} ·kua tɕiɔ^{13}

狗吃尿泡——空喜欢

kəu^{53}tʂ‘ʅ^{13}suei^{44}p‘ɔ^{13}——k‘uoŋ^{44}ɕi$^{53}_{35}$ ·xuæ̃

狗头上长角——凭空多了一路招数

kəu^{53} ·t‘əu ʂaŋ^{13}tʂaŋ$^{53}_{35}$kɤ^{13}——piŋ^{53}k‘uŋ^{44}tuɤ^{44} ·lə i^{13}lu^{13} tʂɔ^{44}su^{13}

骨头熬豆腐——软硬不均

ku$^{53}_{35}$ ·t‘əu ɔ^{44}təu^{13} ·fu——ʐuæ̃^{53}iŋ^{13}pu^{13}tɕyŋ^{44}

刮风吃炒面——口难张

kua^{44}fəŋ^{44}tʂʅ^{13}tʂʻɔ$^{53}_{35}$miæ̃^{13}——kʻəu^{53} næ̃^{53} tʂaŋ^{44}

寡妇的心——有走心无守心

kua$^{53}_{35}$ ·fu ·ti ɕiŋ^{44}——iəu^{53}tsəu^{53}ɕiŋ^{44}vu^{53} ʂəu^{53}ɕiŋ^{44}

关公卖豆腐——人硬货不硬

kuæ̃^{44}kuŋ^{44}mɛ^{13}təu^{13} ·fu——ʐəŋ^{53}iŋ^{13}xuɤ^{13}pu^{13}iŋ^{13}

棺材头上放屁——给死人胀气

kuæ̃^{44}tsʻɛ^{53}tʻəu^{53} · ʂaŋ faŋ^{13}pi^{13}——kɯ^{53}sɿ$^{53}_{35}$ʐəŋ^{53}tʂaŋ^{13}tɕʻi^{13}

光吃不喝——干憋

kuaŋ^{44}tʂʻʅ^{13}pu^{13}xɤ^{13}——kæ̃^{44}pie^{13}

光筷头夹凉粉——滑头对滑头

kuaŋ^{44}kʻuɛ^{13} ·tʻəu tɕia^{13}liaŋ^{53}fəŋ^{53}——xua^{53}tʻəu^{53}tuei^{13}xua^{53} tʻəu^{53}

光棍的生活——难过

kuaŋ^{44}kuŋ^{13} ·ti səŋ^{44}xuɤ^{13}——næ̃^{53}kuɤ^{13}

光着屁股追狼——胆大不害羞

kuaŋ^{44} ·tʂʅ pʻi^{13} ·ku tʂuei^{44}laŋ^{53}——tæ̃^{53}ta^{13}pu^{13}xɛ^{13}xiəu^{44}

光脚下稻田——湿（实）干

kuaŋ^{44}tɕye^{13}ɕia^{13}tɔ^{13}tʻiæ̃^{53}—— ʂʅ^{13}kæ̃^{13}

滚水锅里下肚子——存心烫我的皮呢

kuəŋ^{53} ʂuei^{53}kuɤ^{44} ·ni ɕia^{13}tu^{13} ·tsɿ——tsʻuŋ^{53} ɕiŋ^{44}tʻaŋ^{13}vɤ$^{53}_{35}$ ·ti pʻi^{53} ·ni

过年喂的大猪——早晚得杀

kuɤ^{13}niæ̃^{53}vei^{13} ·ti ta^{13}tʂu^{44}——tsɔ^{53}væ̃^{53}tɤ^{13} ʂa^{13}

哈巴狗娃子蹲在粪堆上——装大狗

xa^{44}pa^{13}kəu^{53}va^{53} ·tsɿ tuŋ^{44}tsɛ^{13}fəŋ^{13}tuei^{44} · ʂaŋ——tʂuaŋ^{44}ta^{13}kəu^{53}

哈密瓜倒秧——没味气

xa^{44}mi^{13}kua^{44}tɔ^{13}iaŋ^{44}——mu^{13}vei^{13} ·tɕi

蛤蟆爬到香炉里——碰了一鼻子灰

xa^{53} ·ma pʻa^{53}tɔ^{13}ɕiaŋ^{44}lu^{53} ·ni——pəŋ^{13} ·lə i^{13}pi^{13} ·tsɿ xuei^{44}

喝开水就菜——白搭

xɤ^{44}kʻɛ^{44} · ʂuei tɕiəu^{13}tsʻɛ^{13}——pɛ^{13}ta^{13}

和尚娶媳妇——新鲜事

xɤ^{53} · ʂaŋ tɕ‘y^{53}ɕi^{13} · fu——ɕiŋ^{44} · ɕiæ̃ ʂʅ^{13}

和尚跟前借梳子——没有

xɤ^{53} · ʂaŋ kəŋ^{44}tɕ‘iæ̃^{53}tɕie^{13}su^{44} · tsɿ——mu^{13}iəu^{53}

和尚拣了个梳子——没用的货

xɤ^{53} · ʂaŋ tɕiæ̃^{35} · lə · kə su^{44} · tsɿ——mu^{13}yŋ^{13} · ti xuɤ^{13}

河沿上炸葱花——给鳖上汤呢

xɤ^{53}iæ̃^{53} ʂaŋ^{13}tʂa^{13}ts‘uŋ^{44}xua^{44}——kɯ^{53}pie^{13} ʂaŋ^{13}t‘aŋ^{44} · ni

黑瞎子娶媳妇——狗熊一对

xɯ^{44}ɕia^{13} · tsɿ tɕ‘y^{53}ɕi^{13} · fu——kəu^{53}ɕyŋ^{53}i^{13}tuei^{13}

红公鸡嘴上打叉子——耍兰花舌头

xuŋ^{53}kuŋ^{44}tɕi^{44}tsuei$^{53}_{35}$ ʂaŋ^{13}ta^{53}tʂ‘a^{13} · tsɿ—— ʂua^{53}læ̃^{53}xua^{44} ʂɤ^{53} · t‘əu

红萝卜菜调辣子——吃出来没看出来

xuŋ^{53}luɤ^{53} · pə ts‘ɛ^{13}t‘iɔ^{53}la^{13} · tsɿ——tʂʅ^{13}tʂ‘u^{13} · lɛ mu^{13}k‘æ̃^{13}tʂ‘u^{13} · lɛ

猴吃草帽子——一肚子转转子

xəu^{53}tʂ‘ʅ^{13}ts‘ɔ$^{53}_{35}$mɔ^{13} · tsɿ——i^{13}tu^{13} · tsɿ tʂuæ̃^{13}tʂuæ̃^{13} · tsɿ

猴子的屁股——自来红

xəu^{53} · tsɿ · ti p‘i^{13} · ku——tsɿ^{13}lɛ^{53}xuŋ^{53}

黄瓜擦屁股——凉棒

xuaŋ^{53}kua^{44} ts‘a^{13}p‘i^{13} · ku——liaŋ^{53}paŋ^{13}

黄鳝碰上泥鳅——滑头对滑头

xuaŋ^{53} ʂæ̃^{13}p‘əŋ^{13} ʂaŋ^{13}mi^{53} · tɕ‘iəu——xua^{53}t‘əu^{53}tuei^{13}xua^{53}t‘əu^{53}

黄瓜打鼓——越打越短

xuaŋ^{53}kua^{44}ta^{53}ku^{53}——ye^{13}ta^{53}ye^{13}tuæ̃^{53}

回回上街——不问猪（诸）事

xuei^{53} · xuei ʂaŋ^{13}kɛ^{44}——pu^{13}vəŋ^{13}tʂu^{44} ʂʅ^{13}

芨芨挟凉粉——光棍遇上了滑头

tɕi^{13} · tɕi ɕia^{13}liaŋ^{53}fəŋ^{53}——kuaŋ^{44}kuŋ^{13}y^{13} ʂaŋ^{13} · lə xua^{53}t‘əu^{53}

鸡吃穗子——叨叨

tɕi^{44}tʂ‘ʅ^{13}suei^{13} · tsɿ——tɔ^{44} · tc

鸡吃秕子——闲磨咀

tɕi^{44}tʂʻʅ^{13}pi^{13} ·tsɿ——ɕiæ̃^{53}mɤ^{53}tsuei^{53}

鸡坐月子——蛋（淡）事

tɕi^{13}tsuɤ^{13}ye^{13} ·tsɿ——tæ̃^{13} ʂʅ^{13}

鸡爪子烩豆腐——油水不大

tɕi^{44}tʂua$^{53}_{35}$ ·tsɿ xuei^{13}təu^{13} ·fu——iəu^{13} ʂuei^{53}pu^{13}ta^{13}

鸡娃子叫鸣——不知道迟早

tɕi^{44}va^{53} ·tsɿ tɕiɔ^{13}miŋ^{53}——pu^{13}tʂʅ^{44}tɔ^{13}tʂʻʅ^{53}tsɔ^{53}

见了王母娘叫岳母——想娶个七仙女

tɕiæ̃^{13} ·lə vaŋ^{53} ·mu niaŋ^{53}tɕiɔ^{13}ye^{13}mu^{53}——ɕiaŋ^{53}tɕʻy^{53} ·kə tɕʻi^{13}ɕiæ̃^{44}ny^{53}

姜太公钓鱼——愿来上串不愿来滚蛋

tɕiaŋ^{44}tʻɛ^{13}kuŋ^{44}tiɔ^{13}y^{53}——yæ̃^{13}lɛ^{53} ʂaŋ^{13}tʂʻuæ̃^{13}pu^{13}yæ̃^{13}lɛ^{53} kuŋ$^{53}_{35}$tæ̃^{13}

脚板子烤火——大手

tɕye^{13}pæ̃$^{53}_{35}$ ·tsɿ kʻɔ^{53}xuɤ^{53}——ta^{13} ʂəu^{53}

脚踩西瓜皮——滑到哪里算哪里

tɕye^{13}tsʻɛ^{53}ɕi^{44}kua^{44}pʻi^{53}——xua^{53}tɔ^{13}na$^{53}_{35}$ ·ni suæ̃^{13}na$^{53}_{35}$ ·ni

脚后跟上的茧子——死皮

tɕye^{13}xəu^{13}kəŋ^{44} ʂaŋ^{13} ·ti tɕiæ̃$^{53}_{35}$ ·tsɿ——sɿ^{53}pʻi^{53}

脚后跟拴绳子——拉倒了

tɕye^{13}xəu^{13}kəŋ^{44} ʂuæ̃^{44} ʂəŋ^{53} ·tsɿ——la^{44}tɔ$^{53}_{35}$ ·lə

叫化子甩砂锅——穷脾气

tʂʻiɔ^{13}xua^{44} ·tsɿ ʂuɛ^{53} ʂa^{44}kuɤ^{44}——tɕʻyŋ^{53}pʻi$^{53}_{35}$tɕʻi^{13}

叫化子死了变讨吃——穷折腾

tʂʻiɔ^{13}xua^{44} ·tsɿ sɿ^{13} ·lə piæ̃^{13}tʻɔ$^{53}_{35}$tʂʻʅ^{13}——tɕʻyŋ^{53}tʂə^{13} ·tʻəŋ

叫化子拜年——穷讲究

tʂʻiɔ^{13}xua^{44} ·tsɿ pɛ^{13}niæ̃^{53}——tɕʻyŋ^{53}tɕiaŋ^{35} ·tɕiəu

叫化子拆了个乌鸦窝——能烧几天

tʂʻiɔ^{13}xua^{44} ·tsɿ tsʻɤ^{13} ·lə ·kə vu^{13} ·ia vɤ^{44}——nəŋ^{53} ʂɔ^{44}tɕi^{53}tʻiæ̃^{44}

叫化子娶媳妇——没挑头

tʂʻiɔ^{13}xua^{44} ·tsɿ tɕʻy$^{53}_{35}$ɕi^{13} ·fu——mu^{13}tʻiɔ^{44} ·tʻəu

叫化子背了个醋葫芦——又穷又酸

tʂʻiɔ^{13}xua^{44} ·tsɿ pei^{44} ·lə ·kə tsʻu^{13}xu^{13} ·lu——iəu^{13}tɕʻyŋ^{53} iəu^{13}suæ̃^{44}

叫化子捏泥鸡——饿出来的见识

tʂʻiɔ^{13}xua^{44} ·tsɿ nie^{44}mi^{53}tɕi^{44}——vɤ^{13}tʂʻu^{13} ·lɛ ·ti tɕiæ̃^{13} ·ʂʅ

叫化子过年——吃头没有说头多

tʂʻiɔ^{13}xua^{44} ·tsɿ kuɤ^{13}niæ̃^{53}——tʂʻʅ^{13} ·tʻəu mu^{13}iəu^{13} ʂuɤ^{13} ·tʻəu tuɤ^{44}

借的皮袄调的面子——充有家

tɕie^{13} ·ti pi^{53} ·ɔ tiɔ^{13} ·ti miæ̃^{13} ·tsɿ——tʂʻuŋ^{44}iəu^{13}tɕia^{44}

羯羊尾巴——翘不起来

tɕie^{13} ·iaŋ i$^{53}_{35}$ ·pə——tɕʻiɔ^{13}pu^{13}tɕʻi^{53} ·lɛ

九十岁老汉吹喇叭——上气不接下气

tɕiəu$^{53}_{35}$ ·ʂʅ suei^{13}lɔ$^{53}_{35}$xæ̃^{13}tʂʻuei^{44}la$^{53}_{35}$ ·pa——ʂaŋ^{13}tɕʻi^{13}pu^{13}tɕie^{13}ɕia^{13}tɕi^{13}

韭菜包子——从里往外臭

tɕiəu$^{53}_{35}$ ·tsʻɛ pɔ^{44} ·tsɿ——tsʻuŋ^{53}li^{53}vaŋ^{53}vɛ^{13}tʂʻəu^{13}

看好了病打医生——恩将仇报

kʻæ̃^{13}xɔ$^{53}_{35}$ ·lə piŋ^{13}ta^{53}i^{13}səŋ^{44}——əŋ^{44}tɕiaŋ^{44}tʂʻəu^{53}pɔ^{13}

垃圾堆里的小人书——废话（画）

la^{44}tɕi^{44}tuei^{44} ·ni ·ti ɕiɔ^{35}ʐəŋ^{53} ʂu^{44}——fei^{13}xua^{13}

拉着胡子过河——牵须（谦虚）过渡（度）

la^{44} ·tʂʅ xu^{53} ·tsɿ kuɤ^{13}xɤ^{53}——tɕʻiæ̃^{44}ɕy^{44}kuɤ^{13}tu^{13}

拉磨的驴放屁——臭了个转圈圈

la^{44}mɤ^{13} ·ti ly^{53}faŋ^{13}pʻi^{13}——tʂʻəu^{13} ·lə ·kə tʂuæ̃^{13}tɕʻyæ̃^{44} ·tɕʻyæ̃

腊月的萝卜——冻（动）心了

la^{13}ye^{13} ·ti luɤ^{53} ·pə——tuŋ^{13}xiŋ^{44} ·lə

腊月生孩子——冻（动）手冻（动）脚

la^{13}ye^{44}səŋ^{44}xɛ^{53} ·tsɿ——tuŋ^{13}tʂəu^{53}tuəŋ^{13}tɕye^{13}

腊月扇扇子——烧的

la^{13}ye^{44} ʂæ̃^{44} ʂæ̃^{13} ·tsɿ——ʂɔ^{44} ·ti

腊月天穿裙子——美丽冻（动）人

la^{13}ye^{44}tiæ̃^{44}tʂʻuæ̃^{44}tɕʻyŋ^{53} ·tsɿ——mei$^{53}_{35}$li^{13}tuŋ^{13}ʐəŋ^{53}

腊月的猪——快挨刀了

la^{13}ye^{44} ·ti tʂu^{44}——kuɛ^{13}ɛ^{53}tɔ^{44} ·lə

癞蛤蟆跳门槛——又蹾沟子又羞脸

lɛ^{13}xa^{53} ·ma t‘iɔ^{13}məŋ^{53}k‘æ̃^{53}——iəu^{13}tuŋ^{44}kəu^{44} ·tsɿ iəu^{13}ɕiəu^{44}liæ̃^{53}

懒婆的裹脚——又长又臭

læ̃^{53}p‘ɤ^{53} ·ti kuɤ$^{53}_{35}$tɕye^{13}——iəu^{13}tʂ‘aŋ^{53}iəu^{13}tʂ‘əu^{13}

烂泥塑菩萨——全靠贴金

læ̃^{53}mi^{53}su^{13}p‘u^{53} ·sa——tɕ‘uæ̃^{53}k‘ɔ^{13}tie^{44}tɕiŋ^{44}

老头子睡摇篮——充小孩

lɔ^{53}təu^{53} ·tsɿ ʂuei^{13}iɔ^{53}læ̃^{53}——tʂ‘uŋ^{44}ɕiɔ^{53}xɛ^{53}

老汉吃香瓜——拣软的捏

lɔ$^{53}_{35}$xæ̃^{13}tʂ‘ʅ^{13}ɕiaŋ^{44}kua^{44}——tɕiæ̃^{53}ʐuæ̃^{35} ·ti nie^{44}

老太太的嘴——吃软不吃硬

lɔ$^{53}_{35}$t‘ɛ^{13} ·t‘ɛ ·ti tsuei^{53}——tʂ‘ʅ^{13}ʐuæ̃^{53}pu^{13}tʂ‘ʅ^{13}iŋ^{13}

老太婆买豆腐——吃软不吃硬

lɔ^{53}t‘ɛ^{13}p‘ə^{53}mɛ^{53}təu^{13} ·fu——tʂ‘ʅ^{13}ʐuæ̃^{53}pu^{13}tʂ‘ʅ^{13}iŋ^{13}

老太婆住高楼——上下两难

lɔ^{53}t‘ɛ^{13} ·p‘ə^{53}tʂu^{13}kɔ^{44}ləu^{53}——ʂaŋ^{13}ɕia^{13}liaŋ^{53}næ̃^{53}

老太婆吃蚕豆——咬牙切齿

lɔ^{53}t‘ɛ^{13}p‘ə^{53}tʂ‘ʅ^{13}tsæ̃^{53}təu^{13}——iɔ^{53}ia^{53}tɕ‘ie^{13}tʂ‘ʅ^{53}

老太婆骑毛驴——恰如其分（缝）

lɔ^{53}t‘ɛ^{13}p‘ə^{53}tɕ‘i^{53}mɔ^{53}ly^{53}——tɕ‘ia^{13}ʐu^{53}tɕ‘i^{53}fəŋ^{13}

老鹰抓小鸡——十拿九稳

lɔ^{53}iŋ^{44}tʂ‘ua^{44}ɕiɔ^{53}tɕi^{44}——ʂʅ^{13}na^{53}tɕiəu^{53}vəŋ^{53}

老鼠上称盘——自称自

lɔ^{53} ·tʂ‘u ʂaŋ^{13}tʂ‘əŋ^{13}p‘æ̃^{53}——tsɿ^{13}tʂ‘əŋ^{44}tsɿ^{13}

老鼠啃锁子——吃不开

lɔ^{53} ·tʂ‘u k‘əŋ^{53}suɤ^{35} ·tsɿ——tʂ‘ʅ^{13} ·pu k‘ɛ^{44}

老鼠舔猫鼻子——送死

lɔ^{53} ·tʂ‘u tiæ̃^{53}mɔ^{53}pi^{13} ·tsɿ——suŋ^{13}sɿ^{53}

老鼠尾巴上打一棍——肿的不大

lɔ^{53} ·tʂ'u i^{13} ·pa ʂaŋ^{13}ta^{53}i^{13}kuŋ^{13}——tʂuŋ^{53} ·ti pu^{13}ta^{13}

老虎挂念珠——假仁假义

lɔ^{53} ·xu kua^{13}niæ̃^{13}tʂu^{44}——tɕia^{53}ʐəŋ^{53}tɕia^{53}i^{13}

老牛吃草——吞吞吐吐

lɔ^{53}niəu^{53}tʂ'ʅ^{13}ts'ɔ^{53}——t'uŋ^{44}t'uŋ^{44}t'u^{53}t'u^{53}

老驴嚼豌豆——全凭嘴劲

lɔ^{53}ly^{53}tɕye^{53}væ̃^{44} ·təu——tɕ'yæ̃^{53}piŋ^{53}tsuei$^{53}_{35}$tɕiŋ^{13}

老母猪拱墙——全凭嘴上的劲

lɔ^{53}mu^{53}tʂu^{44}kuŋ^{53}tɕ'iaŋ^{53}——tɕ'yæ̃^{53}piŋ^{53}tsuei$^{53}_{35}$ ʂaŋ^{13} ·ti tɕiŋ^{13}

老狗啃骨头——干咽唾沫

lɔ^{53}kəu^{53}k'əŋ^{53}ku^{13} ·təu——kæ̃^{44}iæ̃^{13}t'uɤ^{13}mɤ^{44}

老狗缠肉架子——迟早躲不过一砍刀

lɔ^{53}kəu^{53}tʂ'æ̃^{53}ʐəu^{13}tɕia^{13} ·tsɿ——tʂ'ʅ^{53}tsɔ^{53}tuɤ^{53} ·pu kuɤ^{13}i^{13} k'æ̃^{53}tɔ^{44}

老狗吃锅巴——尽是牙叉子劲

lɔ^{53}kəu^{53}tʂ'ʅ^{13}kuɤ^{44} ·pa——tɕiŋ^{13} ʂʅ^{13}ia^{53}tʂ'a^{53} ·tsɿ tɕiŋ^{13}

老狗上墙头——前爪子有劲，后爪子无力

lɔ^{53}kəu^{53} ʂaŋ^{13}tɕ'iaŋ^{53} ·təu——tɕ'iæ̃^{53}tʂua$^{53}_{35}$ ·tsɿ iəu^{53}tɕiŋ^{13}，xəu^{13}tʂua^{53} · tsɿ vu^{53}li^{13}

烙的馍馍烤的吃——差火呢

luɤ^{13} ·ti mɤ^{53} ·mə k'ɔ$^{53}_{35}$ ·ti tʂ'ʅ^{13}——tʂ'a^{44}xuɤ^{35} ·ni

驴笼头戴在牛头上——生搬硬套

ly^{53}luŋ^{53} ·təu tɛ^{13}tsɛ^{13}niəu^{53}təu^{53} ʂaŋ^{13}——səŋ^{44}pæ̃^{44}iŋ^{13}t'ɔ^{13}

骆驼的粪——干蛋

luə^{13}tuɤ^{13} ·ti fəŋ^{13}——kæ̃^{44}tæ̃^{13}

骆驼跑到羊群里——有意显高

luə^{13}tuɤ^{13}p'ɔ^{13}tɔ^{13}iaŋ^{53}tɕ'yŋ^{53} ·ni—iəu$^{53}_{35}$i^{13}ɕiæ̃^{53}kɔ^{44}

骆驼吃树叶子——口味高

luə^{13}tuɤ^{13}tʂ'ʅ^{13} ʂu^{13}ie^{13} ·tsɿ——k'əu$^{53}_{35}$vei^{13}kɔ^{44}

骆驼进鸡窝——没门

luə^{13}tuɤ^{13}tɕiŋ^{13}tɕi^{44}vɤ^{44}——mu^{13}məŋ^{53}

麻雀子嗑瓜子——耍巧嘴

ma^{53}tɕʻiɔ$^{53}_{35}$ ·tsɿ kʻɤ^{13}kua^{44} ·tsɿ— ʂua^{53}tɕʻiɔ^{53}tsuei^{53}

麻雀跟上夜蝙蝠飞——瞎熬眼

ma^{53}tɕʻiɔ^{53}kəŋ^{44} ʂaŋ^{13}ie^{13}pʻiæ̃^{13} ·fu fei^{44}—ɕia^{13}ɔ^{53}iæ̃^{53}

马勺掉了把——瓢（嫖）头

ma$^{53}_{35}$ ʂuɤ^{13}tiɔ^{13} ·lə pa^{13}—pʻiɔ^{53}təu^{53}

马勺呢的苍蝇——混饭吃

ma$^{53}_{35}$ ʂuɤ^{13} ·ni ·ti tʂʻaŋ^{44}iŋ^{44}—xuŋ^{13}fæ̃^{13}tʂʻʅ^{13}

马尾巴拴豆腐——罢提

ma^{53}i^{13} ·pa ʂuæ̃^{44}təu^{13} ·fu—pa^{13}ti^{53}

马尾巴拴豆腐——提不得

ma^{53}i^{13} ·pa ʂuæ̃^{44}təu^{13} ·fu—— ti^{53}pu^{13} ·tə

马下骡子——阔稀了

ma^{53}ɕia^{13}luɤ^{53} ·tsɿ—kuɤ^{13}ɕi^{44} ·lə

马槽跑趟子——摸不着长短了

ma^{53}tsʻɔ^{53}pʻɔ^{53}tʻaŋ^{13} ·tsɿ——mɤ^{44} ·pu tʂuɤ^{53}tʂʻaŋ^{53}tuæ̃^{13} ·lə

马屁股上钉掌——离蹄太远

ma^{53}pʻi^{13}ku^{13} ʂaŋ^{13}tiŋ^{13}tʂaŋ^{53}—li^{53}ti^{53}tʻɛ^{13}yæ̃^{53}

蚂蚁钻进磨盘呢——尽是路

ma^{53} ·i tsuæ̃^{44}tɕiŋ^{13}mɤ^{13}pæ̃^{53} ·ni—tɕiŋ^{13} ʂʅ^{13}lu^{13}

蚂蚁堆呢戳了一扫帚——乱嚷嚷

ma^{53} ·i tuei^{44} ·ni tʂʻuɤ^{13} ·lə i^{13}sɔ^{13} ·tʂʻu——læ̃^{13}ʐaŋ$^{53}_{35}$ ·ʐaŋ

麦子喂牲口——不是好料

mia^{13} ·tsɿ vei^{13}səŋ^{44} ·kʻəu—pu^{13} ʂʅ^{13}xɔ$^{53}_{35}$liɔ^{13}

猫吃浆子——全在嘴上打抓挖

mɔ^{53}tʂʻʅ^{13}tɕiaŋ^{13} ·tsɿ—tɕʻyæ̃^{53}tsɛ^{13}tsuei^{35} ʂaŋ^{13}ta^{53}tʂua^{44} ·va

猫不吃鱼——假斯文

mɔ^{53} ·pu tʂʻʅ^{13}y^{53}—tɕia^{53}sɿ^{44}vəŋ^{53}

眉毛上搭梯子——脸上下不来

mi^{53} ·mɔ ʂaŋ^{13}ta^{13}ti^{44} ·ʦɿ—liæ̃^{13} ʂaŋ^{13}ɕia^{13}pu^{13}lɛ^{53}

糜田里出乌头呢——坏种

mi^{53}t‘iæ̃^{53} ·ni tʂ‘u^{13}va^{44} ·təu ·ni—xuɛ^{13}tʂuŋ^{53}

庙门上拉屎——欺负爷爷呢

miɔ^{13}məŋ^{53} · ʂaŋ la^{13} ʂʅ^{53}——tɕ‘i^{44} ·fu ie^{53} ·ie ·ni

木匠拉线——睁一眼闭一眼

mu^{13}tɕiaŋ^{13}la^{44}ɕiæ̃^{13}—ʦəŋ^{44}i^{13}iæ̃^{53}pi^{13}i^{13}iæ̃^{53}

拿上布票进食堂——不懂馆子

na^{53} ʂaŋ^{13}pu^{13}p‘iɔ^{13}tɕiŋ^{13} ʂʅ^{13}taŋ^{53}——pu^{13}tuŋ$^{53}_{35}$kuæ̃^{13} ·ʦɿ

年三十打了个野狐子——有它也过年，没它也过年

niæ̃^{53}sæ̃^{44} · ʂʅ ta^{13} ·lə ·kə ie^{13} ·xu ·ʦɿ—iəu^{53}tɤ^{44}ie^{13}kuɤ^{13}niæ̃^{53} mu^{13} tɤ^{44} ie^{13} kuɤ^{13} niæ̃^{53}

尿泡打人人不痛——臊气怪难闻

ʂuei^{44} ·pɔ ta^{53}ʐəŋ^{53}ʐəŋ^{53}pu^{13}t‘əŋ^{53}—sɔ^{44} ·tɕi kuɛ^{13}næ̃^{53}vəŋ^{53}

牛尾巴拍苍蝇——碰巧了

niəu^{53}i^{13} ·pa p‘ia^{13}ʦ‘aŋ^{44} ·iŋ—p‘əŋ^{13}tɕ‘iɔ$^{53}_{35}$ ·lə

牛吃草鸡吃谷——各有各的福

niəu^{53}tʂ‘ʅ^{13}ts‘ɔ^{53}tɕi^{44}tʂ‘ʅ^{13}ku^{13}——kɤ^{13}iəu^{35}kɤ^{13} ·ti fu^{13}

牛粪巴螂子哭妈——两眼墨黑

niəu^{53}fəŋ^{13}pa^{44}laŋ^{44} ·ʦɿ k‘u^{13}ma^{44}—liaŋ^{53}iæ̃^{53}mia^{13}xɯ^{13}

牛角上抹油——又尖又滑

niəu^{53}kɤ^{13} · ʂaŋ mɤ^{53}iəu^{53}—iəu^{13}tɕiæ̃^{44}iəu^{13}xua^{53}

牛毛湖的苇子——有根有叶

niəu^{53}mɔ^{53}xu^{53} ·ti vei^{13} ·ʦɿ—iəu^{53}kəŋ^{44}iəu^{35}ie^{13}

皮条打人——软收拾

p‘i^{53} ·tiɔ ta^{53}ʐəŋ^{53}—ʐuæ̃^{53} ʂəu^{44} ʂʅ^{44}

屁股上插鸡毛——尾（伟）大

p‘i^{13}ku^{13} ʂaŋ^{13}tʂ‘a^{13}tɕi^{44}mɔ^{53}—vei^{53}ta^{13}

骑猪打仗——羞先人

tɕ‘i^{53}tʂu^{44}ta^{35}tʂaŋ^{13}—ɕiəu^{44}ɕiæ̃^{44} ·ʐəŋ

墙上挂驴皮——不像画（话）

tɕʻiaŋ^{53} ʂaŋ^{13}kua^{13}ly^{53}pʻi^{53}—pu^{13}ɕiaŋ^{13}xua^{13}

荞麦面打糨子——不粘

tɕʻiɔ^{53}mɛ^{13}miæ̃^{13}ta$^{53}_{35}$tɕiaŋ^{13} ·tsɿ—pu^{13}tʂæ̃^{44}

荞面馓子——黑脆

tɕʻiɔ^{53}miæ̃^{13}sæ̃^{13} ·tsɿ—xɯ^{13}tsʻuei^{13}

翘起屁股看天——有眼无珠

tɕyɛ^{13}tɕʻi^{13}pʻi^{13}ku^{13}kæ̃^{44}tʻiæ̃^{44}—iəu^{53}iæ̃^{53}v^{53}tʂu^{44}

清明的羊——眼仁子磁了

tɕʻiŋ^{44} ·miŋ ·ti iaŋ^{53}—iæ̃$^{53}_{35}$ʐəŋ^{53} ·tsɿ tsʻɿ^{53} ·lə

秋后的蚂蚱——活不了几天

tɕʻiəu^{44}xəu^{13} ·ti mia^{13}tʂa^{44}—xuɤ^{13}pu^{13}liɔ^{53}tɕi^{53}tʻiæ̃^{44}

麻雀子落到麻田呢——叽叽喳喳

ma^{53}tɕʻiɔ^{13} ·tsɿ luɤ^{13}tɔ^{13}ma^{53}tʻiæ̃^{53} ·ni—tɕi^{44}tɕi^{44}tʂa^{44}tʂa^{44}

入秋的高粱——老来红

ʐu^{13}tɕʻiəu^{44} ·ti kɔ^{44} ·liaŋ—lɔ^{35} ·lɛ xuŋ^{53}

三九天种麦子——不是时候

sæ̃^{44}tɕiəu$^{53}_{35}$tʻiæ̃^{44}tʂuŋ^{13}mia^{13} ·tsɿ—pu^{13} ʂʅ^{13} ʂʅ^{53}xəu^{53}

三张草纸糊了个驴头——好大的脸面

sæ̃^{44} tʂaŋ^{44}tsʻɔ^{53}tʂʅ^{53}xu^{44} ·lə ·kə ly^{53}təu^{53}—xɔ^{53}ta^{13} ·ti liæ̃^{35} ·miæ̃

臊糊打架——对头

sɔ^{44} ·xu ta^{53}tɕia^{13}—tuei^{13}tʻəu^{53}

沙土坷垃擦屁股——闪你一手

ʂa^{44}tʻu^{53}kʻɯ^{13}la^{44}tsʻa^{13}pʻi^{13}ku^{44}— ʂæ̃^{53}ni^{53}i^{13} ʂəu^{53}

山西骡子学驴叫——南腔北调

ʂæ̃^{44}ɕi^{44}luɤ^{53} ·tsɿ ɕye^{53}ly^{53}tɕiɔ^{13}—næ̃^{53}tɕʻiaŋ^{44}pɛ^{13}tiɔ^{13}

湿手插到面缸呢——想甩甩不掉

ʂʅ^{44} ʂəu^{53}tʂʻa^{44}tɔ^{13}miæ̃^{13}kaŋ^{44} ·ni—ɕiaŋ^{53} ʂuɛ^{53} ʂuɛ$^{53}_{35}$pu^{13}tiɔ^{13}

十八岁姑娘说媒——人不说你，你倒说人

ʂʅ^{13}pa^{13}suei^{13}ku^{44} ·niaŋ ʂuɤ^{13}mei^{53}—ʐəŋ^{53}pu^{13} ʂuɤ^{44} ni^{44}，ni^{44}tɔ^{13} ʂuɤ^{13}ʐəŋ^{53}

十五个斗子打水——七上八下

ʂʅ^{13}vu^{35} ·kə təu^{13} ·ʦɿ ta^{53} ʂuei^{53}—ʨʻi^{13} ʂaŋ^{13}pa^{13}ɕia^{13}

石头上钉钉子——硬碰硬

ʂʅ^{13} ·təu ʂaŋ^{13}tiŋ^{13}tiŋ^{44} ·ʦɿ—iŋ^{13}pʻəŋ^{13}iŋ^{13}

守着公鸡下蛋——办不到

ʂəu^{13} ·tʂə kuŋ^{44} ·ʨi ɕia^{13}tæ̃^{13}—pæ̃^{13}pu^{13}tɔ^{13}

寿星喝敌敌畏——活得不耐烦了

ʂəu^{13} ·ɕiŋ xɤ^{13}ti^{13} ·ti vei^{53}—xəu^{13} ·ti pu^{13}nɛ^{13}fæ̃^{53} ·lə

瘦狗缠肉架子——迟早挨一砍刀

səu^{13}kəu^{53}tʂʻæ̃^{53}ʐəu^{13}ʨia^{13} ·ʦɿ—tʂʻʅ^{53}ʦɔ^{53}ɛi^{53}i^{13}kʻæ̃^{53}tɔ^{44}

茅坑里的石头——又臭又硬

mɔ^{53}kʻəŋ^{44} ·ni^{53} ·ti ʂʅ^{13} ·təu —iəu^{13}tʂʻəu^{13}iəu^{13}iŋ^{13}

拾大粪的提意见——尽出臭点子

ʂʅ^{13}ta^{13}fəŋ^{13} ·ti tʻi^{53}i^{13}ʨiæ̃^{13}—ʨiŋ^{13}tʂʻu^{13}tʂʻəu^{13}tiæ̃^{35} ·ʦɿ

死了外母宰驴——大干一场

sɿ^{35} ·lə vɛ^{13} ·mu tsɛ^{53}ly^{53}—ta^{13}kæ̃^{13}i^{13}tʂʻaŋ^{53}

抬上石夯过黄河——不知轻重

tʻɛ^{53} ʂaŋ^{13} ʂʅ^{13}xaŋ^{44}kuɤ^{13}xuaŋ^{53}xɤ^{53}—pu^{13}tʂʅ^{44}ʨʻiŋ^{44}tʂuŋ^{13}

讨饭的不拿棍——受狗欺

tʻɔ^{35}fæ̃^{13} ·ti pu^{13}na^{53}kuŋ^{13}— ʂəu^{13}kəu^{53}ʨi^{44}

秃子长了个圈脸胡——一亏的一补

tʻu^{13} ·ʦɿ tʂaŋ$^{53}_{35}$ ·lə ·kə ʨʻyæ̃^{44}liæ̃^{53}xu^{53}—i^{13}kʻuei^{44} ·ti i^{13}pu^{53}

秃子头上的虱子——明摆着

tʻu^{13} ·ʦɿ tʻəu^{53} ʂaŋ^{13} ·ti ʂɤ^{13} ·ʦɿ—miŋ^{53}pɛ$^{53}_{35}$ ·tʂə

秃子头上别裂子——性紧

tʻu^{13} ·ʦɿ tʻəu^{53} ʂaŋ^{13}pie^{13}lia^{13} ·ʦɿ—ɕiŋ^{13}ʨiŋ^{53}

秃子跟着月亮走——借光

tʻu^{13} ·ʦɿ kəŋ^{44} ·tʂə ye^{13}liaŋ^{13}ʦəu^{53}—ʨie^{13}kuaŋ^{44}

土地爷爷放屁——把你神气坏了

tʻu$^{53}_{35}$ ·ti ie^{53} ·ie faŋ^{13}pʻi^{13}—pa^{53}ni^{53} ʂəŋ^{53}ʨʻi^{13}xuɛ^{13} ·lə

兔子的尾巴——长不了

t‘u^{13} ·tsɿ ·ti i^{13} ·pa—tʂ‘aŋ^{53} ·pu liɔ^{53}

歪嘴和尚啃茎莲——偏偏遇偏偏

vɛ^{44}tsuei^{53}xɤ^{53} · ʂaŋ k‘əŋ^{53}p‘ie^{13}liæ̃^{53}—p‘iæ̃^{44}p‘iæ̃^{44}y^{13}p‘iæ̃^{44}p‘iæ̃^{44}

外甥打灯笼——照旧（舅）

vɛ^{13} · ʂəŋ ta^{53}təŋ^{44} ·luŋ—tʂɔ^{13}tɕiəu^{13}

乌龟买王八——彼此彼此

vu^{44}kuei^{44}mɛ^{53}vaŋ^{53} ·pa—pi^{53}ts‘ɿ^{53}pi^{53}ts‘ɿ^{53}

五更天唱曲子——高兴得太早

Vu$^{53}_{35}$kəŋ^{44}t‘iæ̃^{44}tʂ‘aŋ^{13}tɕ‘y^{13} ·tsɿ—kɔ^{44}ɕiŋ^{13} ·ti t‘ɛ^{13}tsɔ^{53}

西瓜皮擦屁股——没完没了

ɕi^{44}kua^{44}p‘i^{53}ts‘a^{13}p‘i^{13} ·ku—mu^{13}væ̃^{53}mu^{13}liɔ^{53}

喜鹊的尾巴——老翘着

ɕi^{13}tɕ‘iɔ$^{53}_{35}$ ·ti i^{13} ·pa—lɔ^{53}tɕ‘iɔ^{13} ·tʂuə

戏台上亲嘴——高兴一时算一时

ɕi^{13}t‘ɛ^{53} · ʂaŋ tɕ‘iŋ^{44}tsuei^{53}—kɔ^{44}ɕiŋ^{13}i^{13} ʂʅ^{53}suæ̃^{13}i^{13} ʂʅ^{53}

烟囱上招手——往黑路上引

iæ̃^{44} ·ts‘uŋ ʂaŋ^{13}tʂɔ^{44} ʂəu^{53}—vaŋ^{53}xɯ^{13}lu^{13} ʂaŋ^{13}iŋ^{53}

吆车不拿鞭子——干咋呼

iɔ^{44}tʂ‘ɤ^{44}pu^{13}na^{53}piæ̃^{44} ·tsɿ—kæ̃^{44}tʂa^{44} ·xu

腰里别了个死兔子——装打猎的

iɔ^{44} ·ni pie^{13} ·lə ·kə sɿ^{53}t‘u^{13} ·tsɿ—tʂuaŋ^{44}ta^{53}lie^{13} ·ti

药铺里挂蛇皮——吓死人的招牌

ye^{13}p‘u^{13} ·ni kua^{13} ʂɤ^{53}p‘i^{53}—ɕia^{13}sɿ$^{53}_{35}$ʐəŋ^{53} ·ti tʂɔ^{44}p‘ɛ^{53}

一个驴驮了两个簸箕——走到那呢扇到那

i^{13} ·kə ly^{53}t‘uɤ^{53} ·lə liaŋ$^{53}_{35}$ ·kə pɤ^{13} ·tɕ‘i—tsəu^{35}tɔ^{13}na$^{53}_{35}$ ·ni ʂæ̃^{44} tɔ^{13}na$^{53}_{35}$ ·ni

一嘴吃了个草帽子——一肚子转转子

i^{13}tsuei^{53}tʂ‘ʅ^{13} ·lə ·kə ts‘ɔ^{35}mɔ^{13} ·tsɿ—i^{13}tu^{13} ·tsɿ tʂuæ̃^{13}tʂuæ̃^{13} ·tsɿ

一嘴吃了个顶针子——满肚子眼眼子

i^{13}tsuei^{53}tʂ‘ʅ^{13} ·lə ·kə tiŋ$^{53}_{35}$ ·tʂəŋ ·tsɿ—mæ̃^{53}tu^{13} ·tsɿ iæ̃$^{53}_{35}$iæ̃$^{53}_{35}$ ·tsɿ

月婆子放屁——带点娃娃气

ye^{13}p'ɤ$^{53}_{35}$ ·tsɿ faŋ^{13}p'i^{13}—tɛ^{13}tiæ̃^{53}va^{53} ·va tɕ'i^{13}

指头探黄河——不知深浅

tʂʅ^{13} ·təu t'æ̃^{13}xuaŋ^{53}xɤ^{53}—pu^{13}tʂʅ^{44} ʂəŋ^{44}tɕ'iæ̃^{53}

正月十五卖门神——迟了半月

tʂəŋ^{44}ye^{13} ʂʅ^{13}vu^{53}mɛ^{13}məŋ^{53} · ʂəŋ—tʂ'ʅ^{53} ·lə pæ̃^{13}ye^{13}

猪刨萝卜——全仗嘴硬

tʂu^{44}p'ɔ^{53}luɤ^{53} ·pə—tɕ'æ̃^{53}tʂaŋ^{13}tsuei^{35}iŋ^{13}

猪把驴踢死——没经过的事

tʂu^{44}pa^{13}ly^{53}t'i^{13}sɿ^{53}—mu^{13}tɕiŋ^{44}kuɤ^{13} ·ti ʂʅ^{13}

抓住虱子当肉吃——饿急了

tʂua^{44} ·tʂu ʂɤ^{13} ·tsɿ taŋ^{44}ʐəu^{13}tʂ'ʅ^{13}—vɤ^{13}tɕi^{13} ·lə

庄稼汉吃挂面——头一回

tʂuaŋ^{44}tɕia^{44}xæ̃^{13}tʂ'ʅ^{13}kua^{13}miæ̃^{13}—t'əu^{53}i^{13}xuei^{53}

嘴上抹石灰——白吃

tʂuei^{53} ʂaŋ^{13}mɤ^{53} ʂʅ^{13}xuei^{44}—pia^{13}tʂ'ʅ^{13}

做梦娶媳妇——想得美

tsuɤ^{13}məŋ^{13}tɕ'y^{35} ·ɕi ·fu—ɕiaŋ$^{53}_{35}$ ·ti mei^{53}

三 民间故事

蝙 蝠 为 啥 晚 间 出 来

p'iæ̃^{44} fu^{13} vei^{13} ʂa^{53}væ̃$^{53}_{35}$ ·tɕiæ̃ tʂ'u^{13} lɛ^{53}

很 久 很 久 以 前，在 遥 远 的 大 森 林 呢，

xəŋ^{53}tɕiəu^{53}xəŋ^{53}tɕiəu^{53}i^{53}tɕ'iæ̃^{53}, tsɛ^{13}iɔ^{53}yæ̃^{35} ·ti ta^{13} səŋ^{44}liŋ^{53} · ni,

鸟 类 和 兽 类 之 间 发 生 了 一 场 战 争，当 然

niɔ^{53}luei^{13}xɤ^{53} ʂəu^{13}luei^{13}tʂʅ^{44}tɕiæ̃^{44}fa^{13}səŋ^{44} ·lə i^{13}tʂ'aŋ^{53}tʂæ̃^{13}tsəŋ^{44}, taŋ^{44}ʐæ̃^{53}

没 有 人 知 道 这 是 为 了 什 么。

mu^{13}iəu^{53}ʐəŋ^{53}tʂʅ^{44} tɔ^{13}tʂɤ^{13} ʂʅ^{13}vei^{13} ·lə ʂʅ^{13} ·mə .

有 一只 蝙 蝠 不 知 道 它 应 该 站 在

iəu^{53} i^{44} tʂʅ^{44} p'iæ̃^{44} fu^{13}pu^{13} tʂʅ^{44} tɔ^{13} t'ɤ^{44} iŋ^{44} kɛ^{44} tʂæ̃^{13} tsɛ^{13}

哪 一边。 它 想 呀 想 呀，终 于 想 出 了

na$^{53}_{35}$ i^{13} piæ̃^{44}。t'ɤ^{44} ɕiaŋ^{35} ·ia ɕiaŋ$^{53}_{35}$ ·ia，tʂuŋ^{44} y^{53} ɕiaŋ$^{53}_{35}$tʂ'u^{13} ·lə

一 个 办 法。它 飞 到 了 离 鸟 类 和 兽 类

i^{13} ·kə pæ̃^{13} fa^{44}。t'ɤ^{44} fei^{44} tɔ^{13} ·lə li^{53} niɔ$^{53}_{35}$luei^{13}xuɤ^{13} ʂəu^{13} luei^{13}

很 远 的地 方 观 看 动 静， 等 待 着一方

xəŋ^{53} yæ̃$^{53}_{35}$ ·ti ti^{13}faŋ^{44} kuæ̃^{44}k'æ̃^{13} tuŋ^{13} tɕiŋ^{13}，təŋ^{53}tɛ^{13} ·tʂə i^{13} faŋ^{44}

胜 利，它 打 定 主 意加 入 胜 利 者 的 队 伍。

ʂəŋ^{13} li^{13}，t'ɤ^{44}ta^{53}tiŋ^{13} tʂu^{35} ·i tɕia^{44}ʐu^{13} ʂəŋ^{13}li^{13}tʂɤ^{13} ·ti tuei^{13}vu^{13}.

过 了一会儿，它 看 到 鸟 儿 们 快 要 胜 利 了，

kuɤ^{13} ·lə i^{13}xuer^{13} t'ɤ^{44}k'æ̃^{13}tɔ^{13}niɔr$^{53}_{35}$ ·məŋ k'uɛ^{13}iɔ^{13} ʂəŋ^{13}li^{13} ·lə，

便 匆 匆 飞 过 去 对 鸟 类 说：“我

piæ̃^{13}ts'uəŋ^{44} ·ts'uəŋ fei^{44} kuɤ^{13} ·k'ɯ tuei^{13} niɔ$^{53}_{35}$luei^{13} ʂuɤ^{13}：“vɤ^{53}

来 帮 助你 们。” 一 只 鸟 对 它 喊 道：“你 是

lɛ^{53}paŋ^{44} ·tsu ni$^{53}_{35}$ ·məŋ.” i^{13} tʂʅ^{44} niɔ$^{53}_{35}$tuei^{13} t'ɤ^{44} xæ̃^{35}tɔ^{13}：“ni$^{53}_{35}$ ʂʅ^{13}

什 么？” “你 难 道 看 不 出 我 也 是 一 只 鸟 吗？”

ʂʅ^{13}mɤ^{13}？” “ni^{53} næ̃^{53} tɔ^{13}k'æ̃^{13} pu^{13} tʂ'u^{13} vɤ^{53}ie^{13} ʂʅ^{13} i^{13} tʂʅ^{44}niɔ$^{53}_{35}$ ·ma？”

蝙 蝠微 笑 着 继 续 说：“你 看， 我 也有 翅

p'iæ̃^{44}fu^{13}vei^{44}ɕiɔ^{13} ·tʂə tɕi^{13}ɕy^{13} ʂuɤ^{44}：“ni^{35} kæ̃^{13}，vɤ^{53} ie^{53} iəu^{53} ts'ʅ^{13}

膀， 不 是和 你一样 吗？” “那 么 好 吧！” 鸟 说：

paŋ^{53}，pu^{13} ʂʅ^{13}xuɤ^{13}ni^{53}i^{13}iaŋ^{13} ·ma？” “nɤ^{13}mɤ^{13}xɔ$^{53}_{35}$ ·pa！” niɔ$^{53}_{35}$ ʂuɤ^{13}：

“不 要躲 在 其 他鸟 的后 面， 要 冲 在 前

“pu^{13}iɔ^{13}tuɤ^{35}tsɛ^{13}tɕi^{53} t'ɤ^{44} niɔ$^{53}_{35}$ ·ti xəu^{13}miæ̃^{13}，iɔ^{13}tʂ'uŋ^{44}tsɛ^{13}tɕ'iæ̃^{53}

面……” 渐 渐 的， 蝙 蝠发 现 鸟 类力 量

miæ̃^{13}……” tɕiæ̃^{13}tɕiæ̃^{13} ·ti，p'iæ̃^{44} fu^{13}fa^{13} ɕiæ̃^{13} niɔ$^{53}_{35}$ luei^{13}li^{13}liaŋ^{13}

太 小， 兽 类 将 要得 胜， 为 了保 全 自 己，

t'ɛ^{13}ɕiɔ^{53}，ʂəu^{13}luei^{13}tɕiaŋ^{13}iɔ^{13}tɤ^{13} ʂəŋ^{13}，vei^{13} ·lə pɔ^{53}tɕ'yæ^{53}tsʅ^{13} ·tɕi，

它急 忙 偷 偷 地离开 鸟 类， 跑 到 了兽

t‘ɤ^{44}tɕi^{13} maŋ^{53}t‘əu^{44}t‘əu^{44} ·ti li^{53}k‘ɛ^{44}niɔ$^{53}_{35}$luei^{13}，p‘ɔ$^{53}_{35}$tɔ^{13} ·lə ʂəu^{13}
类的一边。“你到我们这呢干啥?”一只
luei^{13} ·ti i^{13}piæ̃^{44}。“ni^{53}tɔ^{13}vɤ$^{53}_{35}$ ·məŋ tʂʅ^{13} ·ni kæ̃^{13} ʂa^{13}。” i^{13}tʂʅ^{44}
动物露出锋利的牙齿大声地冲它喊道:
tuŋ^{13}vu^{13}ləu^{13}tʂ‘u^{13}fəŋ^{44} li^{13} ·ti ia^{53}tʂ‘ʅ^{53}ta^{13} ʂəŋ^{44} ·ti tʂ‘uŋ^{13}t‘ɤ^{44}xæ$^{53}_{35}$tɔ^{13}:
“我想你一定是个奸细!”“你不知道，我是
“vɤ^{53}ɕiaŋ^{53}ni^{53}i^{13}tiŋ^{13} ʂʅ^{13} ·kə tɕiæ^{44}ɕi^{13}!” “ni^{53}pu^{13}tʂʅ^{44}tɔ^{13}，vɤ$^{53}_{35}$ ʂʅ^{13}
你们中的一员!” 蝙蝠露出它的牙齿说:
ni ·məŋ tʂuŋ^{44}ti^{13}i^{13}yæ̃^{53}!” p‘iæ^{44}fu^{13}ləu^{13}tʂ‘u^{13}t‘ɤ^{44} ·ti ia^{53}tʂ‘ʅ^{53} ʂuɤ^{13}:
“看这，我也有牙齿，和你一样!”“你骗
“k‘æ^{13}tʂʅ^{13}，vɤ^{53}ie^{53}iəu^{53}ia^{53}tʂ‘ʅ^{53}，xuɤ^{13}ni^{53}i^{13}iaŋ^{13}!”“ni^{53}p‘iæ^{13}
谁?”野兽们说:“我们刚才还看见你帮
ʂuei^{53}?” ie^{53} ʂəu^{13} ·məŋ ʂuɤ^{13}:“vɤ^{35} ·məŋ kaŋ^{44}ts‘ɛ^{53}xæ̃^{53}k‘æ̃^{13}tɕiæ̃^{13}ni^{53}paŋ^{44}
鸟儿们打我们呐!” 说完发怒的野兽们把
niɔr$^{53}_{35}$ ·məŋ ta^{53}vɤ$^{53}_{35}$ ·məŋ ·nə!” ʂuɤ^{13}væ^{53}fa^{13}nu^{13} ·ti ie^{53} ʂəu^{13} ·məŋ pa^{13}
它轰了出去，鸟儿们也因此不肯再收
t‘ɤ^{44}xuŋ^{44} ·lə tʂ‘u^{13}k‘ɯ^{13}，niɔr$^{53}_{35}$ ·məŋ ie^{53}iŋ^{44} ts‘ʅ^{53}pu^{13}k‘əŋ^{53}tsɛ^{13} ʂəu^{44}
留它。
liəu^{53}t‘ɤ^{44}。

当鸟儿们和兽儿们都觉得无法战胜对
taŋ^{44}niɔr^{35} ·məŋ xuɤ^{53} ʂəur^{13} ·məŋ təu^{44}tɕye^{13}tɤ^{13}vu^{53}fa^{13}tʂæ̃^{13} ʂəŋ^{13}tuei^{13}
方时，他们就讲和了。他们谁也不再理
faŋ^{33} ʂʅ^{53}，t‘ɤ^{44} ·məŋ tɕiəu^{13}tɕiaŋ^{53}xuɤ^{53} ·lə。t‘ɤ^{44} ·məŋ ʂuei^{53}ie^{53}pu^{13}tsɛ^{13}li$^{53}_{35}$
睬蝙蝠，蝙蝠也觉得没脸再见它们，于是
ts‘ɛ^{13}p‘iæ^{44}fu^{13}，p‘iæ^{44}fu^{13}ie^{53}tɕyə^{13}tɤ^{13}mu^{13}liæ̃^{53}tsɛ^{13}tɕiæ^{13}t‘ɤ^{44} ·məŋ，y^{53} ʂʅ^{13}
把家搬远了。从那时起一直到现在，蝙蝠
pa^{13}tɕia^{44}pæ̃^{44}yæ̃^{35} ·lə。ts‘uŋ^{53}na^{13} ʂʅ^{53}tɕ‘i^{53}i^{13}tʂʅ^{13}tɔ^{13}ɕiæ̃^{13}tsɛ^{13}，p‘iæ^{44}fu^{13}
只是晚上才肯出来。
tʂʅ^{53} ʂʅ^{13}væ$^{53}_{35}$ · ʂaŋ ts‘ɛ^{53}k‘əŋ^{53}tʂ‘u^{13}lɛ^{53}。

蚕 豆 娃 娃

ts‘æ̃^{53} ·təu va^{53} ·va

从 前 有一 个寡 妇，无儿无女， 一 个 人 孤
ts‘uŋ^{53}tɕiæ̃^{53}iəu$^{53}_{35}$i^{13} ·kə kua^{13} ·fu，vu^{53}a^{53}vu^{53}ny^{53}，i^{44} ·kə ʐəŋ^{53}ku^{44}
苦 伶 仃 地生活 着，她 非 常 善 良， 有 什 么
k‘u^{53}liŋ^{53}tiŋ^{44} ·ti səŋ^{44}xuɤ^{53} ·tʂə，t‘ɤ^{44}fei^{44}tʂ‘aŋ^{53} ʂæ̃^{13}liaŋ^{53}，iəu^{35} ʂəŋ^{13} ·mə
好 吃 的，她 都 舍 不 得 吃， 省 下 来 给 左 邻 右
xɔ$^{53}_{35}$tʂ‘ʅ^{13} ·ti，t‘ɤ^{44}təu^{44} ʂɤ$^{53}_{35}$ pu^{13}tɤ^{13}tʂ‘ʅ^{13}，səŋ$^{53}_{35}$ɕia^{13}lɛ^{53}kɯ^{53}tsuɤ^{53}liŋ^{53}iəu^{13}
舍 家 的娃 娃吃。
ʂɤ^{53}tɕia^{44} ·ti va^{53} ·va tʂ‘ʅ^{13}.

有一年 秋 天， 她 把夏 天 晒 的干 蚕 豆
iəu^{53}i^{13}niæ̃^{53}tɕ‘iəu^{44}t‘iæ̃^{44}，t‘ɤ^{44}pa^{13}ɕia^{13}t‘iæ̃^{44} ʂɛ^{13} ·ti kæ̃^{44}ʦ‘ɛ^{53} ·təu
拿 出 来， 炒 了一 锅， 就 分 给 娃 娃 们 吃。 炒呀
na^{53}tʂ‘u^{13}lɛ^{53}，tʂ‘ɔ^{35} ·lə i^{13}kuɤ^{44}，ɕiəu^{53}fəŋ^{44}kɯ^{53}va^{53} ·va ·mu tʂʅ^{13}. tʂ‘ɔ^{35}ia^{13}
炒， 炒 了好一阵 子， 蚕 豆 快 炒 熟 了。都
tʂ‘ɔ^{53}，tʂ‘ɔ$^{53}_{35}$ ·lə xɔ$^{53}_{35}$i^{13}tʂəŋ^{13} ·tsɿ，ts‘æ̃^{53} ·təu k‘uɛ^{13}tʂ‘ɔ$^{53}_{35}$ ʂu^{13} ·lə，təu^{44}
一 个连 一 个 地裂开 了。突 然， 她听 见 锅 里
i^{13} ·kə liæ̃$^{53}_{35}$i^{13} ·kə ·ti lie^{13} k‘ɛ^{44} ·lə. t‘u^{13}ʐæ̃^{53}，t‘ɤ^{44}t‘iŋ^{44}tɕiæ̃^{13}kuɤ^{44} ·li
有 娃 娃 喊：“大 妈，大 妈， 你 罢炒 我 了，我 给
iəu^{53}va^{53} ·va xæ̃^{53}：“ta^{13}ma^{44}，ta^{13}ma^{44}，ni^{53}pa^{53}tʂ‘ɔ^{53}vɤ^{53} ·lə，vɤ^{53}kɯ^{53}
你 当 娃 娃。”她 吃 了一惊， 赶 紧 把 锅 端 了
ni^{53}taŋ^{44}va^{53} ·va。”t‘ɤ^{44}tʂ‘ʅ^{13} ·lə i^{13}tɕiŋ^{44}，kæ̃^{53}tɕiŋ^{53}pa^{13}kuɤ^{44}tuæ̃^{44} ·lə
起 来， 这时一个大 蚕 豆“叭” 地一下 炸 开 了，
tɕ‘i^{13}lɛ^{53}，tʂʅ^{13} ʂʅ^{53}i^{13}kɤ^{13}ta^{13}ts‘æ̃^{53} ·təu “pa^{44}” ·ti i^{13}ɕia^{13}tʂa^{13}k‘ɛ^{44} ·lə，
锅 中 站 着一 个一丝不 挂 的小 男 娃 娃，长
kuɤ^{44}tʂuŋ^{44}tʂæ̃^{13} ·tʂə i^{13} ·kə i^{13}sɿ^{44}pu^{13}kua^{13} ·ti ɕiɔ^{53}næ̃^{53}va^{53} ·va，tʂaŋ$^{53}_{35}$ ·
得很 好 看。 这 个 寡 妇早 年 丧 夫，一 直也没
ti xəŋ^{53}xɔ$^{53}_{35}$k‘æ̃^{13}。tʂʅ^{13} ·kə kua$^{53}_{35}$ ·fu tsɔ^{53}niæ̃^{53}saŋ^{13}fu^{44}，i^{13}tʂʅ^{13}ie^{53}mu^{13}
生 养 一看 有这 么 个小孩 愿意 给自 己 当儿

səŋ^{44}iaŋ^{53}，i^{13}kæ̃^{13}iəu^{53}tʂʅ^{13}mu^{13} ·kə ɕiɔ^{53}xɛ^{53}yæ̃^{13}i^{13}kɯ^{13}tsʅ^{13}tɕi^{44}taŋ^{44}a^{53} ·

子，高 兴 得不得 了， 赶紧 把 小 人 人抱 了出

tsʅ，kɔ^{44}ɕiŋ^{13}ti^{13}pu^{13}tɤ^{44}liɔ^{53}，kæ̃^{53}tɕiŋ^{53}pa^{13}ɕiɔ^{53}ʐəŋ^{53} ·ʑəŋ pɔ^{13} ·lə tʂʻu^{13}

来，给 他 做 了衣 服、裤子、鞋， 还给 起 了个

lɛ^{53}，kɯ^{53}tʻɤ^{44}tsuɤ^{13} ·lə i^{44} ·fu 、kʻu^{13}tsʅ^{44}、xɛ^{53}，xɛ^{53}kɯ^{53}tɕʻi$^{53}_{35}$ ·lə ·kə

名 字叫蚕 豆。邻 居知道这事后， 都来 睍

miŋ^{53} ·tsʅ tɕiɔ^{13}tsʻæ̃^{53} ·təu。liŋ^{53} ·tɕy tʂʅ^{44}tɔ^{44}tʂʅ^{13} ʂʅ^{13}xəu^{13}，təu^{44}lɛ^{53}mɔ^{44}

稀 罕，庆 贺 她 捡 了 个儿 子。才 几 天， 蚕

ɕi^{44} ·xæ̃，tɕʻiŋ^{13}xɤ^{13}tʻɤ^{44}tɕiæ̃$^{53}_{35}$ ·lə ·kə a^{53} ·tsʅ. tsʻɛ^{53}tʂi^{53}tʻiæ̃^{44}，tsʻæ̃^{53} ·

豆娃 娃就 长 了一尺 来高。他不 但 会 说 话， 还

təu va^{53} ·va tɕiəu^{13}tʂaŋ$^{53}_{35}$ ·lə i^{13}tʂʻʅ^{13}lɛ^{53}kɔ^{44}. tʻɤ^{44}pu^{13}tæ̃^{13}xuei^{13} ʂuɤ^{13}xua^{13}，xɛ^{53}

能 帮 妈 妈收 拾 房 子、煮 饭 炒 菜 呢。妈 妈

nəŋ^{44}paŋ^{44}ma^{44} ·ma ʂəu^{44} · ʂʅ faŋ^{53} ·tʂʅ、tʂu^{35}fæ̃^{13}tʂʻɔ^{35}tsʻɛ^{13} ·ni . ma^{44} ·ma

每 天 到地 里劳动，一回 到 家 呢， 蚕 豆娃 娃

mei^{53}tʻiæ̃^{44}tɔ^{13}ti^{13} ·li lɔ^{53}tuŋ^{13}，i^{13}xuei^{53}tɔ^{13}tɕia^{44} ·ni，tsʻæ̃^{53} ·təu va^{53} ·va

就 端 来 热 茶 热 汤， 好饭 好 菜， 妈 妈也不感

tɕiəu^{13}tuæ̃^{44}lɛ^{53}ʐɤ^{13}tʂʻa^{53}ʐɤ^{13}tʻaŋ^{44}，xɔ^{35}fæ̃^{13}xɔ^{35}tsʻɛ^{13}，ma^{44} ·ma ie^{53}pu^{13}kæ̃^{35}

到孤 独 了，母 子 两 个高 高兴 兴、 平 平安

tɔ^{13}ku^{44}tu^{13} ·lə，mu^{53}tsʅ^{53}liaŋ^{53} ·kə kɔ^{44} ·kɔ ɕiŋ^{13}ɕiŋ^{13}、piŋ^{53}piŋ^{53}æ̃^{44}

安 地过 着日 子。

æ̃^{44} ·ti kuɤ^{13} ·tʂə ʐʅ^{13} ·tsʅ.

有 一 天， 妈 妈又 劳动 去 了，蚕 豆娃

iəu$^{53}_{35}$i^{13}tʻiæ̃^{44}，ma^{44} ·ma iəu^{13}lɔ^{53}tuŋ^{13}kʻɯ^{13} ·lə，tsʻæ̃^{53} ·təu va^{53} ·

娃收 拾 完屋 子， 就 和大 花 猫 玩 要 着。

va ʂəu^{44} ʂʅ^{13}væ̃^{53}vu^{13} ·tsʅ，tɕiəu^{13}xuɤ^{53}ta^{13}xua^{44}mɔ^{53}væ̃^{53} ʂua$^{53}_{35}$ ·tʂə.

后 来大 花 猫 钻 进 锅 台 边 的一 个大 老

xəu^{13}lɛ^{53}ta^{13}xua^{44}mɔ^{53}tsuæ̃^{44}tɕiŋ^{13}kuɤ^{44}tʻɛ^{53}piæ̃^{44} ·ti i^{13} ·kə ta^{13}lɔ$^{53}_{35}$ ·

鼠洞 去 捉 老 鼠， 蚕 豆娃 娃就 跟 着爬 了

tʂʻu tuŋ^{13}kʻɯ^{13}tʂuɤ^{13}lɔ$^{53}_{35}$ ·tʂʻu，tsʻæ̃^{53} ·təu va^{53} ·va tɕiəu^{13}kəŋ^{44} ·tʂə pʻa^{53} ·lə

进 去。洞 里 面 越来越 小， 大 花 猫早 从

tɕiŋ^{13} ·k‘ɯ. tuŋ^{13}li$^{53}_{35}$miæ̃^{53}yə^{13}lɛ^{53}yə^{13}ɕiɔ^{53}， ta^{13}xua^{44}mɔ^{53}ʦɔ^{53}ʦ‘uŋ^{53}

别 的洞 口 跑 了 出 去， 可 蚕 豆娃 娃
pie^{53} ·ti tuŋ^{13}k‘əu^{53}p‘ɔ$^{53}_{35}$ ·lə tʂ‘u^{13} ·k‘ɯ， k‘ɤ^{13}ʦ‘æ̃^{53} ·təu va^{53} ·va

进 又 进 不 去， 退 又 退 不 出 来，就 在
tɕiŋ^{13}iəu^{13}tɕiŋ^{13}pu^{13}k‘ɯ^{13}， t‘uei^{13}iəu^{13}t‘uei^{13}pu^{13}tʂ‘u^{13} ·lɛ， tɕiəu^{13}ʦɛ^{13}

洞 中 睡 着 了。中 午 妈 妈 劳动 回 来， 不
tuŋ^{13}tʂuŋ^{13}suei^{13}tʂuɤ^{53} ·lə. tʂuŋ^{44}vu^{53}ma^{44} ·ma lɔ^{53}tuŋ^{13}xuei^{53}lɛ^{53}， pu^{13}

见 了娃 娃，急 得 村 前 村 后 找 了 个遍，
tɕiæ̃^{13} ·lə va^{53} ·va， tɕi^{13} ·tə ʦ‘uŋ^{44}tɕ‘iæ̃^{53}ʦ‘uŋ^{44}xəu^{13}tʂɔ$^{53}_{35}$ ·lə ·kə piæ̃^{13}，

乡 亲 们都 说 没 看 见。 没 办 法， 妈 妈
ɕiaŋ^{44}tɕ‘iŋ^{44} ·məŋ təu^{44} ʂuɤ^{13}mu^{13}k‘æ̃^{13}tɕiæ̃^{13}. mu^{13}pæ̃^{13}fa^{13}， ma^{44} ·ma

回 到 家 呢，坐 在 锅 台 边， 伤 心 地大 哭
xuei^{53}tɔ^{13}tɕia^{44} ·ni， tsuɤ^{13}ʦɛ^{44}kuɤ^{44} t‘ɛ^{53}piæ̃^{44}， ʂaŋ^{44}ɕiŋ^{44} ·ti ta^{13}k‘u^{13}

起 来。这 一 哭 正 好把 在 老 鼠洞 中 睡 觉
tɕ‘i^{53}lɛ^{53}. tʂʅ^{13}i^{13}k‘u^{13}tʂəŋ^{13}xɔ^{53}pa^{13}ʦɛ^{13}lɔ^{53} ·tʂ‘u tuŋ^{13}tʂuŋ^{44} ʂuei^{13}tɕiɔ^{13}

的蚕 豆娃 娃吵 醒 了。蚕 豆娃 娃连 忙 喊：
·ti ʦ‘æ̃^{53} ·təu va^{53} ·va tʂ‘ɔ^{53}ɕiŋ$^{53}_{35}$ ·lə. ʦ‘æ̃^{53} ·təu va^{53} ·va liæ̃^{53}maŋ^{53}xæ̃^{53}：

“妈 妈， 妈 妈，你别 哭， 我在 这 里 呢！你
“ma^{44} ·ma 、ma^{44} · ma， ni^{53}pie^{53}k‘u^{13}， vɤ^{53}ʦɛ^{13}tʂʅ^{13}li^{44} ·ni！ ni^{53}

快 拉我一把， 我动 弹 不 了 了。”妈 妈 顺 着
kuɛ^{13}la^{44}vɤ^{53}i^{13}pa^{53}， vɤ^{53}tuŋ^{13}t‘æ̃^{13}pu^{13}liɔ$^{53}_{35}$ ·lə. ” ma^{44} ·ma ʂuŋ^{13} ·tʂə

声 音一找， 才 发 现 蚕 豆娃 娃趴 在老 鼠
ʂəŋ^{44}iŋ^{44}i^{13}tʂɔ^{53}， tʂ‘ɛ^{53}fa^{13}ɕiæ̃^{13}tʂ‘æ̃^{53} ·təu va^{53} ·va p‘a^{53}tsɛ^{13}lɔ$^{53}_{35}$ ·tʂ‘u

洞 里。妈 妈由 忧 变 喜，高 兴 地把他 从
tuŋ^{13} ·ni。ma^{44} ·ma iəu^{53}iəu^{44}piæ̃^{13}ɕi^{53}， kɔ^{44}ɕiŋ^{13} ·ti pa^{13}t‘ɤ^{44}tʂ‘uŋ^{53}

老 鼠 洞 呢拉 了出 来，还 和 气 地告诉他
lɔ$^{53}_{35}$ ·tʂ‘u^{13}tuŋ^{13} ·ni la^{44} ·lə tʂ‘u^{13}lɛ^{53}， xæ̃^{53}xuɤ^{53}tɕ‘i^{13} ·ti kɔ^{13}su^{13}t‘ɤ^{44}

不 能 见 了洞 就 钻， 因 为 洞 呢还 可 能
pu^{13}nəŋ^{53}tɕiæ̃^{13} ·lə tuŋ^{13}tɕiəu^{13}ʦuæ̃^{44}， iŋ^{44}vei^{53}tuəŋ^{13} ·ni xɛ^{53}k‘ɤ^{53}nəŋ^{53}

有 蛇 会 把他 咬 伤。说 完， 母 子 两 人 找

iəu⁵³ ʂɤ⁵³xuei¹³pa¹³t'ɤ⁴⁴iɔ⁵³ ʂaŋ⁴⁴. ʂuɤ¹³vã⁵³，mu⁵³tsɿ⁵³liaŋ⁵³ʐəŋ⁵³tʂɔ⁵³ ·
来 了 石 头、烂 瓦 片、 砖 头， 填 了 大 老
lɛ⁵³ ·lə ʂʅ¹³ ·t'əu、lã¹³va⁵³piã⁵³、tʂuã⁴⁴təu¹³，t'iã⁵³ ·lə ta¹³lɔ⁵³ ·
鼠 洞， 并 用 泥 把 洞 糊 住 了。蚕 豆 娃 娃 是
tʂ'u tuŋ¹³，piŋ¹³yŋ¹³ mi⁵³pa¹³tuŋ¹³xu⁴⁴ ·tʂu ·lə. ts'ã⁵³ ·təu va⁵³ ·va ʂʅ¹³ ·
个 听 话 的 孩 子，以 后 见 了 洞 再 不 随 便
kə t'iŋ⁴⁴xua¹³ ·ti xɛ⁵³ ·tsɿ，i⁵³xəu¹³tɕiã¹³ ·lə tuŋ¹³tsɛ¹³pu¹³suei⁵³piã¹³
往 进 钻 了，要 是 遇 到 大 老 鼠 洞， 他 还 和
vaŋ¹³tɕiŋ¹³ tsuã⁴⁴ ·lə，iɔ¹³ ʂʅ¹³y¹³tɔ¹³ta¹³lɔ⁵³₃₅ ·tʂ'u tuŋ¹³，tɤ⁴⁴xɛ⁵³xuɤ¹³
小 伙 伴 们 一 起 用 石 头、 砖 头 把 洞 填
ɕiɔ⁵³xuɤ⁵³pã¹³ ·məŋ i tɕ'i⁵³yŋ¹³ ʂʅ¹³t'əu¹³、tʂuã⁴⁴ ·t'əu pa¹³tuŋ¹³t'iã⁵³
起 来 呢！又 过 了 很 长 时 间， 有 一 天，
tɕ'i¹³lɛ⁵³₃₅ ·ni！iəu¹³kuɤ¹³ ·lə xəŋ⁵³tʂ'aŋ⁵³ ʂʅ⁵³ ·tɕiã，iəu⁵³i¹³t'iã⁴⁴，
村 头 来 了 个 耍 把 戏 的， 蚕 豆 娃 娃 听
ts'uŋ⁵³t'əu¹³lɛ¹³ ·lə ·kə ʂua⁵³pa¹³ ·ɕi ·ti，ts'ã⁵³ ·təu va⁵³ ·vai¹³ t'iŋ
见 敲 锣 打 鼓 就 跑 出 去 看 热 闹。他 特
tɕiã¹³k'ɔ⁴⁴luɤ⁵³ta⁵³ku⁵³tɕiəu¹³p'ɔ³⁵tʂ'u¹³k'ɯ¹³k'ã¹³ʐɤ¹³nɔ¹³。t'ɤ⁴⁴t'ɤ¹³
别 喜 欢 耍 把 戏 的 小 猴 子， 把 戏 耍 完 了，
pie⁵³ɕi⁵³₃₅ ·xuã ʂua⁵³pa¹³ɕi¹³ ·ti ɕiɔ⁵³ xəu⁵³ ·tsɿ，pa¹³ɕi¹³ ʂua⁵³vã⁵³ ·lə，
人 家 走 了，他 跟 上 就 走。 出 了 村，
ʐəŋ⁵³ ·tɕia tsəu⁵³₃₅ ·lə，t'ɤ⁴⁴kəŋ⁴⁴ · ʂaŋ tɕiəu¹³tsəu⁵³。tʂ'u¹³ ·lə ts'uŋ⁴⁴，
耍 把 戏 的 给 了 他 几 块 糖，就 把 他 抱 上 车
ʂua⁵³pa¹³ɕi¹³ ·ti kɯ⁵³₃₅ ·lə t'ɤ⁴⁴tɕi⁵³k'uɛ¹³t'aŋ⁵³，tɕiəu¹³pa¹³t'ɤ⁴⁴pɔ¹³ · ʂaŋ tʂ'ɤ⁴⁴
领 走 了。以 后， 蚕 豆 娃 娃 每 天 都 帮 耍
liŋ⁵³tsəu⁵³₃₅ ·lə。i⁵³xəu¹³，ts'ã⁵³ ·təu va⁵³ ·va mei⁵³tiã⁴⁴təu⁴⁴paŋ⁴⁴ ʂua⁵³
把 戏 的 赚 钱， 可 耍 把 戏 的 只 给 他 一 小 块
pa¹³ɕi¹³ ·ti tʂuã¹³tɕ'iæ⁵³，k'ɤ ʂua⁵³ pa¹³ɕi¹³ ·ti tʂʅ⁵³kɯ⁵³t'ɤ⁴⁴i¹³ɕiɔ⁵³k'uɛ⁵³
馍 馍，一 小 杯 水。 蚕 豆 娃 娃 这 一 走 不 要
mɤ⁵³ ·mə，i¹³ɕiɔ⁵³pei⁴⁴ ʂuei⁵³。ts'ã⁵³ ·təu va⁵³ ·va tʂʅ¹³i¹³tsəu⁵³ pu¹³iɔ¹³
紧， 可 把 妈 妈 急 坏 了。妈 妈 四 处 打 听 耍

tɕiŋ^{53}，k‘ɤ^{13}pa^{13}ma^{44} ·ma tɕi^{13}xuɛ^{13} ·lə。ma^{44} ·ma sɿ^{13}tʂ‘u^{44}ta$^{53}_{35}$ ·t‘iŋ ʂua^{53}
把戏　的下　落，东　庄　撵，　西　庄　赶，　最　后　总
pa^{13}ɕi^{13} ·ti ɕia^{13} ·luə，tuŋ^{44}tʂuaŋ^{44}niæ̃^{53}，ɕi^{44}tʂuaŋ^{44}kæ̃^{53}，tsuei^{13}xəu^{13}tsuŋ^{53}
算　　追　　上　了，把　蚕　　豆娃　娃要　了回　来。回
suæ̃^{13}tʂuei^{44} ·ʂaŋ ·lə，pa^{13}ts‘æ̃^{53} ·təu va^{53} ·va iɔ^{13} ·lə xuei^{53}lɛ^{53}。xuei^{53}
家　后，　妈　　妈耐　心　地告诉　他，不能　随　便
tɕia^{44}xəu^{13}，ma^{44} ·ma nɛ^{13}ɕiŋ^{44} ·ti kɔ^{13}su^{13}t‘ɤ^{44}，pu^{13}nəŋ^{53}suei^{53}piæ̃^{13}
跟　　着生　人　走，因　为有　些　人　贩　子专　门
kəŋ^{44} ·tʂə səŋ^{44}ʐəŋ^{53}tsəu^{53}，iŋ^{44}vei^{53}iəu$^{53}_{35}$ɕie^{13}ʐəŋ^{53}fæ̃^{13} ·tsɿ tʂuæ̃^{44}məŋ^{53}
骗　　小　孩，　然　后　把　小　孩　卖　掉。蚕　　豆娃　娃
p‘iæ̃^{13}ɕiɔ^{53}xɛ^{53}，ʐæ̃^{53}xəu^{13}pa^{13}ɕiɔ^{53}xɛ^{53}mɛ^{13}tiɔ^{13}。ts‘æ̃^{53} ·təu va^{53} ·va
听　　妈　　妈　的话，　从　　这　以后，　再　不随　　便　跟
t‘iŋ^{44} ma^{44} ·ma ·ti xua^{13}，ts‘uŋ^{53}tʂʅ^{13}i^{53}xəu^{13}，tsɛ^{13}pu^{13}suei^{53}piæ̃^{13}kəŋ^{44}
生　人　　走　　了，也　不　吃　生　人　　的东　　西　了。母
səŋ^{44}ʐəŋ^{53}tsəu^{53} ·lə，ie^{53}pu^{13}tʂ‘ʅ^{13}səŋ^{44}ʐəŋ^{53} ·ti tuŋ^{44} ·ɕi ·lə。mu^{53}
子　两　人　过　　着幸　福、　平　　安　　的生　活
tsɿ^{53}liaŋ^{53}ʐəŋ^{53}kuɤ^{13} ·tʂə ɕiŋ^{13}fu^{53}、p‘iŋ^{53}æ̃^{44} ·ti səŋ^{44}xuɤ^{13}。

附录

吴忠话与普通话读音对照字汇

本字汇将所调查的吴忠话字音与普通话字音对照比较，可以作为语文工作者学习研究及推广普通话时参考。

本字汇对照比较时，先列汉字，次标吴忠话读音，再标普通话读音。如有异读或其他特殊读音，在备注中加以说明。

为了方便检索，本字汇的排列次序以普通话音节索引常规排列为序。字汇中的注音使用国际音标。

A

汉　　字	吴忠话音	普通话音	备　注
阿~姨啊	a⁴⁴	a⁵⁵	
啊(表示应诺)	a⁵³	a⁵¹	
啊(表示惊讶、反问)	a¹³	a³⁵	
哀哎挨肩~着肩	ɛ⁴⁴	ai⁵⁵	
挨~打癌	ɛ⁵³	ai³⁵	
矮	ɛ⁵³	ai²¹⁴	
隘碍	ɛ⁵³	ai⁵¹	
艾爱	ɛ¹³	ai⁵¹	
安鞍氨庵鹌	æ̃⁴⁴	an⁵⁵	
岸按案暗	æ̃¹³	an⁵¹	
昂盎(表示应诺)	aŋ⁴⁴	ɑŋ⁵⁵	
昂斗志~扬	aŋ⁵³	ɑŋ³⁵	
盎	aŋ¹³	ɑŋ⁵¹	
熬煎~	ɔ⁴⁴	au⁵⁵	

敖熬~药翱~翔鏖	ɔ^{53}	au^{35}	
袄媪	ɔ^{53}	au^{214}	
傲奥懊~恼	ɔ^{13}	au^{51}	

B

汉　　字	吴忠话音	普通话音	备　注
巴芭疤扒笆吧（象声词）	pa^{44}	pa^{55}	
把~守靶打~屉~屎	pa^{53}	pa^{214}	
八	pa^{13}	pa^{55}	
拔跋	pa^{13}	pa^{35}	
把刀~罢吧（助词）爸霸	pa^{13}	pa^{51}	
掰	pɛ^{44}	pai^{55}	白读 pia^{13}
摆	pɛ^{53}	pai^{214}	
白百北	pɛ^{13}	pai^{35}	白读 pia^{13}
拜败稗~子	pɛ^{13}	pai^{51}	
班斑雀~扳舨般	pæ̃^{44}	pan^{55}	
颁~布搬瘢			
坂阪板版	pæ̃^{53}	pan^{214}	
瓣	pæ̃^{53}	pan^{51}	
办扮半伴拌绊	pæ̃^{13}	pan^{51}	
邦梆帮乓乒~球浜	paŋ^{44}	pɑŋ^{55}	“乓”文读 p‘aŋ^{44}
榜膀绑	paŋ^{53}	pɑŋ^{214}	
磅棒蚌	paŋ^{13}	pɑŋ^{51}	
包苞胞孢褒	pɔ^{44}	pau^{55}	
保葆褓饱宝鸨	pɔ^{53}	pau^{214}	
报暴瀑爆豹抱鲍	pɔ^{13}	pau^{51}	
杯卑碑悲背~粮食	pei^{44}	pei^{55}	
北	pei^{13}	pei^{214}	白读 pia^{13}
倍蓓背脊~贝被~子辈	pei^{13}	pei^{51}	
奔锛	pəŋ^{44}	pəŋ^{55}	

本苯	pəŋ^{53}	pəŋ^{214}	
笨	pəŋ^{13}	pəŋ^{51}	
崩绷	pəŋ^{44}	pəŋ^{55}	
绷	pəŋ^{53}	pəŋ^{214}	
泵蹦迸蚌镚钢~儿	pəŋ^{13}	pəŋ^{51}	“蚌”文读 paŋ^{13}
屄	pi^{44}	pi^{55}	
笔匕	pi^{13}	pi^{214}	
鄙彼比秕~子妣先~俾	pi^{53}	pi^{214}	
鼻荸	pi^{13}	pi^{35}	
逼	pi^{13}	pi^{55}	
必毙弼敝弊蔽箅 愎碧婢滗币闭壁璧 臂毕毙蓖篦陛	pi^{13}	pi^{51}	“臂”文读 pei^{13}
边编鞭蝙~蝠	piæ̃^{44}	piɛn^{55}	
扁~形匾~额贬褒~	piæ̃^{53}	piɛn^{214}	
辩辨辫汴变遍便~利	piæ̃^{13}	piɛn^{51}	“便”又读 p‘iæ̃^{53}
标膘镖骠彪飙	piɔ^{44}	piau^{55}	
表婊裱糊~	piɔ^{53}	piau^{214}	
摽~着干	piɔ^{13}	piau^{51}	
别~人	pie^{53}	piɛ^{53}	又读 pie^{44}、pie^{13}
憋	pie^{44}	piɛ^{55}	
别（彆）~扭	pie^{44}	piɛ^{51}	
鳖瘪蹩~脚	pie^{13}	piɛ^{55}	
别~针	pie^{13}	piɛ^{35}	
宾滨槟傧镔缤斌彬邠	piŋ^{44}	pin^{55}	
鬓殡膑	piŋ^{13}	pin^{53}	
冰槟兵	piŋ^{44}	piŋ^{55}	
禀饼丙炳柄秉	piŋ^{53}	piŋ^{214}	
并摒病	piŋ^{13}	piŋ^{51}	
波菠播玻~璃	pɤ^{44}	po^{55}	

博搏薄	pɤ^{53}	po^{35}	又读 pɤ^{13}
跛簸(动词)	pɤ^{53}	po^{214}	
剥拨亳勃脖钹驳	pɤ^{13}	po^{35}	
泊箔柏帛铂伯舶薄~荷 簸~箕(名词)	pɤ^{13}	po^{51}	“柏”白读 pia^{13}
逋	pu^{44}	pu^{55}	
捕哺补	pu^{53}	pu^{214}	
簿账~部不布怖步	pu^{13}	pu^{51}	

C

汉　字	吴忠话音	普通话音	备　注
嚓(象声词)	ʦʻa^{44}	ʦʻa^{55}	
擦	ʦʻa^{13}	ʦʻa^{55}	
礤萝卜~子	ʦʻa^{13}	ʦʻa^{214}	
猜	ʦʻɛ^{44}	ʦʻai^{55}	
才材财裁	ʦʻɛ^{53}	ʦʻai^{35}	
采睬踩彩	ʦʻɛ^{53}	ʦʻai^{214}	
菜蔡	ʦʻɛ^{13}	ʦʻai^{51}	
餐参骖	ʦʻæ̃^{44}	ʦʻan^{55}	
蚕惭残	ʦʻæ̃^{53}	ʦʻan^{35}	
惨	ʦʻæ̃^{53}	ʦʻan^{214}	
粲璨灿	ʦʻæ̃^{53}	ʦʻan^{51}	
仓沧~桑苍舱	ʦʻaŋ^{44}	ʦʻɑŋ^{55}	
藏	ʦʻaŋ^{53}	ʦʻɑŋ^{35}	
操	ʦʻɔ^{44}	ʦʻau^{55}	
曹槽漕褿嘈	ʦʻɔ^{53}	ʦʻau^{35}	
草	ʦʻɔ^{53}	ʦʻau^{214}	
糙	ʦʻɔ^{13}	ʦʻau^{55}	
策测恻厕侧册	ʦʻɤ^{13}	ʦʻɤ^{51}	
拆	ʦʻɤ^{13}	ʦʻai^{55}	

噌(象声词)	tsʻəŋ^{44}	tsʻəŋ^{55}	
撑铛锅~子	tsʻəŋ^{44}	tsʻəŋ^{55}	
参~差	tsʻəŋ^{44}	tsʻən^{55}	又读 tsʻæ̃^{44}、səŋ^{44}
岑	tsʻəŋ^{53}	tsʻən^{35}	
曾~经层	tsʻəŋ^{53}	tsʻəŋ^{35}	
蹭	tsʻəŋ^{13}	tsʻəŋ^{51}	
嚓(象声词)差叉杈	tʂʻa^{44}	tʂʻa^{55}	"差"又读 tsʻɿ^{44}、tʂʻɛ^{44}
查碴茬茶搽察	tʂʻa^{53}	tʂʻa^{35}	
镲(小钹)叉~开	tʂʻa^{53}	tʂʻa^{214}	
衩开~	tʂʻa^{13}	tʂʻa^{214}	
插	tʂʻa^{13}	tʂʻa^{55}	
岔杈衩	tʂʻa^{13}	tʂʻa^{51}	
差钗	tʂʻɛ^{44}	tʂai^{55}	
柴	tʂʻɛ^{53}	tʂʻai^{35}	
搀~扶掺~水	tʂʻæ̃^{44}	tʂʻan^{55}	
廛缠单~于禅蝉婵蟾	tʂʻæ̃^{53}	tʂʻan^{35}	
谗馋孱潺			
产铲骣阐谄	tʂʻæ̃^{53}	tʂʻan^{214}	"阐"又读 ʂæ̃^{13}
忏颤韂	tʂʻæ̃^{13}	tʂʻan^{51}	
昌菖猖娼	tʂʻaŋ^{44}	tʂʻɑŋ^{55}	
长尝常嫦场	tʂʻaŋ^{53}	tʂʻɑŋ^{35}	
肠昶厂敞氅场	tʂʻaŋ^{53}	tʂʻɑŋ^{214}	
怅畅唱倡	tʂʻaŋ^{13}	tʂʻɑŋ^{51}	
抄超剿	tʂʻɔ^{44}	tʂʻau^{55}	
朝潮嘲晁	tʂʻɔ^{53}	tʂʻau^{35}	
炒吵	tʂʻɔ^{53}	tʂʻau^{214}	
耖~田	tʂʻɔ^{13}	tʂʻau^{51}	
车	tʂʻɤ^{44}	tʂʻɤ^{55}	
扯	tʂʻɤ^{53}	tʂʻɤ^{214}	
澈撤彻掣	tʂʻɤ^{13}	tʂʻɤ^{51}	

琛郴嗔抻　tʂʻəŋ^{44}　tʂʻən^{55}

沉忱臣辰晨尘陈橙　tʂʻəŋ^{53}　tʂʻən^{35}

碜　tʂʻəŋ^{53}　tʂʻən^{214}

榇衬趁称龀　tʂʻəŋ^{13}　tʂʻən^{51}

撑瞠铛称　tʂʻəŋ^{44}　tʂʻəŋ^{55}　“撑” 白读 tsʻəŋ^{44}
“铛” 白读 tsʻəŋ^{44}

成诚城盛呈程惩澄　tʂʻəŋ^{53}　tʂʻəŋ^{35}　“盛” 又读 ʂəŋ^{13}
“澄” 白读 təŋ^{13}

橙承丞

骋逞　tʂʻəŋ^{53}　tʂʻəŋ^{214}

秤　tʂʻəŋ^{13}　tʂʻəŋ^{51}

哧蚩嗤痴笞　tʂʻʅ^{44}　tʂʻʅ^{55}

匙踟茌篪　tʂʻʅ^{44}　tʂʻʅ^{35}　“匙” 白读 ʂʅ^{44}

迟墀池弛驰持　tʂʻʅ^{53}　tʂʻʅ^{35}

耻齿褫侈　tʂʻʅ^{53}　tʂʻʅ^{214}

尺呎　tʂʻʅ^{13}　tʂʻʅ^{214}

吃　tʂʻʅ^{13}　tʂʻʅ^{55}

啻赤　tʂʻʅ^{53}　tʂʻʅ^{51}

憧艟充舂忡冲茺　tʂʻuŋ^{44}　tʂʻuŋ^{55}　“冲” 又读 tʂʻuŋ^{13}

崇种(姓)虫重　tʂʻuŋ^{35}　tʂʻuŋ^{35}　“种” 又读 tʂuŋ^{13}、tʂuŋ^{53}

春椿香~　tʂʻuŋ^{44}　tʂʻuən^{55}

淳醇~酒鹑鹌~唇　tʂʻuŋ^{53}　tʂʻuən^{35}

蠢愚~　tʂʻuŋ^{53}　tʂʻuən^{214}

宠　tʂʻuŋ^{53}　tʂʻuŋ^{214}

冲~劲儿　tʂʻuŋ^{13}　tʂʻuŋ^{51}

抽　tʂʻəu^{44}　tʂʻou^{55}

酬筹畴踌仇惆稠绸　tʂʻəu^{53}　tʂʻou^{35}

丑　tʂʻəu^{53}　tʂʻou^{214}

臭　tʂʻəu^{13}　tʂʻou^{51}

厨橱蹰躇锄蜍除滁　tʂʻu^{53}　tʂʻu^{35}　“锄” 白读 tsʻu^{53}

褚储杵处～女　tʂʻu^{53}　tʂʻu^{214}　“处”又读 tʂʻu^{13}
畜搐矗黜绌处各～　tʂʻu^{13}　tʂʻu^{51}　“畜”又读 ɕy^{13}
揣搋～面　tʂʻuɛ^{44}　tʂʻuai^{55}
膗软～　tʂʻuɛ^{53}　tʂʻuai^{35}
膪囊～　tʂʻuɛ^{13}　tʂʻuai^{51}
川穿　tʂʻuæ̃^{44}　tʂʻuan^{55}
传遄船椽　tʂʻuæ̃^{53}　tʂʻuan^{35}
串钏　tʂʻuæ̃^{13}　tʂʻuan^{51}
窗疮创　tʂʻuaŋ^{44}　tʂʻuɑŋ^{55}
幢床　tʂʻuaŋ^{53}　tʂʻuɑŋ^{35}
闯　tʂʻuaŋ^{53}　tʂʻuɑŋ^{214}
怆创　tʂʻuaŋ^{13}　tʂʻuɑŋ^{51}
吹炊　tʂʻuei^{44}　tʂʻuei^{55}
垂棰锤槌　tʂʻuei^{53}　tʂʻuei^{35}
戳　tʂʻuɤ^{13}　tʂʻuo^{55}
绰啜辍　tʂʻuɤ^{13}　tʂʻuo^{51}
差参～龇～牙裂嘴刺　tsʻɿ^{44}　tsʻɿ^{55}
瓷兹慈磁雌辞词祠　tsʻɿ^{53}　tsʻɿ^{35}
此　tsʻɿ^{53}　tsʻɿ^{214}
疵　tsʻɿ^{53}　tsʻɿ^{55}
次刺～杀赐伺翅　tsʻɿ^{13}　tsʻɿ^{51}　“翅”文读 tʂʻʅ^{13}
聪囱匆葱　tsʻuŋ^{44}　tsʻuŋ^{55}
村皴手～了　tsʻuŋ^{44}　tsʻuən^{55}
从　tsʻuŋ^{53}　tsʻuŋ^{35}
丛　tsʻuŋ^{44}　tsʻuŋ^{35}
存　tsʻuŋ^{53}　tsʻuən^{35}
寸　tsʻuŋ^{13}　tsʻuən^{51}
忖思～　tsʻuŋ^{13}　tsʻuən^{214}
愁　tsʻəu^{53}　tʂʻou^{35}　“愁”文读 tʂʻəu^{53}
瞅　tsʻəu^{53}　tʂʻou^{214}

凑辏腠	ʦʻəu^{13}	tʂʻou^{51}
粗	ʦʻu^{44}	tʂʻu^{55}
初	ʦʻu^{44}	tʂʻu^{55}
族	ʦʻu^{53}	ʦu^{35}
刍雏	ʦʻu^{53}	tʂʻu^{35}
楚础	ʦʻu^{53}	tʂʻu^{214}
锄~头	ʦʻu^{53}	tʂʻu^{35}
蹴	ʦʻu^{53}	tʂʻu^{51}
猝醋促	ʦʻu^{13}	ʦʻu^{51}
撺蹿汆	ʦʻuæ̃^{44}	ʦʻuan^{55}
攒	ʦʻuæ̃^{53}	ʦʻuan^{35}
窜篡	ʦʻuæ̃^{13}	ʦʻuan^{51}
爨	ʦʻuæ̃^{44}	ʦʻuan^{51}
崔摧催	ʦʻuei^{44}	ʦʻuei^{51}
脆纸太~	ʦʻuei^{53}	ʦʻuei^{51}
悴瘁粹萃翠脆清~	ʦʻuei^{13}	ʦʻuei^{51}
搓蹉	ʦʻuɤ^{44}	ʦʻuo^{55}
矬	ʦʻuɤ^{53}	ʦʻuo^{214}
厝措错挫剉锉	ʦʻuɤ^{13}	ʦʻuo^{51}

D

汉　字	吴忠话音	普通话音	备　注
耷~拉嗒	ta^{44}	ta^{55}	“耷”又读 tʻa^{44}
打一~（十二个叫一打）	ta^{53}	ta^{35}	
打~铁	ta^{53}	ta^{214}	
大	ta^{13}	ta^{51}	
鞑~子笪（姓）答瘩	ta^{13}	ta^{35}	
呆	tɛ^{44}	tai^{55}	“呆”又读 ɛ^{53}
歹逮	tɛ^{53}	tai^{214}	
大~夫代待戴袋贷	tɛ^{13}	tai^{51}	

玳~瑁黛岱带怠殆			
单耽眈聃担郸丹	tæ̃^{44}	tan^{55}	“单” 又读 ʂæ̃^{13}
掸~衣服疸胆	tæ̃^{53}	tan^{214}	
淡啖氮石(十斗一石)旦	tæ̃^{13}	tan^{51}	
担但弹诞蛋澹萏			
当珰裆裤~	taŋ^{44}	tɑŋ^{55}	“当” 又读 taŋ^{13}
党挡~风	taŋ^{53}	tɑŋ^{214}	
当档砀荡宕菪	taŋ^{13}	tɑŋ^{51}	
刀叨	tɔ^{44}	tau^{55}	
捯~手	tɔ^{53}	tau^{35}	
祷~告倒打~蹈岛捣导	tɔ^{53}	tau^{214}	
盗道到倒~车稻	tɔ^{13}	tau^{51}	
德得	tɤ^{13}	tɤ^{35}	
得	tei^{13}	tei^{214}	
灯登噔(象声词)	təŋ^{44}	təŋ^{55}	
等戥~子	təŋ^{53}	təŋ^{214}	
澄瞪镫邓凳	təŋ^{13}	təŋ^{51}	
扽	təŋ^{13}	tən^{51}	
低	ti^{44}	ti^{55}	
嘀~咕嫡~亲的目~	ti^{53}	ti^{35}	
氐诋底坻砥抵	ti^{53}	ti^{214}	
帝弟递娣第棣地	ti^{13}	ti^{51}	
狄荻迪笛籴~米敌涤	ti^{13}	ti^{35}	
掂颠癫巅	tiæ̃^{44}	tiɛn^{55}	
点踮典碘	tiæ̃^{53}	tiɛn^{214}	
淀靛垫电店惦玷佃	tiæ̃^{13}	tiɛn^{51}	
甸殿奠			
刁叼凋碉雕貂	tiɔ^{44}	tiau^{55}	
掉吊钓调	tiɔ^{13}	tiau^{51}	“调” 又读 t‘iɔ^{53}
爹	tie^{44}	tiɛ^{55}	

跌	tie^{13}	tiɛ^{55}	
谍碟蝶牒叠迭	tie^{13}	tiɛ^{35}	
丁疔叮盯钉	tiŋ^{44}	tiŋ^{55}	
酊顶鼎	tiŋ^{53}	tiŋ^{214}	
定锭腚订钉	tiŋ^{13}	tiŋ^{51}	
靪	tiŋ^{13}	tiŋ^{55}	
丢	tiəu^{44}	tiou^{55}	
东冬	tuŋ^{44}	tuŋ^{55}	
董懂	tuŋ^{53}	tuŋ^{214}	
冻栋胨洞恫~吓	tuŋ^{13}	tuŋ^{51}	
敦墩蹲	tuŋ^{44}	tuən^{55}	
吨	tuŋ^{53}	tuən^{55}	
盹栽~	tuŋ^{53}	tuən^{214}	
沌炖顿囤~子钝~角盾遁	tuŋ^{13}	tuən^{51}	
都兜	təu^{44}	tou^{55}	“都” 又读 tu^{44}
斗抖蚪陡	təu^{53}	tou^{214}	“斗” 又读 təu^{13}
斗~争(动词)豆痘逗读句~窦	təu^{13}	tou^{51}	
都首~嘟(象声词)督	tu^{44}	tu^{55}	
肚羊~子堵赌睹	tu^{53}	tu^{214}	“肚” 又读 tu^{13}
度~量渡镀妒杜(姓)肚腿~	tu^{13}	tu^{51}	
毒渎读黩犊牍独			
端	tuæ̃^{44}	tuan^{55}	
短	tuæ̃^{53}	tuan^{214}	
断段锻煅椴缎	tuæ̃^{13}	tuan^{51}	
堆	tuei^{44}	tuei^{55}	
敦~子兑对队	tuei^{13}	tuei^{51}	
多哆~嗦咄掇	tuɤ^{44}	tuo^{55}	
朵揲躲	tuɤ^{53}	tuo^{214}	
度~德量力踱夺铎	tuɤ^{13}	tuo^{35}	“度” 又读 tu^{13}
柁舵~手驮惰垛麦~剁	tuɤ^{13}	tuo^{51}	“舵” 又读 t‘uɤ^{53}

跺堕

E

汉　　字	吴忠话音	普通话音	备　注
阿婀	$ɤ^{44}$	$ɤ^{55}$	
哦蛾峨俄	$ɤ^{44}$	$ɤ^{35}$	
鹅娥讹	$ɤ^{53}$	$ɤ^{35}$	
恶~心	$ɤ^{13}$	$ɤ^{214}$	“恶”又读 vu^{13}
恶~劣	$ɤ^{13}$	$ɤ^{51}$	
厄噩轭扼遏愕谔萼锷腭鳄鄂	$ɤ^{13}$	$ɤ^{51}$	
欸	$ɛ^{44}$	$ɛ^{55}$	
恩~情嗯	$əŋ^{44}$	$ən^{55}$	
摁~电铃	$əŋ^{13}$	$ən^{51}$	
鞥	$əŋ^{44}$	$əŋ^{55}$	
而儿	a^{53}	$ər^{35}$	
耳洱饵尔誀	a^{53}	$ər^{214}$	
弍二贰	a^{13}	$ər^{51}$	

F

汉　　字	吴忠话音	普通话音	备　注
乏	fa^{53}	fa^{35}	
发收~	fa^{13}	fa^{55}	
罚伐垡筏阀	fa^{13}	fa^{35}	
法砝~码	fa^{13}	fa^{214}	
发头~珐~琅	fa^{13}	fa^{51}	
番幡蕃翻藩帆	$fæ̃^{44}$	fan^{55}	
凡矾烦繁	$fæ̃^{53}$	fan^{35}	
反返	$fæ̃^{53}$	fan^{214}	
樊	$fæ̃^{13}$	fan^{35}	

泛贩饭范犯	fæ̃^{13}	fan^{51}	
方妨	faŋ^{44}	fɑŋ^{55}	
芳坊牌～	faŋ^{53}	fɑŋ^{55}	
房坊粉～肪防	faŋ^{53}	fɑŋ^{35}	
访仿～造、～佛纺舫	faŋ^{53}	fɑŋ^{214}	
放	faŋ^{13}	fɑŋ^{51}	
非扉霏菲啡蜚绯飞妃腓	fei^{44}	fei^{55}	
肥淝	fei^{53}	fei^{35}	
翡～翠	fei^{53}	fei^{214}	
诽～谤斐	fei^{13}	fei^{214}	
匪榧菲	fei^{44}	fei^{55}	
肺痱吠废沸费	fei^{13}	fei^{51}	
分芬吩～咐氛纷	fəŋ^{44}	fən^{55}	“分”又读 fəŋ^{13}
坟焚汾粉	fəŋ^{53}	fən^{35}	
分～子份忿奋愤粪	fəŋ^{13}	fən^{51}	
封丰烽蜂峰风疯枫	fəŋ^{44}	fəŋ^{55}	
冯逢缝(动词)	fəŋ^{53}	fəŋ^{35}	
讽	fəŋ^{53}	fəŋ^{214}	
凤缝裂～(名词)俸	fəŋ^{13}	fəŋ^{51}	
佛	fu^{13}	fo^{35}	
否缶	fu^{53}	fou^{214}	
夫麸伕	fu^{44}	fu^{55}	
肤跗～面	fu^{13}	fu^{55}	
敷孵	fu^{53}	fu^{55}	
扶芙孚浮桴蜉俘茯袱幞苻(姓)符弗拂	fu^{53}	fu^{35}	
伏凫氟服制～菔幅	fu^{13}	fu^{35}	
甫辅釜斧抚府腐俯腑拊	fu^{53}	fu^{214}	
父赋傅缚富副讣赴复覆蝮馥腹付驸附	fu^{13}	fu^{51}	

阜负服~中药妇咐

G

汉　　字	吴忠话音	普通话音	备　注
嘎(象声词)咖~喱	ka44	ka55	
尜(乳房)打~	ka53	ka35	
乍尕~娃	ka53	ka214	
尴~尬	ka53	ka51	
该垓赅	kɛ44	kai55	
改	kɛ53	kai214	
解~板、~开	kɛ53	tɕiɛ214	文读 tɕiæ̃53
盖丐钙溉概芥~末	kɛ13	kɛ51	"芥"文读 tɕiæ̃13
干天~杆旗~矸煤~石竿竹~肝甘泔疳坩柑尴~尬	kæ̃44	kan55	
赶擀~面(动词)秆感敢澉橄~榄	kæ̃53	kan214	
干~事赣江西简称淦~水	kæ̃13	kɑn51	
扛缸肛刚钢纲罡冈	kaŋ44	kɑŋ55	"扛"又读 k'aŋ53
岗港	kaŋ53	kɑŋ214	
戆性~杠~子钢~刀	kaŋ13	kɑŋ51	
虹单~、双~(彩虹)	kaŋ13	xuŋ35	
高篙膏~药羔糕	kɔ44	kau55	"膏"又读 kɔ13
皋槔睾	kɔ53	kau55	
槁搞镐洋~稿缟	kɔ53	kau214	
膏告诰郜(姓)	kɔ13	kau51	
哥歌咯(象声词)	kɤ44	kɤ55	
割戈鸽搁	kɤ13	kɤ55	
革鬲嗝膈隔葛格蛤阁骼	kɤ13	kɤ35	"嗝膈隔"白读 ka13

舸各葛(姓)合(容量单位)	$kɤ^{13}$	$kɤ^{214}$	“合”又读 $xɤ^{13}$
个(量词)硌~脚铬	$kɤ^{13}$	$kɤ^{51}$	
角	$kɤ^{13}$	$tɕiau^{214}$	“角”又读 $tɕye^{13}$
咯~吱(象声词)	$kɯ^{44}$	$kɤ^{55}$	
给	$kɯ^{53}$	kei^{214}	
胳	$kɯ^{13}$	$kɤ^{55}$	
疙圪紇	$kɯ^{13}$	$kɤ^{55}$	
虼~蚤	$kɯ^{13}$	$kɤ^{51}$	
根跟	$kəŋ^{44}$	$kən^{55}$	
艮亘茛	$kəŋ^{13}$	$kən^{51}$	
耕更羹	$kəŋ^{44}$	$kəŋ^{55}$	
耿埂梗哽鲠绠庚赓	$kəŋ^{53}$	$kəŋ^{214}$	
更	$kəŋ^{13}$	$kəŋ^{51}$	
工攻功龚供龚觥公弓躬宫	$kuŋ^{44}$	$kuŋ^{55}$	
汞栱拱	$kuŋ^{13}$	$kuŋ^{214}$	
贡共供	$kuŋ^{13}$	$kuŋ^{51}$	
衮滚磙	$kuŋ^{53}$	$kuən^{214}$	
棍	$kuŋ^{13}$	$kuən^{51}$	
勾沟佝~偻篝钩	$kəu^{44}$	kou^{55}	
枸~杞苟笱狗	$kəu^{53}$	kou^{214}	
遘媾诟够构购	$kəu^{13}$	kou^{51}	
咕酤辜沽蛄估鸪姑菇箍觚孤菰	ku^{44}	ku^{55}	
骨	ku^{13}	ku^{35}	
毂毂	ku^{13}	ku^{35}	
鼓瞽臌古诂罟钴贾商~汩蛊股	ku^{53}	ku^{214}	“贾”又读 $tɕia^{53}$
估故	ku^{53}	ku^{51}	
雇顾固痼崮锢梏	ku^{13}	ku^{51}	

谷	ku^{13}	ku^{214}	
瓜呱胍	kua^{44}	kua^{55}	
寡剐$_{千刀万\sim}$	kua^{53}	kua^{214}	
挂卦褂	kua^{13}	kua^{51}	
乖	kuɛ^{44}	kuai^{55}	
拐$_{\sim弯}$	kuɛ^{53}	kuai^{214}	
怪	kuɛ^{13}	kuai^{51}	
官棺倌关冠纶鳏观	kuæ̃^{44}	kuan^{55}	
莞馆管	kuæ̃^{53}	kuan^{214}	
灌罐鹳盥观贯惯掼	kuæ̃^{13}	kuan^{51}	
光胱	kuaŋ^{44}	kuɑŋ^{55}	
广	kuaŋ^{53}	kuɑŋ^{214}	
桄逛	kuaŋ^{13}	kuɑŋ^{51}	
规圭硅鲑归皈$_{\sim依}$龟	kuei^{44}	kuei^{55}	
鬼宄诡癸	kuei^{53}	kuei^{214}	
桂鳜柜贵刽刿跪	kuei^{13}	kuei^{51}	"刽" 又读 kuɛ^{53}
埚坩$_{\sim锅}$蝈	kuɤ^{44}	kuo^{55}	
郭过聒戈	kuɤ^{13}	kuo^{55}	"戈" 文读 kɤ^{13}
国帼虢	kuɤ^{13}	kuo^{35}	
果裹馃$_{\sim子}$	kuɤ^{53}	kuo^{214}	
过$_{\sim江}$	kuɤ^{13}	kuo^{51}	

H

汉　字	吴忠话音	普通话音	备　注
哈$_{\sim腰}$	xa^{44}	xa^{55}	
哈$_{(姓)}$	xa^{53}	xa^{214}	
瞎$_{好\sim}$	xa^{13}	ɕia^{55}	
咳嗨	xɛ^{44}	xai^{55}	
孩还	xɛ^{53}	xai^{35}	"还" 白读 xuɛ^{53}
海胲	xɛ^{53}	xai^{214}	

亥骇害氦	xɛ^{13}	xan^{51}	
顸鼾憨	xæ̃^{44}	xan^{55}	
寒邯~郸韩含晗函涵	xæ̃^{53}	xan^{35}	
罕稀~喊	xæ̃^{53}	xan^{214}	
汉汗旱悍焊捍翰瀚憾撼	xæ̃^{13}	xan^{51}	
夯	xaŋ^{44}	xɑŋ^{55}	
杭颃吭航~行列绗~针	xaŋ^{53}	xɑŋ^{35}	
沆巷~子	xaŋ^{13}	xɑŋ^{51}	“巷”文读 ɕiaŋ^{13}
蒿薅	xɔ^{44}	xau^{55}	
豪壕嚎毫号嗥	xɔ^{53}	xau^{35}	“号”又读 xɔ^{13}
郝好	xɔ^{53}	xau^{214}	
颢灏耗	xɔ^{53}	xau^{51}	
号好~学昊~王坟	xɔ^{13}	xau^{51}	
呵嚯	xɤ^{44}	xɤ^{55}	
河荷何合~眼颌饸~饹貉	xɤ^{53}	xɤ^{35}	
核~心劾	xɤ^{13}	xɤ^{35}	“核”白读 xɛ^{13}
喝	xɤ^{13}	xɤ^{55}	
盒	xɤ^{13}	xɤ^{35}	
禾和心平气~	xuɤ^{53}	xɤ^{35}	“禾”文读 xɤ^{53}
鹤贺赫褐荷负~	xɤ^{13}	xɤ^{51}	
嘿(象声词)	xei^{44}	xei^{55}	
黑	xɯ^{13}	xei^{55}	
核~桃	xɯ^{13}	xɤ^{35}	
痕伤~	xəŋ^{53}	xən^{35}	
很狠	xəŋ^{53}	xən^{214}	
恨	xəŋ^{13}	xən^{51}	
亨哼	xəŋ^{44}	xəŋ^{55}	
恒衡蘅	xəŋ^{53}	xəŋ^{53}	
杏	xəŋ^{13}	ɕiŋ^{51}	
哄烘轰薨訇	xuŋ^{44}	xuŋ^{55}	

鸿虹红洪蕻雪里～弘泓宏	xuŋ^{53}	xuŋ^{35}
哄起～	xuŋ^{13}	xuŋ^{51}
横	xuŋ^{13}	xuŋ^{51}
荤昏婚	xuŋ^{44}	xuən^{55}
浑珲魂混馄～饨	xuŋ^{53}	xuən^{35}
浑搅～溷	xuŋ^{13}	xuən^{51}
齁～喽	xəu^{44}	xou^{55}
侯瘊喉篌猴	xəu^{53}	xou^{35}
吼	xəu^{44}	xou^{214}
厚候～车室后皇～逅	xəu^{13}	xou^{51}
乎糊～窗子滹～沱河呼忽	xu^{44}	xu^{55}
核杏～壶和～了胡湖煳 蝴～蝶猢～孙鹄鹘狐	xu^{53}	xu^{35}
葫～芦斛十斗为～囫～囵	xu^{13}	xu^{35}
浒虎琥唬	xu^{53}	xu^{214}
户沪戽护扈鄠怙糊辣～互	xu^{13}	xu^{51}
瓠～子瓜笏～板	xu^{44}	xu^{51}
哗花	xua^{44}	xua^{55}
搳～拳划骅哗～众取宠铧 滑猾华中～	xua^{53}	xua^{35}
画划计～桦～木话化华（姓）	xua^{13}	xua^{51}
怀徊淮槐	xuɛ^{53}	xuai^{35}
坏	xuɛ^{13}	xuai^{51}
欢獾	xuæ̃^{44}	xuan^{55}
桓还环寰鬟圜镮	xuæ̃^{53}	xuan^{35}
缓	xuæ̃^{53}	xuan^{214}
宦豢患奂涣痪焕 换唤幻	xuæ̃^{13}	xuan^{51}
荒慌	xuaŋ^{44}	xuɑŋ^{55}

皇惶湟煌蝗篁徨凰隍黄潢璜磺蟥簧	xuaŋ^{53}	xuɑŋ^{35}	
谎恍晃	xuaŋ^{53}	xuɑŋ^{214}	
晃摇~幌~子	xuaŋ^{13}	xuɑŋ^{51}	
麾挥晖辉灰恢诙徽	xuei^{44}	xuei^{55}	
回茴蛔	xuei^{53}	xuei^{35}	
悔毁	xuei^{53}	xuei^{214}	
汇彗慧卉惠蕙贿溃秽会烩荟桧绘喙	xuei^{13}	xuei^{51}	“溃” 文读 kʻuei^{13}
豁~口劐用刀~开	xuɤ^{44}	xuo^{55}	
活和~面	xuɤ^{53}	xuo^{35}	
火伙夥	xuɤ^{53}	xuo^{214}	
豁亮或惑镬获祸货和头~、二~药	xuɤ^{13}	xuo^{51}	

J

汉　　字	吴忠话音	普通话音	备　注
基姬墼屐犄乩羁讥机饥叽肌唧畿鸡几茶~	tɕi^{44}	tɕi^{55}	
几~个虮~子	tɕi^{53}	tɕi^{214}	
迹绩击缉积激芨	tɕi^{13}	tɕi^{55}	
脊吉棘藉籍亟殛楫辑疾蒺嫉集及极岌级急	tɕi^{13}	tɕi^{35}	
济~南戟	tɕi^{13}	tɕi^{214}	
纪剂际计髻寄寂冀骥继祭系~鞋带既鲫记忌季悸	tɕi^{13}	tɕi^{51}	
技~术妓稷	tɕi^{44}	tɕi^{51}	
家傢佳葭加痂袈~裟迦嘉枷茄雪~笳	tɕia^{44}	tɕia^{55}	
贾(姓)假(形容词)	tɕia^{53}	tɕia^{214}	

夹颊荚铗	tɕia^{13}	tɕia^{35}	
甲钾胛	tɕia^{13}	tɕia^{214}	
稼嫁价驾架	tɕia^{13}	tɕia^{51}	
兼菅搛煎肩奸缄监坚	tɕiæ̃^{44}	tiɛn^{55}	
尖艰犍间离～			
蹇剪翦戬柬减碱拣茧	tɕiæ̃^{53}	tɕiɛn^{214}	
检硷捡睑俭锏简			
箭贱溅践饯渐荐监国子～	tɕiæ̃^{13}	tɕiɛn^{51}	“溅” 白读 tsæ̃^{13}
槛鉴舰见件建键建健毽键			
姜将～来浆豆～江豇～豆礓	tɕiaŋ^{44}	tɕiɑŋ^{55}	
僵疆缰			
膙讲桨奖蒋	tɕiaŋ^{53}	tɕiɑŋ^{214}	
将酱匠强～嘴糨降绛	tɕiaŋ^{13}	tɕiɑŋ^{51}	
交蛟跤胶鲛郊姣浇教	tɕiɔ^{44}	tɕiau^{55}	
椒骄娇焦礁蕉			
搅铰皎绞狡侥矫	tɕiɔ^{53}	tɕiau^{214}	
觉睡～校～对教～育叫	tɕiɔ^{13}	tɕiau^{51}	
酵～子窖轿			
缴	tɕiɔ^{44}	tɕiau^{214}	
截姐解～放	tɕie^{53}	tɕiɛ^{214}	
接结揭节疖	tɕie^{13}	tɕiɛ^{55}	
诘颉劼劫杰捷睫竭羯	tɕie^{13}	tɕiɛ^{35}	
碣桀节～日			
界届褯借戒介疥	tɕie^{13}	tɕiɛ^{51}	“戒” 白读 kɛ^{13}
禁～受襟巾今衿矜金斤筋津	tɕiŋ^{44}	tɕin^{55}	
堇谨瑾槿馑紧锦仅	tɕiŋ^{53}	tɕin^{214}	
进晋尽缙觐禁～止妗近	tɕiŋ^{13}	tɕin^{51}	
靳劲浸烬仅			
京惊鲸精菁荆兢～～业业	tɕiŋ^{44}	tɕiŋ^{55}	
晶旌泾茎经			

景井阱陷～警儆颈板～	tɕiŋ^{53}	tɕiŋ^{214}	
竟境	tɕiŋ^{53}	tɕiŋ^{51}	
竞～赛镜靖敬径直～痉胫劲	tɕiŋ^{13}	tɕiŋ^{51}	
菌军龟～裂均钧君	tɕyŋ^{44}	tɕyn^{55}	
隽浚竣骏峻俊郡	tɕyŋ^{13}	tɕyn^{51}	
扃坰	tɕyŋ^{44}	tɕyn^{55}	
炯迥阁窘	tɕyŋ^{53}	tɕyn^{214}	
赳纠揪啾究鸠阄抓～	tɕiəu^{44}	tɕiou^{55}	
酒韭九久灸玖	tɕiəu^{53}	tɕiou^{214}	
就救旧舅	tɕiəu^{13}	tɕiou^{51}	
臼柏疚柩咎厩	tɕiəu^{44}	tɕiou^{51}	
车～马炮狙掬驹枸居雎	tɕy^{44}	tɕy^{55}	“车” 又读 tʂ‘ɤ^{44}
举榉	tɕy^{53}	tɕy^{214}	
鞠～躬	tɕy^{53}	tɕy^{55}	
桔橘菊局	tɕy^{13}	tɕy^{35}	
巨炬拒距具惧俱飓句据剧踞锯倨	tɕy^{13}	tɕy^{51}	
瞿(姓)	tɕy^{13}	tɕ‘y^{51}	
涓捐鹃娟镌	tɕyæ̃^{44}	tɕyɛn^{55}	
卷纸～	tɕyæ̃^{53}	tɕyɛn^{214}	
眷卷圈倦厌～	tɕyæ̃^{13}	tɕyɛn^{51}	
嗟日～	tɕyə^{44}	tɕyɛ^{55}	
觉～悟珏厥橛蕨～菜獗矍～铄镢～头角～色决玦抉掘崛倔孓绝	tɕyə^{13}	tɕyɛ^{51}	

K

汉　字	吴忠话音	普通话音	备　注
咯(象声词)咖～啡	k‘a^{44}	k‘a^{55}	

卡~片咔~叽咯~血	k‘a^{53}	k‘a^{214}	
客~人刻	k‘a^{13}	k‘ɤ^{51}	“客”文读 k‘ɤ^{13}
咳~嗽	k‘a^{13}	k‘ɤ^{35}	
开揩	k‘ɛ^{44}	k‘ai^{55}	
恺剀铠凯慨楷锴	k‘ɛ^{53}	k‘ai^{214}	
忾同仇敌忾	k‘ɛ^{53}	k‘ai^{51}	
堪戡勘龛看~守刊	k‘æ̃^{44}	k‘an^{55}	
槛坎砍侃	k‘æ̃^{53}	k‘an^{214}	
看~书瞰鸟~	k‘æ̃^{13}	k‘an^{51}	
康慷~慨糠	k‘aŋ^{44}	k‘ɑŋ^{55}	
扛	k‘aŋ^{53}	k‘ɑŋ^{35}	
亢炕热~抗抵~伉	k‘aŋ^{13}	k‘ɑŋ^{51}	
敲	k‘ɔ^{44}	tɕ‘iau^{55}	
考烤栲拷	k‘ɔ^{53}	k‘au^{214}	
犒~赏铐手~靠	k‘ɔ^{13}	k‘au^{51}	
苛轲柯珂疴	k‘ɤ^{44}	k‘ɤ^{55}	
可	k‘ɤ^{53}	k‘ɤ^{35}	
克~服嗑~瓜子刻(文)客	k‘ɤ^{13}	k‘ɤ^{35}	
搭~脚咳~嗽壳稻~子	k‘ɤ^{13}	k‘ɤ^{35}	
渴	k‘ɤ^{13}	k‘ɤ^{214}	
坑吭~声铿~锵	k‘əŋ^{44}	k‘əŋ^{55}	
肯啃(动词)恳垦开~	k‘əŋ^{53}	k‘əŋ^{214}	
空崆~峒	k‘uŋ^{44}	k‘uŋ^{55}	
恐孔(姓)	k‘uŋ^{53}	k‘uŋ^{214}	
空~出一格控~诉	k‘uŋ^{13}	k‘uŋ^{51}	
髡坤昆琨鲲	k‘uŋ^{44}	k‘uən^{55}	
悃捆	k‘uŋ^{53}	k‘uən^{214}	
困	k‘uŋ^{13}	k‘uən^{51}	
巩	k‘uŋ^{53}	kuŋ^{214}	

抠眍	$k^{‘}əu^{44}$	$k^{‘}ou^{55}$	
口	$k^{‘}əu^{53}$	$k^{‘}ou^{214}$	
扣$_{碗\sim在桌上}$	$k^{‘}əu^{53}$	$k^{‘}ou^{51}$	
寇蔻$_{豆\sim}$扣$_{钮\sim}$叩$_{\sim头}$	$k^{‘}əu^{13}$	$k^{‘}ou^{51}$	
枯骷$_{\sim髅}$窟$_{石\sim}$	$k^{‘}u^{44}$	$k^{‘}u^{55}$	
苦	$k^{‘}u^{53}$	$k^{‘}u^{214}$	
哭	$k^{‘}u^{13}$	$k^{‘}u^{55}$	
酷	$k^{‘}u^{44}$	$k^{‘}u^{51}$	
库裤	$k^{‘}u^{13}$	$k^{‘}u^{51}$	
夸	$k^{‘}ua^{44}$	$k^{‘}ua^{55}$	
垮侉(口音与当地不同)	$k^{‘}ua^{53}$	$k^{‘}ua^{214}$	
跨$_{\sim过}$挎$_{\sim包}$	$k^{‘}ua^{13}$	$k^{‘}ua^{51}$	
胯$_{\sim子}$	$k^{‘}ua^{53}$	$k^{‘}ua^{51}$	
擓蒯	$k^{‘}uɛ^{53}$	$k^{‘}uai^{214}$	
块会$_{\sim计}$哙侩$_{市\sim}$脍狯	$k^{‘}uɛ^{53}$	$k^{‘}uai^{51}$	
快筷	$k^{‘}uɛ^{13}$	$k^{‘}uai^{51}$	
宽髋$_{\sim骨}$	k‘uæ̃	$k^{‘}uan^{55}$	
款	k‘uæ̃	$k^{‘}uan^{214}$	
匡框诓(文)哐(象声词)筐	$k^{‘}uaŋ^{44}$	$k^{‘}uɑŋ^{55}$	“诓” 白 $xuaŋ^{13}$
狂诳	$k^{‘}uaŋ^{53}$	$k^{‘}uɑŋ^{35}$	
夼	$k^{‘}uaŋ^{53}$	$k^{‘}uɑŋ^{214}$	
矿邝(姓)框眶况	$k^{‘}uaŋ^{13}$	$k^{‘}uɑŋ^{51}$	
窥	$k^{‘}uei^{13}$	$k^{‘}uei^{55}$	
亏岿盔$_{头\sim}$	$k^{‘}uei^{44}$	$k^{‘}uei^{55}$	
悝	$k^{‘}uei^{53}$	$k^{‘}uei^{55}$	
夔馗奎喹蝰逵魁揆暌睽	$k^{‘}uei^{53}$	$k^{‘}uei^{35}$	
傀$_{\sim儡}$	$k^{‘}uei^{44}$	$k^{‘}uei^{214}$	
喟溃(文)褃$_{活\sim子}$愦匮馈篑愧	$k^{‘}uei^{13}$	$k^{‘}uei^{51}$	“溃” 白读 $xuei^{13}$

科棵青~颗棵	k‘uɤ^{44}	k‘ɤ^{55}	
颗粉子~	k‘uɤ^{53}	k‘ɤ^{55}	
课骒锞银~子	k‘uɤ^{13}	k‘ɤ^{51}	
阔廓扩括	k‘uɤ^{13}	k‘ɤ^{51}	

L

汉　　字	吴忠话音	普通话音	备　注
垃~圾拉	la^{44}	la^{55}	
喇	la^{53}	la^{214}	
蜡腊辣落~到后头了瘌	la^{13}	la^{51}	
邋~遢	la^{13}	la^{55}	
来莱~菔崃徕招~	lɛ^{53}	lai^{35}	
赖濑癞籁	lɛ^{13}	lai^{51}	
睐青~	lɛ^{53}	lai^{51}	
兰栏拦婪阑澜斓褴~楼蓝篮岚	læ̃^{53}	lan^{35}	
懒览漤榄揽缆	læ̃^{53}	lan^{214}	
烂滥	læ̃^{13}	lan^{51}	
栾(姓)滦峦銮孪鸾孪~生卵	læ̃^{53}	luan^{35}	
乱	læ̃^{13}	luan^{51}	
啷	laŋ^{44}	lɑŋ^{55}	
琅狼郎廊榔~头螂螳~锒稂	laŋ^{53}	lɑŋ^{35}	
朗	laŋ^{13}	lɑŋ^{214}	
浪莨莨~菪蒗	laŋ^{13}	lɑŋ^{51}	
捞	lɔ^{44}	lau^{55}	
牢崂劳痨醪	lɔ^{53}	lau^{35}	
老栳佬姥	lɔ^{53}	lau^{214}	
涝	lɔ^{13}	lau^{51}	
唠	lɔ^{44}	lau^{51}	
了(文)	lə	lə	白读 liɔ

雷擂镭檑	luei^{53}	lei^{35}	
蕾磊儡垒累日积月~	luei^{53}	lei^{214}	
泪类擂摆~累~坏了	luei^{13}	lei^{51}	
棱~角楞	ləŋi^{53}	ləŋ^{35}	
冷	ləŋi^{53}	ləŋ^{214}	
愣	ləŋ^{13}	lɔŋ^{51}	
哩	li^{44}	li^{55}	
离漓篱蓠丽骊鹂黄~ 厘喱狸罹梨犁犁黧黎蠡	li^{53}	li^{35}	
礼逦里理鲤俚娌澧醴李	li^{53}	li^{214}	
立丽美~俪笠莅戾唳吏 栗厉励砾沥疬苈	li^{13}	li^{51}	
例疠粝砺蛎詈 利莉痢俐栎隶力历荔	li^{13}	li^{51}	
雳霹~枥	li^{53}	li^{51}	
俩	lia^{53}	lia^{214}	
勒	lɤ^{13}	lɤ^{51}	白读 lia^{13}
裂~子(裂口)	lia^{13}	liɛ^{51}	
肋~巴(肋骨)	lia^{13}	lei^{51}	
帘廉濂镰联连涟莲鲢奁怜	liæ̃^{53}	liɛn^{35}	
敛脸琏	liæ̃^{53}	liɛn^{214}	
链炼练殓入~	liæ̃^{13}	liɛn^{51}	
凉良粮踉粱梁量打~两	liaŋ^{53}	liɑŋ^{35}	
俩伎~魉	liaŋ^{53}	liɑŋ^{214}	
亮谅~解晾~衣服量酒~ 凉(放一会,使温度降低)	liaŋ^{13}	liɑŋ^{51}	
撩	liɔ^{44}	liau^{55}	
寮燎僚鹩獠缭聊寥疗辽	liɔ^{53}	liau^{35}	
潦燎头发~了蓼了~解钌	liɔ^{53}	liau^{214}	
料撂尥~蹶子	liɔ^{13}	liau^{51}	

镣铁~	liɔ^{53}	liau^{51}	
咧~嘴捩	liə^{53}	liɛ^{214}	
猎列烈冽裂~缝劣	liə^{13}	liɛ^{51}	
麟璘磷嶙辚鳞临林淋霖琳啉邻	liŋ^{53}	lin^{35}	
凛懔廪檩	liŋ^{53}	liŋ^{214}	
吝淋~醋蔺躏赁	liŋ^{13}	lin^{51}	
拎	liŋ^{44}	liŋ^{55}	
玲凌冰~菱陵绫泠羚零聆~听瓴苓龄蛉囹铃伶翎灵	liŋ^{53}	liŋ^{35}	
令一~(量词)领岭	liŋ^{35}	liŋ^{214}	
另令	liŋ^{13}	liŋ^{51}	
熘溜	liəu^{44}	liou^{55}	
刘浏流琉硫~磺瘤馏镏骝榴镏~金	liəu^{53}	liou^{35}	
绺柳	liəu^{53}	liou^{214}	
六溜遛镏金~子馏~馒头	liəu^{13}	liou^{51}	
龙珑聋栊砻笼胧隆窿	luŋ^{53}	luŋ^{35}	
垄拢笼~罩陇	luŋ^{53}	luŋ^{214}	
弄(文)	luŋ^{13}	luŋ^{51}	白读 nuŋ^{13}
仑沦轮囵囫~	luŋ^{53}	luən^{35}	
抡	luŋ^{13}	luən^{35}	
伦	luŋ^{13}	luən^{51}	
论	luŋ^{13}	luən^{51}	
搂~柴	ləu^{44}	lou^{55}	
喽	ləu^{44}	lou^{35}	
楼蒌髅骷~蝼耧偻	ləu^{53}	lou^{35}	
搂~抱嵝篓~子	ləu^{53}	lou^{214}	
陋瘘~管镂~花漏露暴~	ləu^{13}	lou^{51}	

噜	lu^{44}	lu^{55}	
庐炉芦卢(姓)泸颅鸬鲈	lu^{53}	lu^{35}	
卤掳虏鲁橹	lu^{53}	lu^{214}	
六(白)鹿漉麓辘~轳路露~水璐鹭陆录禄碌绿轳辘~	lu^{13}	liou^{51}	“六”文读 liou^{13} “绿”文读 ly^{13} 又音 liou^{13}
驴闾榈	ly^{53}	ly^{35}	
旅膂屡褛缕捋吕铝侣履	ly^{53}	ly^{214}	
率虑滤律氯绿(文)	ly^{13}	ly^{51}	
掠~取略	lye^{53}	lyɛ^{51}	
掠(扫)把地~干净	lye^{13}	lyɛ^{51}	
罗~唆	luɤ^{44}	luo^{55}	
骡螺脶(手指纹)罗~汉逻~辑萝锣箩	luɤ^{53}	luo^{35}	
裸~体倮瘰~疬	luɤ^{53}	luo^{214}	
漯摞洛落烙~饼骆珞雒	luɤ^{13}	luo^{51}	
络(网兜)	luɤ^{44}	luo^{51}	

M

汉　　字	吴忠话音	普通话音	备　注
妈	ma^{44}	ma^{55}	
麻吗	ma^{53}	ma^{35}	
马码数~吗~啡蚂玛~瑙	ma^{53}	ma^{214}	
骂	ma^{13}	ma^{51}	
抹摩~挲	ma^{13}	ma^{55}	
埋霾	mɛ^{53}	mai^{35}	
买	mɛ^{53}	mai^{214}	
麦卖迈脉(文)	mɛ^{13}	mai^{51}	“麦、脉”白读 mia^{13}
颟~顸	mæ̃^{44}	man^{55}	

埋蛮瞒谩蔓~菁馒~头	mæ̃^{53}	man^{35}	
满螨~虫	mæ̃^{53}	man^{214}	
曼漫慢谩~骂墁~地幔	mæ̃^{13}	man^{51}	
蔓镘字~缦			
墨默陌	mɤ^{13}	mo^{51}	“墨” 白读 mia^{13}
忙杧芒~果茫硭盲铓氓	maŋ^{53}	mɑŋ^{53}	
莽蟒	maŋ^{53}	mɑŋ^{214}	
猫	mɔ^{53}	mau^{55}	
锚毛旄髦时~牦~牛矛茅	mɔ^{53}	mau^{35}	
蝥斑~（毒虫）			
卯峁铆	mɔ^{53}	mau^{214}	
茂冒瑁貌贸袤懋	mɔ^{13}	mau^{51}	
煤媒玫~瑰枚霉梅酶莓	mei^{53}	mei^{214}	
脢眉湄楣嵋			“眉” 白读 mi^{53}
美镁每	mei^{53}	mei^{214}	
昧冒~魅~力妹媚	mei^{13}	mei^{51}	
闷~热	məŋ^{44}	mən^{55}	
门	məŋ^{53}	mən^{51}	
扪懑闷~~不乐	məŋ^{13}	mən^{51}	
蒙~对了	məŋ^{44}	məŋ^{55}	
蒙濛空~檬曚朦~胧	məŋ^{53}	məŋ^{35}	
萌盟甍			
蒙内~猛	məŋ^{53}	məŋ^{214}	
蠓~虫子锰	məŋ^{13}	məŋ^{51}	
梦孟	məŋ^{13}	məŋ^{51}	
咪~~（猫叫声）眯	mi^{44}	mi^{55}	
縻靡糜迷谜猕~猴弥~补	mi^{53}	mi^{35}	
米靡望风披~眯	mi^{53}	mi^{214}	
泌蜜密谧秘幂觅	mi^{13}	mi^{51}	

汨	mi^{53}	mi^{51}
泥	mi^{53}	ni^{51}
倪霓鲵尼泥	mi^{53}	ni^{35}
昵匿腻	mi^{13}	ni^{51}
棉绵眠	miæ̃^{53}	miɛn^{35}
丏沔渑湎腼~腆缅免	miæ̃^{53}	miɛn^{214}
冕勉娩		
面	miæ̃^{13}	miɛn^{51}
喵	miɔ^{44}	miau^{55}
苗描瞄	miɔ^{53}	miau^{35}
秒眇渺淼邈藐	miɔ^{53}	miau^{214}
庙妙缪	miɔ^{13}	miau^{51}
民旻岷珉	miŋ^{53}	min^{35}
闵悯闽皿敏泯抿	miŋ^{53}	min^{214}
冥溟暝瞑螟明鸣名	miŋ^{53}	miŋ^{35}
茗铭		
酩~酊	miŋ^{53}	miŋ^{214}
命	miŋ^{13}	miŋ^{51}
摸~索	mɤ^{44}	mo^{55}
磨蘑摩魔谟模摸馍摹膜	mɤ^{53}	mo^{35}
抹~煞	mɤ^{53}	mo^{214}
磨~面末沫茉~莉陌(文)	mɤ^{13}	mo^{51}
莫漠寞没淹~摸~鱼		
哞	mu^{44}	mou^{55}
谋牟~取暴利眸	mu^{53}	mou^{35}
某	mu^{53}	mou^{214}
模铜~	mu^{53}	mu^{35}
亩牡姥母拇姆	mu^{53}	mu^{214}
睦和~木沐~浴墓墓暮慕	mu^{13}	mu^{51}
目苜牧穆牟(姓)		

没~有	mu13	mei35	

N

汉　　字	吴忠话音	普通话音	备　注
拿	na53	na35	
哪	na53	na214	
捺衲百~衣呐~喊钠纳那(文)	na13	na51	
乃氖奶艿~芋	nɛ53	nai214	
奈耐鼐	nɛ13	nai51	
南楠喃~~(小声叨唠)男难	næ̃53	nan35	
赧	næ̃53	nan214	
暖	næ̃53	nuan214	
难~民	næ̃13	nan51	
囔囊~膪	naŋ44	nɑŋ55	
囊馕(面饼)	naŋ53	nɑŋ35	
曩~者攮~死	naŋ53	nɑŋ214	
齉~鼻子	naŋ13	nɑŋ51	
孬	nɔ44	nau55	
挠蛲铙猱	nɔ53	nau35	
呶	nəu44	nau35	
恼脑瑙	nɔ53	nau214	
闹	nɔ13	nau51	
那	nɤ13	na51	
哪~吒	nuɤ53	na35	
讷	na13	nɤ51	
馁	nuei53	nei214	
内	nuei13	nei51	
嫩	nəŋ13	nən51	
能	nəŋ53	nəŋ35	
弄	nəŋ13	nuŋ51	

霓(文)倪(文)鲵(文)尼(文)　ni^{53}　ni^{35}　白读 mi^{53}

你拟　ni^{53}　ni^{214}

逆腻(文)匿(文)睨溺昵　ni^{13}　ni^{51}

泥(动词)~炉子　mi^{44}　ni^{51}

蔫　niæ̃^{44}　niɛn^{55}　又读 miæ̃^{44}或 iæ̃^{44}

拈信手~来　niæ̃^{53}　niɛn^{35}

黏鲇~鱼年　niæ̃^{53}　niɛn^{35}　“鲶” 又读 miæ̃^{53}

辇撵捻碾蹍　niæ̃^{53}　niɛn^{214}

念　niæ̃^{13}　niɛn^{51}

娘　niaŋ^{53}　niɑŋ^{35}

酿　niaŋ^{53}　niɑŋ^{51}

鸟袅　niɔ^{53}　niau^{214}

尿(文)脲溺~尿　niɔ^{53}　niau^{51}

捏　niə^{13}　niɛ^{55}

乜~贴　niə^{53}　niɛ^{51}

聂颞嗫蹑~手~脚镊~子　niə^{13}　niɛ^{51}

蘖孽涅啮臬镍

灭蔑　nie^{13}　miɛ^{51}

虐~待疟~疾　nie^{13}　nyɛ^{51}

业(白)　nie^{13}　iɛ^{51}　文读 iə^{13}

宁咛拧狞柠~檬　niŋ^{53}　niŋ^{35}

凝　niŋ^{13}　niŋ^{35}

拧~螺丝钉　niŋ^{53}　niŋ^{214}

宁~可、~死不屈泞泥~　niŋ^{13}　niŋ^{35}

妞　niəu^{44}　niou^{55}

牛　niəu^{53}　niou^{35}

忸~怩扭钮~扣纽　niəu^{53}　niou^{214}

拗　niəu^{13}　niou^{51}

谬　niəu^{13}　miou^{51}

农浓侬哝脓	nuŋ53	nuŋ35	
弄(文)	nuŋ13	nuŋ51	读 nəŋ13
嫩	nuŋ13	nəŋ51	又读 nəŋ13
奴孥	nu53	nu35	
努弩	nu53	nu214	
怒发~	nu13	nu51	
女	ny53	ny214	
挪娜	nuɤ53	nuo35	
懦糯诺喏	nuɤ13	nuo51	

O

汉　　字	吴忠话音	普通话音	备　注
喔	ɤ44	o55	
哦(表惊疑)	ɤ53	o35	
哦(表醒悟)	ɤ13	o51	
讴欧区(姓)	əu44	ou55	
偶呕~吐殴鸥瓯沤	əu53	ou214	

P

汉　　字	吴忠话音	普通话音	备　注
啪(象声词)	pʻa44	pʻa55	
趴	pʻa53	pʻa55	
扒~草筢~子爬搿~手	pʻa53	pʻa35	
怕	pʻa13	pʻa51	
帕手~	pʻa53	pʻa51	
琶琵~杷枇~	pʻa	pʻa	
排徘~徊簰~子牌	pʻɛ53	pʻai35	
排迫~击炮	pʻɛ53	pʻai214	
湃派	pʻɛ13	pʻai51	
攀~亲番~禺潘(姓)	pʻæ̃44	pʻan55	

磻蹒~跚盘磐	p‘æ̃^{53}	p‘an^{35}
胖心宽体~	p‘æ̃^{13}	p‘an^{35}
泮判畔河~叛襻盼	p‘æ̃^{13}	p‘an^{51}
胮脸有点~	p‘aŋ^{44}	p‘ɑŋ^{55}
旁磅~礴螃~蟹膀~胱庞彷~徨	p‘aŋ^{53}	p‘ɑŋ^{35}
耪~地	p‘aŋ^{53}	p‘ɑŋ^{214}
胖	p‘aŋ^{13}	p‘ɑŋ^{51}
傍~晚	p‘aŋ^{53}	pɑŋ^{51}
抛~物线泡(松软)脬(量词)	p‘ɔ^{44}	p‘au^{55}
袍跑咆~哮刨~地	p‘ɔ^{53}	p‘au^{35}
泡气~疱炮大~	p‘ɔ^{13}	p‘au^{51}
炮~制	p‘ɔ^{53}	p‘au^{35}
呸(叹词)	p‘ei^{44}	p‘ei^{55}
培赔陪裴(姓)胚	p‘ei^{53}	p‘ei^{35}
沛辔佩配帔	p‘ei^{13}	p‘ei^{51}
喷~泉	p‘əŋ^{44}	p‘ən^{55}
盆	p‘əŋ^{53}	p‘ən^{35}
喷~香	p‘əŋ^{13}	p‘ən^{51}
烹怦砰(象声词)抨~击	p‘əŋ^{44}	p‘əŋ^{55}
澎~湃	p‘əŋ^{53}	p‘əŋ^{55}
彭(姓)膨朋堋棚硼鹏逢篷	p‘əŋ^{53}	p‘əŋ^{35}
捧~场	p‘əŋ^{53}	p‘əŋ^{214}
碰	p‘əŋ^{13}	p‘əŋ^{51}
丕	p‘ei^{53}	p‘i^{55}
坯邳霹砒批纰~露披	p‘i^{44}	p‘i^{55}
罴裨埤鼙~鼓啤~酒脾郫貔	p‘i^{53}	p‘i^{35}
皮疲陂琵~琶枇~杷毗蚍~蜉鲏		
痞嚭癖	p‘i^{53}	p‘i^{214}
匹	p‘i^{44}	p‘i^{214}

擗~开劈~柴辟开~譬~如屁	p‘i^{13}	p‘i^{51}
僻偏~	p‘i^{53}	p‘i^{51}
庇~护	p‘i^{53}	pi^{51}
拍	p‘ia^{13}	p‘ai^{55}
迫魄	p‘ia^{13}	p‘ai^{51}
扁~舟篇犏~牛偏翩	p‘iæ̃^{44}	p‘iɛn^{55}
片相~	p‘iæ̃^{53}	p‘iɛn^{55}
蹁胼便大腹~~	p‘iæ̃^{53}	p‘iɛn^{35}
骈~文	p‘iæ̃^{13}	p‘iɛn^{35}
骗	p‘iæ̃^{13}	p‘iɛn^{51}
飘漂~泊缥	p‘iɔ^{44}	p‘iau^{55}
剽~窃	p‘iɔ^{53}	p‘iau^{55}
朴(姓)瓢嫖	p‘iɔ^{53}	p‘iau^{35}
漂~白瞟缥殍莩	p‘iɔ^{53}	p‘iau^{214}
票漂~亮骠~骑	p‘iɔ^{13}	p‘iau^{51}
撇~弃	p‘ie^{53}	p‘iɛ^{55}
瞥~了一眼	p‘ie^{13}	p‘iɛ^{55}
撇~砖头苤~蓝	p‘ie^{53}	p‘iɛ^{214}
撇~油	p‘ie^{13}	p‘iɛ^{214}
拼	p‘iŋ^{44}	p‘in^{55}
姘	p‘iŋ^{13}	p‘in^{55}
频~率颦贫	p‘iŋ^{53}	p‘in^{35}
品	p‘iŋ^{53}	p‘in^{214}
聘	p‘iŋ^{13}	p‘in^{51}
瓶屏~风平评坪枰苹萍凭	p‘iŋ^{53}	p‘in^{51}
坡	p‘ɤ^{44}	p‘o^{55}
皤~然白发婆	p‘ɤ^{53}	p‘o^{35}
叵	p‘ɤ^{53}	p‘o^{214}
迫魄	p‘ɤ^{13}	p‘o^{51}

破	p‘ɤ^{13}	p‘o^{51}	
剖	p‘ɤ^{13}	p‘ou^{55}	
铺噗(象声词)	p‘u^{44}	p‘o^{55}	
扑~打仆前~后继	p‘u^{13}	p‘u^{55}	
菩~萨莆蒲匍~匐葡~萄 脯仆~人濮璞	p‘u^{53}	p‘u^{35}	
普谱蹼浦溥埔圃朴	p‘u^{53}	p‘u^{214}	
铺瀑曝	p‘u^{13}	p‘u^{51}	
堡	p‘u^{53}	p‘u^{51}	

Q

汉　字	吴忠话音	普通话音	备　注
期欺栖妻凄蕽	tɕ‘i^{44}	tɕ‘i^{55}	
漆戚七柒沏~茶缉~鞋口	tɕ‘i^{13}	tɕ‘i^{55}	
齐脐祁畦其淇麒~麟旗 祺琪棋骐萁蜞岐跂奇琦 骑崎~岖耆鳍祈颀祇芪	tɕ‘i^{53}	tɕ‘i^{35}	
启绮乞起杞企岂稽	tɕ‘i^{53}	tɕ‘i^{214}	
泣弃	tɕ‘i^{44}	tɕ‘i^{51}	
契地~砌葺器气汽	tɕ‘i^{13}	tɕ‘i^{51}	
跂(又音)亟讫收~迄~今为止	tɕ‘i^{53}	tɕ‘i^{51}	
卡~子	tɕ‘ia^{44}	tɕ‘ia^{214}	
卡~住了	tɕ‘ia^{53}	tɕ‘ia^{214}	
髂	tɕ‘ia^{53}	tɕ‘ia^{51}	
掐	tɕ‘ia^{13}	tɕ‘ia^{55}	
洽恰	tɕ‘ia^{53}	tɕ‘ia^{51}	
千迁钎仟阡~陌骞谦牵 签铅鸽	tɕ‘iæ̃^{44}	tɕ‘iɛn^{55}	
前潜钳乾钱钤	tɕ‘iæ̃^{53}	tɕ‘iɛn^{35}	
浅遣谴	tɕ‘iæ̃^{53}	tɕ‘iɛn^{214}	

虔黔	tɕʻiæ̃^{44}	tɕʻiɛn^{35}	
歉倩堑茜纤欠芡勾~嵌	tɕʻiæ̃^{13}	tɕʻiɛn^{51}	
腔羌蜣呛吃~了枪戗锵镪~水	tɕʻiaŋ^{44}	tɕʻiɑŋ^{55}	
墙啬樯强~壮	tɕʻiaŋ^{53}	tɕʻiɑŋ^{35}	
抢强~词夺理襁	tɕʻiaŋ^{53}	tɕʻiɑŋ^{214}	
炝呛~鼻子	tɕʻiaŋ^{13}	tɕʻiɑŋ^{51}	
悄跷锹缲劁敲(文)	tɕʻiɔ^{44}	tɕʻiau^{55}	"敲"白读 kʻɔ^{44}
乔桥侨荞鞒后~憔谯樵瞧	tɕʻiɔ^{53}	tɕʻiau^{35}	
翘~尾巴窍峭~壁俏俊~撬	tɕʻiɔ^{13}	tɕʻiau^{51}	
切~瓜	tɕʻie^{13}	tɕʻiɛ^{55}	
茄	tɕʻie^{53}	tɕʻiɛ^{35}	
且	tɕʻie^{53}	tɕʻiɛ^{214}	
妾趄(倾斜)怯胆~窃	tɕʻie^{13}	tɕʻiɛ^{51}	
亲衾钦	tɕʻiŋ^{44}	tɕʻin^{55}	
侵	tɕʻiŋ^{53}	tɕʻin^{55}	
秦勤琴芩禽檎擒芹	tɕʻiŋ^{53}	tɕʻin^{35}	
寝	tɕʻiŋ^{53}	tɕʻin^{214}	
沁	tɕʻiŋ^{13}	tɕʻin^{51}	
青清蜻鲭轻氢	tɕʻiŋ^{44}	tɕʻiŋ^{55}	
倾卿	tɕʻiŋ^{13}	tɕʻiŋ^{55}	
情晴擎	tɕʻiŋ^{53}	tɕʻiŋ^{35}	
请顷	tɕʻiŋ^{53}	tɕʻiŋ^{214}	
庆亲~家磬罄	tɕʻiŋ^{13}	tɕʻiŋ^{51}	
穹穷琼茕邛	tɕʻyŋ^{53}	tɕʻyŋ^{35}	
群裙	tɕʻyŋ^{53}	tɕʻyŋ^{35}	
秋揪丘蚯邱龟~兹	tɕʻiəu^{44}	tɕʻiou^{55}	
酋求球俅仇(姓)裘逑	tɕʻiəu^{53}	tɕʻiou^{35}	
区岖躯蛆驱	tɕʻy^{44}	tɕʻy^{55}	
麯麹曲蛐诎屈趋焌烟~了黢~黑	tɕʻy^{13}	tɕʻy^{55}	

渠蕖芙~衢	tɕʻy^{53}	tɕʻy^{35}	
取娶	tɕʻy^{53}	tɕʻy^{35}	
去趣	tɕʻy^{13}	tɕʻy^{51}	
龋	tɕʻy^{44}	tɕʻy^{214}	
瞿	tɕʻy^{13}	tɕʻy^{35}	又读 tɕʻy^{13}
圈	tɕʻyæ̃^{44}	tɕʻyɛn^{55}	
拳惓蜷身子~起来权颧全诠醛筌泉	tɕʻyæ̃^{53}	tɕʻyɛn^{35}	
犬	tɕʻyæ̃^{53}	tɕʻyɛn^{214}	
劝	tɕʻyæ̃^{13}	tɕʻyɛn^{51}	
阙炔缺	tɕʻye^{13}	tɕʻyɛ^{35}	
瘸	tɕʻye^{53}	tɕʻyɛ^{35}	
榷搉却鹊(文)雀(文)阙宫~确阕(量词)	tɕʻye^{13}	tɕʻyɛ^{51}	

R

汉　字	吴忠话音	普通话音	备　注
髯然燃	ʐæ̃^{53}	ʐan^{35}	
染冉苒	ʐæ̃^{53}	ʐan^{214}	
粘	ʐæ̃^{53}	niɛn^{35}	又读 tʂæ̃^{44}
嚷	ʐaŋ^{53}	ʐɑŋ^{55}	
禳瓤壤攘	ʐaŋ^{53}	ʐɑŋ^{35}	
让	ʐaŋ^{13}	ʐɑŋ^{51}	
扰绕缠~绕	ʐɔ^{53}	ʐau^{214}	
绕~线	ʐɔ^{13}	ʐau^{51}	
耀	ʐɔ^{13}	iau^{51}	
惹喏	ʐɤ^{53}	ʐɤ^{214}	
热	ʐɤ^{13}	ʐɤ^{51}	
人壬任仁	ʐəŋ^{53}	ʐən^{35}	
荏忍	ʐəŋ^{53}	ʐən^{214}	

认衽饪任~命妊纴刃韧仞纫	ʐəŋ^{13}	ʐən^{51}
扔	ʐəŋ^{44}	ʐəŋ^{55}
日	ʐʅ^{13}	ʐʅ^{51}
茸戎绒	ʐuŋ^{53}	ʐuŋ^{35}
冗氄~毛	ʐuŋ^{53}	ʐuŋ^{214}
仍~然	ʐuŋ^{53}	ʐəŋ^{35}
闰~月润湿~	ʐuŋ^{13}	ʐuən^{51}
柔糅鞣揉蹂	ʐəu^{53}	ʐou^{35}
肉	ʐəu^{13}	ʐou^{51}
濡耳~目染襦嚅蠕儒孺如茹铷	ʐu^{53}	ʐu^{35}
辱	ʐu^{13}	ʐu^{214}
乳汝	ʐu^{53}	ʐu^{214}
褥缛入	ʐu^{13}	ʐu^{51}
擩	ʐu^{44}	ʐu^{214}
挼	ʐua^{53}	ʐua^{35}
阮软	ʐuæ̃^{53}	ʐuan^{214}
蕤	ʐuei^{53}	ʐuei^{35}
蕊	ʐuei^{53}	ʐuei^{214}
锐	ʐuei^{53}	ʐuei^{51}
睿芮瑞	ʐuei^{13}	ʐuei^{51}
若箬弱	ʐuɤ^{13}	ʐuo^{51}
偌~大年纪	ʐɤ^{13}	ʐuo^{51}

S

汉　字	吴忠话音	普通话音	备　注
仨	sa^{44}	sa^{55}	
撒~手	sa^{13}	sa^{55}	
撒~种洒	sa^{53}	sa^{214}	

靸	sa13	sa214	
飒英姿~爽卅萨	sa44	sa51	
腮揌鳃	sɛ44	sai55	
塞(截匿、放)	sɛ53	sai51	
赛	sɛ13	sai51	
三叁	sæ̃44	san55	
散松~馓~子伞	sæ̃53	san214	
散分~	sæ̃13	san51	
丧桑	saŋ44	sɑŋ55	
搡(用力推)嗓~子	saŋ53	sɑŋ214	
丧	saŋ13	sɑŋ51	
臊~气骚风~搔~痒	sɔ44	sau55	
扫嫂	sɔ53	sau214	
扫~帚臊~子、害~	sɔ13	sau51	
涩塞闭~瑟啬穑稼~色	sɤ13	sɤ51	
森	səŋ44	sən55	
僧	səŋ44	səŋ55	
生甥笙牲	səŋ44	ʂəŋ55	
省	səŋ53	ʂəŋ214	
沙痧裟鲨~鱼砂~纸纱	ʂa44	ʂa55	
硕~士妁烁铄	ʂuɤ13	ʂuo51	
勺芍~药杓	ʂuɤ13	ʂuo35	
灼	ʂuɤ13	tʂuo35	
斯澌厮撕嘶思私司丝咝	sɿ44	sɿ55	
似	sɿ44	sɿ51	又读 sɿ53
死	sɿ53	sɿ214	
寺四泗驷姒俟肆嗣饲伺巳汜祀	sɿ13	sɿ51	
松嵩忪淞菘	suŋ44	suŋ55	
孙飧狲荪	suŋ44	suən55	

悚竦耸	suŋ^{13}	suŋ^{214}	
宋送讼颂诵	suŋ^{13}	suŋ^{51}	
榫$_{卯\sim}$损笋$_{竹\sim}$	suŋ^{53}	suən^{214}	
搜嗖$_{(象声词)}$馊$_{饭\sim了}$飕$_{冷\sim\sim}$	səu^{44}	sou^{55}	
擞$_{抖\sim、\sim火}$	səu^{53}	sou^{214}	
叟$_{童\sim无欺}$嗽$_{咳\sim}$	səu^{13}	sou^{214}	
瘦	səu^{13}	ʂou^{51}	
苏$_{\sim醒}$酥$_{桃\sim}$稣$_{耶\sim}$	su^{44}	su^{55}	
梳$_{\sim头}$疏$_{稀\sim}$	su^{44}	ʂu^{55}	
蔬$_{\sim菜}$	su^{13}	ʂu^{51}	
数	su^{53}	ʂu^{214}	
俗$_{(文)}$	su^{53}	su^{35}	
宿塑$_{\sim像}$素$_{吃\sim}$嗉$_{鸡\sim子}$速蔌簌粟谡诉夙肃	su^{13}	su^{51}	
漱$_{\sim口}$	su^{13}	ʂu^{51}	
酸	suæ̃^{44}	suan^{55}	
蒜算	suæ̃^{13}	suan^{51}	
虽尿$_{(小便)}$	suei^{44}	suei^{55}	
荽$_{芫\sim}$	suei^{53}	suei^{55}	
遂隋随绥	suei^{53}	suei^{35}	
髓	suei^{53}	suei^{214}	
碎穗岁	suei^{13}	suei^{51}	
邃$_{深\sim}$燧隧$_{\sim道}$祟	suei^{53}	suei^{51}	
莎$_{\sim草}$挲$_{摩\sim}$娑$_{婆\sim}$蓑$_{\sim衣}$梭唆睃	suɤ^{44}	suo^{55}	
缩	suɤ^{13}	suo^{55}	
索琐$_{\sim碎}$	suɤ^{44}	suo^{214}	又音 suə^{53}
锁$_{\sim子}$唢$_{\sim呐}$所	suɤ^{53}	suo^{214}	
朔	suɤ^{13}	ʂuo^{51}	

T

汉　字	吴忠话音	普通话音	备　注
奆~拉	t‘a^{44}	ta^{55}	
溻~湿了褟汗~子塌踏	t‘a^{13}	t‘a^{55}	
獭水~塔挞闼拓~字榻(床)	t‘a^{13}	t‘a^{51}	
蹋糟~沓踏			
苔舌~胎	t‘ɛ^{44}	t‘ai^{55}	
汰淘~态~度	t‘ɛ^{44}	t‘ai^{51}	
台苔~藓抬薹韭菜~	t‘ɛ^{53}	t‘ai^{35}	
太泰肽酞钛	t‘ɛ^{13}	t‘ai^{51}	
贪坍滩瘫摊	t‘æ̃^{44}	t‘an^{55}	
谈痰郯坛天~檀~香覃潭	t‘æ̃^{53}	t‘an^{35}	
谭昙~花弹~弦子			
毯毛~忐~忑袒~护坦	t‘æ̃^{53}	t‘an^{214}	
探叹炭碳	t‘æ̃^{13}	t‘an^{51}	
镗(象声词)汤	t‘aŋ^{44}	t‘ɑŋ^{55}	
唐溏糖塘瑭糖紫~脸搪堂	t‘aŋ^{53}	t‘ɑŋ^{35}	
樘螳膛棠			
淌耥~地躺傥	t‘aŋ^{53}	t‘ɑŋ^{214}	
烫趟	t‘aŋ^{13}	t‘ɑŋ^{51}	
涛焘滔韬绦掏叨~扰	t‘ɔ^{44}	t‘au^{55}	
洮	t‘ɔ^{44}	t‘au^{35}	
逃桃咷淘萄陶	t‘ɔ^{53}	t‘au^{35}	
讨	t‘ɔ^{53}	t‘au^{214}	
套	t‘ɔ^{13}	t‘au^{51}	
他她它(白)	t‘ɤ^{44}	t‘a^{55}	
忒忑特	t‘ɤ^{13}	t‘ɤ^{51}	
鼟(象声词)熥~馒头藤紫~	t‘əŋ^{44}	t‘əŋ^{55}	
腾	t‘əŋ^{44}	t‘əŋ^{35}	

誊~写滕(姓)疼	t‘əŋ^{53}	t‘əŋ^{35}
梯	t‘i^{44}	t‘i^{55}
踢剔	t‘i^{13}	t‘i^{55}
啼绨线~题提	t‘i^{53}	t‘i^{35}
体	t‘i^{53}	t‘i^{214}
涕剃替嚏喷~惕倜~傥屉抽~	t‘i^{53}	t‘i^{51}
谛蒂瓜~缔~结	t‘i^{53}	ti^{51}
天添	t‘iæ̃^{44}	t‘iɛn^{55}
填阗田畋~猎恬甜	t‘iæ̃^{53}	t‘iɛn^{35}
腆舔	t‘iæ̃^{53}	t‘iɛn^{214}
掭	t‘iæ̃^{13}	t‘iɛn^{51}
挑佻轻~	t‘iɔ^{44}	t‘iau^{55}
条调~解髫笤~帚	t‘iɔ^{53}	t‘iau^{35}
窕窈~挑~战	t‘iɔ^{53}	t‘iau^{214}
眺~望跳粜	t‘iɔ^{13}	t‘iau^{51}
迢千里~~	t‘iɔ^{44}	t‘iau^{35}
贴	t‘ie^{13}	t‘iɛ^{55}
帖请~铁	t‘ie^{13}	t‘iɛ^{214}
帖碑~	t‘ie^{13}	t‘iɛ^{51}
汀厅听	t‘iŋ^{44}	t‘iŋ^{55}
亭葶~苈	t‘iŋ^{44}	t‘iŋ^{35}
停婷廷庭霆蜓蜻~	t‘iŋ^{53}	t‘iŋ^{35}
挺珽铤艇	t‘iŋ^{53}	t‘iŋ^{214}
通	t‘uŋ^{44}	t‘uŋ^{55}
吞	t‘uŋ^{13}	t‘uən^{55}
童潼瞳~孔僮同酮侗桐 茼~蒿峒崆~铜佟(姓)彤	t‘uŋ^{53}	t‘uŋ^{35}
统筒桶捅	t‘uŋ^{53}	t‘uŋ^{214}
恸痛~苦	t‘uŋ^{13}	t‘uŋ^{51}

同胡~	tʻuŋ^{53}	tʻuŋ^{51}
豚臀	tʻuŋ^{53}	tʻuən^{35}
褪衣服~下来	tʻuŋ^{13}	tʻuei^{51}
偷	tʻəu^{44}	tʻou^{55}
头投	tʻəu^{53}	tʻou^{35}
透	tʻəu^{13}	tʻou^{51}
突	tʻu^{44}	tʻu^{55}
凸秃	tʻu^{13}	tʻu^{55}
徒屠图涂途荼如火如~	tʻu^{53}	tʻu^{35}
土吐钍	tʻu^{53}	tʻu^{214}
吐呕~兔~子菟~丝子	tʻu^{13}	tʻu^{51}
湍	tʻuæ̃^{44}	tʻuan^{55}
抟团	tʻuæ̃^{53}	tʻuan^{35}
推	tʻuei^{44}	tʻuei^{55}
拖脱饦	tʻuɤ^{44}	tʻuo^{55}
脱	tʻuɤ^{13}	tʻuo^{55}
沱坨佗驼砣秤~跎鸵~鸟陀橐驮	tʻuɤ^{53}	tʻuo^{35}
椭妥	tʻuɤ^{53}	tʻuo^{214}
拓唾~液柝	tʻuɤ^{13}	tʻuo^{51}
魄落~	pʻɤ^{13}	pʻo^{51}

W

汉　　字	吴忠话音	普通话音	备　注
挖哇(象声词)蛙青~娲女~	va^{44}	ua^{55}	
洼~地	va^{13}	ua^{55}	
娃	va^{51}	ua^{35}	
瓦佤	va^{53}	ua^{214}	
袜	va^{13}	ua^{51}	
凹	va^{13}	au^{55}	

歪口眼~斜喎	vɛ^{44}	uai^{55}
崴脚~了	vɛ^{53}	uai^{214}
外	vɛ^{13}	uai^{51}
豌~豆蜿剜~肉弯湾	væ̃^{44}	uan^{55}
完烷玩顽丸药~纨~绔	væ̃^{53}	uan^{35}
莞皖脘绾惋琬碗婉挽晚	væ̃^{53}	uan^{214}
腕万蔓瓜~	væ̃^{13}	uan^{51}
宛	væ̃^{13}	uan^{214}
汪	vaŋ^{44}	uɑŋ^{55}
亡芒麦~王	vaŋ^{53}	uɑŋ^{214}
网鱼~忘妄	vaŋ^{53}	uɑŋ^{51}
旺兴~望往	vaŋ^{13}	uɑŋ^{51}
威葳煨偎逶~迤危微薇巍	vei^{44}	uei^{55}
为事在人~韦惟唯帷维嵬桅违围帏~幕闱	vei^{53}	uei^{35}
伪猥委诿推~痿萎~缩唯隗炜玮苇韪伟维尾(文)	vei^{53}	uei^{214}
娓为~人民未味畏	vei^{13}	uei^{51}
喂胃渭谓遗(赠予)魏位尉慰蔚卫	vei^{13}	uei^{51}
猥刺~	vei^{44}	uei^{51}
温瘟~疫	vəŋ^{44}	uən^{55}
文炆雯蚊纹闻	vəŋ^{53}	uən^{35}
紊稳吻刎	vəŋ^{53}	uən^{214}
汶	vəŋ^{53}	uən^{51}
问	vəŋ^{13}	uən^{51}
翁滃嗡	vəŋ^{44}	uəŋ^{55}
瓮	vəŋ^{13}	uəŋ^{51}
涡旋~窝挝老~莴~苣蜗	vɤ^{44}	uo^{55}

倭踒喔		
我	vɤ^{53}	uo^{214}
卧	vɤ^{13}	uo^{51}
沃肥～握～手	vɤ^{44}	uo^{51}
饿	vɤ^{13}	ɤ^{51}
污圬巫诬乌呜钨	vu^{44}	u^{55}
屋	vu^{13}	u^{55}
无梧～桐吴蜈芜毋	vu^{53}	u^{35}
吾	vu^{44}	u^{35}
武鹉妩五伍捂午舞	vu^{53}	u^{214}
恶可～悟觉～痦～子焐晤误勿物务雾鹜	vu^{13}	u^{51}
兀靰	vu^{44}	u^{51}
戊	vu^{53}	u^{51}

X

汉　字	吴忠话音	普通话音	备　注
羲曦嘻～笑嬉西硒恓牺矽熙奚溪蹊晞稀兮悉蟋～蟀犀	ɕi^{44}	ɕi^{55}	
夕汐昔惜熄膝析晰蜥～蜴希息螅吸翕锡	ɕi^{13}	ɕi^{55}	
袭席媳习	ɕi^{13}	ɕi^{35}	
喜禧蟢玺洗铣	ɕi^{53}	ɕi^{214}	
徙迁～	ɕi^{13}	ɕi^{214}	
隙细系戏	ɕi^{13}	ɕi^{51}	
虾	ɕia^{44}	ɕia^{55}	
瞎	ɕia^{13}	ɕia^{55}	
黠峡狭匣遐霞瑕暇	ɕia^{53}	ɕia^{35}	
下吓夏厦～门	ɕia^{13}	ɕia^{51}	

鲜籼~米仙先掀铣	ɕiæ̃^{44}	ɕiɛn^{55}	
纤	tɕ‘iæ̃^{44}	ɕiɛn^{55}	
舷弦嫌贤咸衔涎~水闲娴痫	ɕiæ̃^{53}	ɕiɛn^{35}	“舷、弦”又读 ɕyæ̃^{53}
挦	ɕiæ̃^{44}	ɕiɛn^{35}	
鲜藓显险狝冼(姓)跣铣	ɕiæ̃^{53}	ɕiɛn^{214}	
羡霰献线现苋~菜岘县宪腺馅陷限	ɕiæ̃^{13}	ɕiɛn^{51}	“馅”又读 ɕyæ̃^{13}
襄骧镶相互~湘厢箱缃香乡芗	ɕiaŋ^{44}	ɕiɑŋ^{55}	
详祥翔降投~享	ɕiaŋ^{53}	ɕiɑŋ^{35}	
想响饷军~鮝	ɕiaŋ^{53}	ɕiɑŋ^{214}	
项巷相照~向象像橡	ɕiaŋ^{13}	ɕiɑŋ^{51}	“项巷”又读 xaŋ^{13}
骁消宵逍~遥霄硝销绡枭嚣萧肖潇箫峭淆	ɕiɑ^{44}	ɕiau^{55}	
晓小筱	ɕiɔ^{53}	ɕiau^{214}	
校学~效孝肖不~之子笑啸	ɕiɔ^{13}	ɕiau^{51}	
鞘刀~	ɕiɔ^{13}	ɕ‘iau^{51}	
楔些蝎歇	ɕie^{13}	ɕiɛ^{55}	
鞋皮~邪斜	ɕie^{53}	ɕiɛ^{35}	鞋白读 xɛ^{53}
颉撷协胁谐偕	ɕie^{13}	ɕiɛ^{35}	
写	ɕie^{53}	ɕiɛ^{214}	
血	ɕie^{13}	ɕiɛ^{214}	
燮亵泻契泄薤屑木~瀣卸谢榭懈邂~逅蟹	ɕie^{13}	ɕiɛ^{51}	
辛锌新薪歆心芯馨鑫忻昕欣	ɕiŋ^{44}	ɕin^{55}	
芯~子信衅囟~门	ɕiŋ^{13}	ɕin^{51}	
兴~旺星腥猩	ɕiŋ^{44}	ɕiŋ^{55}	
惺	ɕiŋ^{53}	ɕiŋ^{55}	

荥刑型形邢(姓)饧行	ɕiŋ53	ɕiŋ35	
擤~鼻涕省反~醒	ɕiŋ53	ɕiŋ214	
兴高~幸悻杏荇性姓	ɕiŋ13	ɕiŋ51	“杏”白读 xəŋ13
兄凶汹匈讻胸	ɕyŋ44	ɕyŋ55	
雄熊	ɕyŋ53	ɕyŋ35	
窨熏醺薰曛	ɕyŋ44	ɕyn55	
勋	ɕyŋ53	ɕyn55	
驯	ɕyŋ13	ɕyn35	
循旬洵恂询珣栒荀峋寻浔鲟巡	ɕyŋ53	ɕyn35	
熏煤气~人训汛讯迅殉逊	ɕyŋ13	ɕyn51	
徇~私	ɕyŋ53	ɕyn51	
羞馐休咻貅鸺脩修	ɕiəu44	ɕiou55	
朽	ɕiəu53	ɕiou214	
宿	ɕy13	ɕiou214	
袖岫秀锈绣臭嗅溴	ɕiəu13	ɕiou51	
需圩吁戌虚墟嘘歔顼须胥谞	ɕy44	ɕy55	
徐	ɕy53	ɕy35	
许诩栩	ɕy53	ɕy214	
畜蓄煦续绪勖叙酗~酒洫恤旭序	ɕy13	ɕy51	
婿	ɕy53	ɕy51	
絮花~	ɕy44	ɕy51	
蓿苜~	ɕy44	·ɕy	
俗风~	ɕy13	su35	
宣喧寒~暄瑄萱轩	ɕyæ̃44	ɕyɛn55	
旋~转璇玄痃悬	ɕyæ̃53	ɕyɛn35	
漩	ɕyæ̃13	ɕyɛn35	
烜晅选癣	ɕyæ̃53	ɕyɛn214	

楦~头旋~床券拱~	ɕyæ̃^{13}	ɕyɛn^{51}
泫炫~耀眩~晕绚~丽	ɕyæ̃^{53}	ɕyɛn^{51}
靴	ɕye^{44}	ɕyɛ^{55}
薛削	ɕye^{13}	ɕyɛ^{55}
学穴茓噱~头	ɕye^{13}	ɕyɛ^{35}
踅	ɕye^{53}	ɕyɛ^{35}
雪鳕	ɕye^{13}	ɕyɛ^{214}
血	ɕye^{13}	ɕyɛ^{51}

Y

汉字	吴忠话音	普通话音	备注
哑咿~(象声词)桠呀鸦	ia^{44}	ia^{55}	
涯崖睚衙牙芽岈蚜玡	ia^{53}	ia^{35}	
哑聋~雅	ia^{53}	ia^{35}	
亚~军揠讶惊~迓轧	ia^{13}	ia^{51}	
阏~氏焉鄢嫣燕~京湮淹腌阉烟胭~脂	iæ̃^{44}	iɛn^{55}	
颜言炎~热研妍芫~荽盐严岩延蜒檐沿阎	iæ̃^{53}	iɛn^{214}	
演兖琰偃黡(黑痣)餍俨衍眼	iæ̃^{53}	iɛn^{214}	
宴晏彦谚燕~子堰厌雁砚艳酽茶~咽验唁~电	iæ̃^{13}	iɛn^{51}	
沿	iæ̃^{53}	iɛn^{51}	
央泱殃鞅秧鸯	iaŋ^{44}	iɑŋ^{55}	
羊洋佯徉疡杨扬阳	iaŋ^{53}	iɑŋ^{35}	
痒养氧仰	iaŋ^{53}	iɑŋ^{214}	
样漾水~了恙安然无~	iaŋ^{13}	iɑŋ^{51}	
要~求腰夭邀幺小~吆~喝	iɔ^{44}	iau^{55}	
尧峣谣遥摇徭飖姚	iɔ^{53}	iau^{35}	

爻肴佳~窑			
杳舀窈(文)~窕	$iɔ^{53}$	iau^{214}	“窈”白读 $miɔ^{53}$
要~强鹞~子钥~匙耀曜药鞠	$iɔ^{13}$	iau^{51}	“钥”白读 $yə^{13}$
掖噎耶~稣	ie^{13}	$iɛ^{55}$	
椰~子树	ie^{53}	$iɛ^{55}$	
爷	ie^{53}	$iɛ^{35}$	
野冶也	ie^{53}	$iɛ^{214}$	
夜液掖腋~县烨晔业	ie^{13}	$iɛ^{51}$	“业”白读 $niə^{13}$
邺叶谒~见咽哽~曳~车			
噫(叹词)衣医依不~不饶伊疫	i^{44}	i^{55}	
咿~哑(象声词)			
依~靠漪猗	i^{53}	i^{55}	
一弌壹揖作~	i^{13}	i^{55}	
宜夷痍胰~子姨遗仪	i^{53}	i^{35}	
移沂怡贻疑嶷彝			
蚁椅倚乙以苡矣已尾~巴	i^{53}	i^{214}	
谊友~	i^{53}	i^{51}	
意瘗亦弈裔议益溢镒缢	i^{13}	i^{51}	
翳~子弋易蜴悒懿义刈轶佚			
屹劓逸抑忆艺诣造~臆			
异肆业亿役毅译翻~翼左~	i^{53}	i^{51}	
音愔喑哑洇墨了因茵殷	$iŋ^{44}$	in^{55}	
荫阴			
寅夤淫垠龈银	$iŋ^{53}$	in^{35}	
饮尹引蚓瘾隐	$iŋ^{53}$	in^{214}	
饮~马印胤	$iŋ^{13}$	in^{51}	
吟呻~荫~凉	$iŋ^{44}$	in^{55}	
应鹰膺莺婴樱~桃嘤鹦~鹉	$iŋ^{44}$	$iŋ^{55}$	
缨英瑛			

嬴羸瀛荧~光莹晶~茔萤~火虫	iŋ^{53}	iŋ^{35}	
营萦蝇盈楹迎			
影郢瘿颖頴	iŋ^{53}	iŋ^{214}	
应硬映	iŋ^{13}	iŋ^{51}	
庸墉雍壅~肥臃~肿痈拥~护	yŋ^{44}	yŋ^{55}	
邕鄘			
佣雇~	yŋ^{53}	yŋ^{55}	
喁	yŋ^{53}	yŋ^{35}	又读 y^{13}
永泳咏涌恿蛹踊~跃	yŋ^{53}	yŋ^{214}	
俑兵马~勇			
用佣~金	yŋ^{13}	yŋ^{51}	
晕~头转向	yŋ^{44}	yŋ^{55}	
云芸耘匀昀筠	yŋ^{53}	yŋ^{35}	
殒陨允狁	yŋ^{53}	yŋ^{214}	
恽晕月~郓~城运酝愠蕴~藏	yŋ^{13}	yŋ^{51}	
韵孕怀~熨~斗			
容溶熔榕蓉荣嵘融	yŋ^{53}	ʐuŋ^{35}	
优忧攸悠幽	iəu^{44}	iou^{55}	
游尤疣鱿犹猷由油柚~木	iəu^{53}	iou^{35}	
蚰~蜒铀邮莜繇			
由牖有友卣莠谷~子黝	iəu^{53}	iou^{214}	
右祐宥釉诱又幼蚴	iəu^{13}	iou^{51}	
迂淤~泥瘀~血	y^{44}	y^{55}	
于(姓)盂竽舆禺愚隅	y^{53}	y^{35}	
余俞(姓)渝榆鱼渔予妤			
宇语~言雨伛圄与(和)屿禹羽	y^{53}	y^{214}	
誉昱煜玉钰芋吁驭域鬻郁	y^{13}	y^{51}	
育寓公~遇愈浴裕峪欲毓			
御狱预豫尉~迟郁			
与参~、~会谕喻	y^{53}	y^{51}	

渊冤鸳~鸯	yæ̃^{44}	yɛn^{55}
元沅芫园袁(姓)辕猿垣 原源塬螈嫄圆援媛缘	yæ̃^{53}	yɛn^{35}
远	yæ̃^{53}	yɛn^{214}
院愿怨苑	yæ̃^{13}	yɛn^{51}
曰约	ye^{13}	yɛ^{55}
悦阅越岳粤月刖乐音~钥~匙	ye^{13}	yɛ^{51}

Z

汉　字	吴忠话音	普通话音	备　注
匝三~	ʦa^{44}	ʦa^{55}	
扎	ʦa^{13}	ʦa^{55}	
砸杂	ʦa^{13}	ʦa^{35}	
咱	ʦa^{53}	ʦa^{35}	
咋	ʦa^{53}	ʦa^{214}	
咂~奶	ʦa^{13}	ʦa^{55}	
栽哉灾	ʦɛ^{44}	ʦai^{55}	
宰载崽	ʦɛ^{53}	ʦai^{214}	
再在	ʦɛ^{13}	ʦai^{51}	
簪~子	ʦæ̃^{44}	ʦan^{55}	
攒~钱	ʦæ̃^{53}	ʦan^{214}	
錾~子赞~成瓒	ʦæ̃^{13}	ʦan^{51}	
暂	tʂæ̃^{53}	ʦan^{51}	
赃脏臧	ʦaŋ^{44}	ʦɑŋ^{55}	
葬藏脏	ʦaŋ^{13}	ʦɑŋ^{51}	
糟遭	ʦɔ^{44}	ʦau^{55}	
凿	ʦuɤ^{13}	ʦau^{35}	
枣早澡藻蚤	ʦɔ^{53}	ʦau^{214}	
灶燥噪躁造皂	ʦɔ^{13}	ʦau^{51}	
责啧~~(叹词)帻(头巾)则	ʦɤ^{13}	ʦɤ^{35}	

泽择		
仄侧(同仄)	tsɤ^{13}	tsɤ^{51}
宅住~翟(姓)	tsɤ^{13}	tʂai^{35}
摘	tsɤ^{13}	tʂai^{55}
窄	tsɤ^{53}	tʂai^{214}
贼	tsei^{35}	tsei^{35}
怎~样	tsəŋ^{53}	tsən^{214}
曾增缯	tsəŋ^{44}	tsəŋ^{55}
憎	tsəŋ^{13}	tsəŋ^{55}
赠	tsəŋ^{13}	tsəŋ^{51}
争挣睁峥~嵘铮(象声词)	tsəŋ^{44}	tsəŋ^{55}
狰~狞筝风~		
诤	tsəŋ^{44}	tsəŋ^{51}
挣~钱	tsəŋ^{13}	tsəŋ^{51}
咋~呼查(姓)渣桂花喳(象声词)	tʂa^{44}	tʂa^{55}
扎~花、~针	tʂa^{13}	tʂa^{55}
铡闸水~炸札~记轧~钢	tʂa^{13}	tʂa^{35}
眨~巴	tʂa^{13}	tʂa^{214}
拃一~长	tʂa^{53}	tʂa^{214}
乍诈痄炸榨~油栅~栏爹	tʂa^{13}	tʂa^{51}
闸电~	tʂa^{53}	tʂa^{35}
斋封~	tʂɛ^{44}	tʂai^{55}
者	tʂɛ^{44}	tʂɤ^{214}
寨债	tʂɛ^{13}	tʂai^{51}
沾粘~贴毡詹瞻	tʂæ̃^{44}	tʂan^{55}
斩□~眼崭~新展辗搌	tʂæ̃^{53}	tʂan^{214}
暂	tʂæ̃^{53}	tʂan^{51}
占站战栈~道蘸湛精~颤	tʂæ̃^{13}	tʂan^{51}
绽破~		

盏$_{一\sim灯}$	$ʈʂæ̃^{13}$	$ʈʂan^{214}$
章漳璋樟蟑彰獐$_{\sim子}$张	$ʈʂaŋ^{44}$	$ʈʂɑŋ^{55}$
掌礃$_{\sim子面}$长$_{生\sim}$涨$_{水\sim船高}$	$ʈʂaŋ^{53}$	$ʈʂɑŋ^{214}$
瘴$_{\sim气}$	$ʈʂaŋ^{44}$	$ʈʂɑŋ^{51}$
障$_{\sim子}$账$_{\sim本}$胀$_{膨\sim}$涨$_{泡\sim}$ 丈杖仗	$ʈʂaŋ^{13}$	$ʈʂɑŋ^{51}$
朝$_{\sim夕}$钊招昭着$_{\sim凉}$	$ʈʂɔ^{44}$	$ʈʂau^{55}$
爪找	$ʈʂɔ^{53}$	$ʈʂau^{214}$
沼$_{\sim泽、\sim气}$	$ʈʂɔ^{44}$	$ʈʂau^{214}$
召$_{号\sim}$诏	$ʈʂɔ^{44}$	$ʈʂau^{51}$
赵罩$_{口\sim}$兆笊$_{\sim篱}$肇照	$ʈʂɔ^{13}$	$ʈʂau^{51}$
遮	$ʈʂɤ^{44}$	$ʈʂɤ^{55}$
蜇$_{蜜蜂\sim了}$折$_{\sim纸}$	$ʈʂɤ^{13}$	$ʈʂɤʅ^{55}$
辙蛰$_{\sim伏}$哲辄磔	$ʈʂɤ^{13}$	$ʈʂɤ^{35}$
折$_{损兵\sim将}$	$ʂɤ^{53}$	$ʈʂɤ^{35}$
褶$_{\sim子}$赭$_{\sim石}$	$ʈʂɤ^{13}$	$ʈʂɤ^{214}$
这$_{(文)}$浙蔗	$ʈʂɤ^{13}$	$ʈʂɤ^{51}$
着$_{(助词)}$	$ʈʂɤ^{13}$	·ʈʂɤ
榛$_{\sim子}$臻针斟真甄$_{\sim别}$ 箴胗砧$_{\sim板}$贞祯桢侦珍	$ʈʂəŋ^{44}$	$ʈʂən^{55}$
枕疹	$ʈʂəŋ^{53}$	$ʈʂən^{214}$
诊	$ʈʂəŋ^{44}$	$ʈʂən^{214}$
鸩	$ʈʂəŋ^{53}$	$ʈʂən^{51}$
震振赈镇圳联阵	$ʈʂəŋ^{13}$	$ʈʂən^{51}$
正$_{\sim月}$钲征丞蒸	$ʈʂəŋ^{44}$	$ʈʂəŋ^{55}$
症	$ʈʂəŋ^{13}$	$ʈʂəŋ^{53}$
整	$ʈʂəŋ^{53}$	$ʈʂəŋ^{214}$
拯	$ʈʂ‘əŋ^{53}$	$ʈʂəŋ^{214}$
正$_{\sim中}$郑证症政帧	$ʈʂəŋ^{13}$	$ʈʂəŋ^{51}$

挣	tʂəŋ^{13}	tsəŋ^{51}	
之芝支枝吱(象声词)肢知只蜘~蛛厄栀	tʂʅ^{44}	tʂʅ^{55}	
汁织~布脂~粉	tʂʅ^{13}	tʂʅ^{55}	
直植殖侄执职指~头	tʂʅ^{13}	tʂʅ^{35}	
止沚祉址芷趾只~有旨纸	tʂʅ^{53}	tʂʅ^{214}	
识(标志)痣痔峙挚贽鸷掷~铁饼置滞窒~息桎栉厔蛭致郅帜豸制智帙秩雉稚质炙治	tʂʅ^{13}	tʂʅ^{51}	
至	tʂʅ^{53}	tʂʅ^{51}	
中衷忠盅钟终	tʂuŋ^{44}	tʂuŋ^{55}	
种~子冢肿踵	tʂuŋ^{53}	tʂuŋ^{214}	
中~毒种~植仲众重	tʂuŋ^{13}	tʂuŋ^{51}	
准批~	tʂuŋ^{53}	tʂuən^{214}	
谆~~告诫	tʂuŋ^{44}	tʂuən^{55}	
诌胡~州洲舟周啁(鸟叫声)粥	tʂəu^{44}	tʂõu^{55}	
轴(文)	tʂəu^{13}	tʂou^{35}	“轴” 白读 tʂu^{13}
妯~娌(文)	tʂu^{13}	tʂou^{35}	“妯” 白读 tʂu^{13}
肘帚笤~	tʂ‘u^{53}	tʂou^{214}	
纣骤宙胄咒籀~文昼	tʂəu^{13}	tʂou^{51}	
㤘	tʂəu^{53}	tʂou^{51}	
猪朱洙诛珠株茱蛛铢侏	tʂu^{44}	tʂu^{55}	
烛蜡~术白~遂竹竺(乐器)筑	tʂu^{13}	tʂu^{35}	
主拄~拐棍煮	tʂu^{53}	tʂu^{214}	
瞩嘱苎注~射柱~子蛀虫~住祝铸著箸翥筑建~杼	tʂu^{13}	tʂu^{51}	
炷一~香	tʂu^{44}	tʂu^{51}	
抓鏊~	tʂua^{44}	tʂua^{55}	

爪~子	tʂua^{53}	tʂua^{214}	
拽(用力推)	tʂuɛ^{44}	tʂuai^{55}	
拽(拉、拖)	tʂuɛ^{13}	tʂuai^{51}	
专砖颛~顼	tʂuæ̃^{44}	tʂuan^{55}	
转~移	tʂuæ̃^{53}	tʂuan^{214}	
赚转~动传自~、小~撰篆馔(饮食)	tʂuæ̃^{13}	tʂuan^{51}	
妆装庄桩	tʂuaŋ^{44}	tʂuɑŋ^{55}	
奘(粗大)	tʂuaŋ^{53}	tʂuɑŋ^{214}	
撞幢僮壮~族状	tʂuaŋ^{13}	tʂuɑŋ^{51}	
隹椎骓锥追	tʂuei^{44}	tʂuei^{55}	
赘惴缀缒坠	tʂuei^{13}	tʂuei^{51}	
卓倬焯涿桌捉拙	tʂuɤ^{13}	tʂuo^{55}	
浊浑~诼琢啄镯~子茁灼着~陆斫酌濯	tʂuɤ^{13}	tʂuo^{35}	“浊”白读 tʂu^{13}
着	tʂuɤ^{53}	tʂau^{35}	
咨资姿兹滋孳~生嗞(象声词)訾(姓)赀髭孜淄辎缁	tsɿ^{44}	tsɿ^{55}	
滓渣~梓桑~紫秭姊子籽仔	tsɿ^{53}	tsɿ^{214}	
字牸~牛自	tsɿ^{13}	tsɿ^{51}	
宗鬃棕踪	tsuŋ^{44}	tsuŋ^{55}	
总	tsuŋ^{53}	tsuŋ^{51}	
粽纵综	tsuŋ^{13}	tsuŋ^{51}	
尊遵樽	tsuŋ^{44}	tsuən^{55}	
邹	tsəu^{44}	tsou^{55}	
走	tsəu^{53}	tsõu^{214}	
奏揍	tsəu^{13}	tsõu^{51}	
皱~纹骤暴风~雨绉	tsəu^{13}	tsõu^{51}	
租	tsu^{44}	tsu^{55}	

卒镞足	ʦu^{13}	ʦu^{35}
族	ʦʻu^{53}	ʦu^{35}
诅祖俎阻组	ʦu^{53}	ʦu^{51}
助	ʦu^{13}	ʈʂu^{51}
做	ʦu^{13}	ʦuo^{51}
钻~空子躜~关	ʦuæ̃^{44}	ʦuan^{55}
纂	ʦʻuæ̃^{13}	ʦuan^{214}
钻金刚~攥~住	ʦuæ̃^{13}	ʦuan^{51}
嘴咀	ʦuei^{53}	ʦuei^{214}
醉最罪	ʦuei^{13}	ʦuei^{51}
昨	ʦuɤ^{53}	ʦuo^{35}
左佐辅~撮	ʦuɤ^{53}	ʦuo^{214}
作~坊	ʦuɤ^{13}	ʦuo^{55}
凿~子、穿~坐座唑祚柞酢作~文、~风	ʦuɤ^{13}	ʦuo^{51}

参考文献

[1] 丁声树、李荣、熊正辉等：《昌黎方言志》，科学出版社1960年版。

[2] 中国社会科学院语言研究所：《方言调查字表》（修订本），商务印书馆1981年版。

[3] 高葆泰：《兰州方言音系》，甘肃人民出版社1985年版。

[4] 李荣：《官话方言的分区》，《方言》1985年第1期。

[5] 詹伯慧：《现代汉语方言》，湖北人民出版社1985年版。

[6] 张盛裕、张成材：《陕甘宁青四省区汉语方言的分区》，《方言》1986年第2期。

[7] 丁声树：《方言调查词汇手册》，《方言》1989年第2期。

[8] 李树俨：《中宁县方言志》，宁夏人民出版社1990年版。

[9] 高葆泰、林涛：《银川方言志》，语文出版社1993年版。

[10] 高葆泰：《贺兰县志·方言章》，宁夏人民出版社1994年版。

[11] 高葆泰：《永宁县志·方言篇》，宁夏人民出版社1995年版。

[12] 林涛：《中卫方言志》，宁夏人民出版社1995年版。

[13] 杨占武：《回族语言文化》，宁夏人民出版社1995年版。

[14] 李荣主编，李树俨、张安生编纂《银川方言词典》，江苏教育出版社1996年版。

[15] 高葆泰、林涛：《银川市志·方言篇》，宁夏人民出版社1998年版。

[16] 刘世俊、李树俨：《灵武市志·方言篇》，宁夏人民出版社1999年。

[17] 刘世俊、李树俨：《吴忠市志·方言卷》，中华书局2000年版。

[18] 张安生：《同心方言研究》，宁夏人民出版社2000年版。

[19] 李树俨、李倩：《宁夏方言研究论集》，当代中国出版社2001年版。

[20] 高葆泰、林涛：《银川城区志·方言篇》，宁夏人民出版社2003年版。

[21] 林涛：《青铜峡市志·方言卷》，方志出版社2004年版。

[22] 林涛：《宁夏通志·社会卷·方言篇》，方志出版社2010年版。

[23] 林涛：《宁夏方言概要》，宁夏人民出版社2012年版。

[24] 林涛、郭可峻：《盐池方言文化研究》，宁夏人民出版社2014年版。

后　记

《吴忠方言研究》一书，经过近两年的调查和精心编写，今天终于完成了。这本书是我与林涛教授共同创作的成果，实现了我调查研究方言的心愿。早在二十多年前，我刚参加工作的时候，就跟随林涛教授的课题小组参与了宁夏永宁县纳家户回民方言的调查，但那个时候我没有方言调查的基础，在课题组里主要做了一些资料收集、文稿录入等工作，没有真正着手进行方言调查。后来由于一些原因，对于方言调查研究未能继续下去。

近年来，我在国家社科西部项目“宁夏回族社区语言调查研究”中涉及了宁夏方言中某些方面的内容，进行了个别调查，就有些问题经常请教林涛教授。在我们的交谈中，林教授多次提到宁夏吴忠方言研究相对薄弱，还有一定的研究空间。2015 年底，我们萌生了对宁夏吴忠方言进行全面调查的想法。2016 年春，开始着手此事。我们先联系到了吴忠市地方志办公室胡建东主任。胡主任非常热情，对此事极力支持，送了我们十多本有关吴忠历史、经济、文化等方面的书籍，提供了许多珍贵的资料，而且他多方打听，为我们邀请了熟知吴忠方言、发音口音纯正的温旭先生作为发音合作人。之后我们便开始了吴忠方言的田野调查，在一年多的调查期间，多次奔走于银川—吴忠之间，对吴忠方言的语音、词汇、语法进行了全面的调查，参阅相关研究资料梳理归纳出了本书的语音、词汇、语法系统。

北方民族大学 2015 级语言学及应用语言学专业的研究生蒋平、张从容、王涛、张新颖、刘天爱、吴佳欢同学两次随行参与调查，并且在后续的文稿录入中承担了主要工作。还有 2016、2017 级语言学及应用语言学专业的研究生也录入了部分文稿。

在本书问世之际，我真诚地感谢各方的帮助与支持。感谢北方民族大学林涛教授的合作与鼓励；感谢吴忠市地方志办公室胡建东主任；感谢发音合人温旭先生；感谢文史学院领导统筹安排的出版事宜；感谢参与文稿录入的研究生们；感谢中国社会科学出版社出版此书。

吴忠方言比较复杂，城镇、乡村会存在一些差异，而方言调查只能选点进行，有时发音合作人不同，也可能出现一些差异。书中如有不妥、疏漏和讹误之处，敬请同仁和广大读者批评指正，编者不胜感激。本书中在理论分析方面还有待深入，望专家批评指正。

刘晨红

2017年10月